BIBLIOTHÈQUE

CHRÉTIENNE ET MORALE

Tout exemplaire qui ne sera pas revetu de notre griffe sera réputé contrefait et poursuivi conformément aux lois.

Barbou frères

HISTOIRE

DE

TOUS LES PEUPLES ANCIENS.

HISTOIRE DE TOUS LES PEUPLES

HISTOIRE

DE TOUS

LES PEUPLES ANCIENS

PAR

C. GUENOT.

LIMOGES
BARBOU FRÈRES, IMPRIMEURS-LIBRAIRES.

HISTOIRE

DE

TOUS LES PEUPLES ANCIENS.

PROLOGUE

Dieu a créé l'homme intelligent et libre; il a constitué la famille, la société, pour la conservation de l'individu et la transmission fidèle des renseignements primordiaux.

Sur le théâtre du monde, les peuples sont les acteurs gigantesques du plus saisissant de tous les drames, car ils ont l'obligation de développer sans cesse, sous l'influence de l'action providentielle, les éléments de perfectibilité déposés dans l'âme humaine. De là des labeurs ininterrompus, des efforts héroïques, des luttes redoutables selon qu'ils obéissent plus ou moins exactement à la loi qui leur est imposée.

Or, l'histoire a pour objet de raconter les phases diverses de la vie des peuples ; elle doit retracer leurs mœurs, leur caractère, leurs grandeurs et leurs défaillances.

Ainsi l'historien se trouve investi d'une sorte de magistrature. Il ne lui suffit pas de s'être éclairé par de sérieuses études et d'avoir compulsé scrupuleusement les archives des nations, il faut encore qu'il prononce son jugement la main sur la conscience, sans aucun système préconçu. La manifestation de la vérité pleine et entière, tel doit être son unique but.

A cette condition seulement le passé devient la leçon du présent et la lumière de l'avenir.

Ce principe, nous tâcherons de le suivre consciencieusement, et il déterminera notre plan. Nous laisserons constamment la parole aux faits, nous contentant d'indiquer brièvement leurs causes, leur liaison et leurs conséquences. Nous nous attacherons spécialement à montrer dans son ensemble la marche de l'humanité à travers les siècles. Nous ne tairons rien, ni ses gloires, ni ses prévarications.

Nous nous appliquerons à faire revivre pour nos lecteurs les puissantes nations qui ont frappé leur empreinte sur toute une époque et légué à la postérité, avec le souvenir ineffaçable de leur nom, le fruit de leurs œuvres.

Convaincu que dans l'ordre général chaque peuple a une mission particulière à remplir, nous chercherons à la caractériser de la façon la plus précise. Les découvertes de la science moderne, les nombreux travaux exécutés récemment dans le champ de l'histoire nous fourniront des lumières considérables. Il y a là des révélations curieuses, et on peut suivre désormais à la trace les différents peuples depuis leur formation.

Nous ne craignons pas de le dire, l'histoire, telle que nous la concevons, offre un intérêt immense, bien supérieur à celui du meilleur et du plus ingénieux des romans. Nous osons espérer que le public, après nous avoir lu pendant quelques numéros, sera complétement de notre avis. Si le récit des origines présente une certaine aridité, nous pouvons affirmer qu'on en sera bien dédommagé par la suite.

PREMIÈRE PARTIE

LES ORIGINES

CHAPITRE I

Antiquité du monde. — Apparition de l'humanité sur la terre. — Les hommes ont-ils commencé par la civilisation ou par l'état sauvage ?

« Au commencement, Dieu créa le ciel et la terre, raconte la Bible ; la terre était vide et informe. » L'hébreu rend cette idée par le mot *tohu-bohu* que notre langue s'est approprié pour exprimer la confusion. Les traditions de la plupart des peuples primitifs confirment ces imposantes paroles du livre sacré.

Dès le début, une grave question se présente à l'historien. — A quelle date exacte le monde a-t-il émergé des abîmes du néant ? Peut-on assigner le nombre de siècles écoulés depuis la création des matériaux de l'univers?

L'Ecriture ne s'est point expliquée là-dessus ; la science et l'histoire sont muettes également, de sorte que le champ reste libre pour toutes les hypothèses.

Plus tard, la toute puissance divine mit en œuvre les éléments créés par un acte de sa volonté souveraine. La Genèse déclare que le monde fut organisé en six temps. Ici encore il est difficile de fixer la durée de ces temps énoncés dans le texte biblique. Les uns, interprétant à la lettre les expressions de Moïse, croient que l'arrangement primordial de l'univers s'accomplit en six jours de chacun vingt-quatre heures ; les autres affirment que ces jours doivent s'entendre de périodes plus ou moins longues. Nous n'avons pas à nous prononcer sur la valeur de ces opinions ; nous nous bornerons à observer qu'elles peuvent également se concilier avec la Bible, le mot jour, en hébreu, comportant les deux significations.

Du reste les travaux des géologues semblent avoir établi que la vie végétale et animale apparaît, dans la succession des couches terrestres, selon l'ordre assigné par la Genèse, c'est-à-dire en raison inverse de la perfection organique. Les couches les plus anciennes ne nous montrent, dans leurs fossiles, que des végétaux ; viennent ensuite les reptiles, les animaux placés au degré le plus infime de l'échelle des êtres, puis les oiseaux, les quadrupèdes, les animaux les plus richement dotés.

Il est donc impossible de déterminer l'époque de la création des matériaux de l'univers, et on ne sait rien de certain non plus sur la date de l'organisation successive de ses différentes parties ; la Bible et les vieilles annales des peuples ont enregistré ce double fait, mais sans préciser le temps ; il n'en est pas de même pour le moment de l'avènement de l'humanité sur la terre. Il résulte de l'étude approfondie de l'histoire que l'apparition de l'homme ne remonte pas à huit mille ans ; tous les monuments déposent d'une manière unanime qu'il est venu occuper sa place dans le monde entre les années six mille et quatre mille avant Jésus-Christ.

Expliquons maintenant la naissance de l'homme et ses premiers pas sur la terre.

La totalité du genre humain est issue d'un seul couple, déclare nettement la Bible, et toutes les traditions des peuples confirment cette vérité. La raison s'exprime dans le même sens. En effet, l'histoire nous montre de tout temps l'humanité en communauté de pensées, de coutumes, de goûts, de connaissances et même de faiblesses morales sur des points si nombreux qu'il est impossible de ne point admettre une même origine comme cause de ce fait irrécusable. Ces similitudes, on les reconnaît jusque dans les langues qui, malgré leur diversité, possèdent la même formule grammaticale qu'on appelle une phrase et qui se compose de trois termes, le sujet, le verbe et l'attribut.

Les anciennes traditions, toujours d'accord avec le récit mosaïque, affirment non seulement que l'humanité provient d'un seul couple, mais encore que les chefs de notre race habitèrent d'abord un séjour de bonheur. L'Asie a dû être le berceau des premiers hommes. Longtemps encore après la première formation de la terre, les eaux continuèrent sans doute de couvrir une partie de sa surface ; par conséquent le père du genre humain dut être appelé à la vie sur l'un des plus hauts plateaux du globe, c'est-à-dire en Asie.

L'homme créé dans un état d'innocence, fait à l'image de Dieu, était appelé à une destinée supérieure ; doué du libre arbitre, il avait pour fin la gloire d'un autre monde et l'association à la souveraine félicité dont jouit le Créateur. Il avait reçu avec le souffle divin les moyens de parvenir à cet état sublime. Mais il succomba dans l'épreuve solennelle à laquelle il avait été soumis. Cependant Dieu l'épargna, lui promit un Rédempteur et lui rouvrit le chemin du bonheur perdu. Néanmoins il subit dès-lors les funestes conséquences de sa chute : deux forces contraires, l'inclination vers le mal et l'aspiration vers le bien, se disputèrent sa volonté débile. De là les luttes auxquelles l'humanité est en proie et la cause des catastrophes multiples que signale l'histoire en retraçant la vie des peuples ; de là aussi la nécessité pour l'homme de travailler, durant son passage sur la terre, à reconquérir sa situation primitive. La rigoureuse sentence consignée dans la Genèse : « En mangeras ton pain à la sueur de ton front, » s'exécute à la lettre et nul ne peut s'y soustraire.

L'incrédulité moderne s'est efforcée d'obscurcir les origines de l'humanité. Elle a essayé d'établir, contrairement aux données bibliques, que l'homme n'était qu'un animal perfectionné et qu'il avait commencé par l'état sauvage. Mais elle est réfutée péremptoirement par les croyances des peuples primitifs. C'était l'opinion d'une foule d'hommes distingués chez les anciens que les premiers habitants de la terre étaient supérieurs en vertu et en sagesse à ceux qui vinrent ensuite. Ainsi pensait Platon, l'homme de la Grèce qui a le mieux interrogé les vieilles traditions. Les Chinois, les Egyptiens, les Chaldéens, les Hindous sont unanimes sur ce point avec les Hébreux.

Les premiers essais littéraires, tel que le livre de Job, les pages de ce moraliste égyptien qu'a déchiffrées M. Brusch et qui sont probablement antérieures au patriarche édomite, l'histoire de Moïse, plusieurs écrits chinois remontant à la plus haute antiquité, l'Iliade d'Homère, tous ces travaux qui nous reportent aux débuts de l'humanité, sont des chefs-d'œuvre inimitables.

L'architecture primitive est en parfaite harmonie avec la littérature et les langues. Babylone, les monuments égyptiens, les ruines de l'Amérique méridionale, les débris des villes étrusques accusent une civilisation florissante. Bien plus, on dirait ces œuvres prodigieuses calquées sur un même type d'une rare perfection.

L'état sauvage est donc une décadence et non point l'état primitif du genre humain. L'habitant du Nouveau-Monde, vivant au milieu des bois, réfractaire aux influences civilisatrices, est un homme doublement déchu. Il me semble que sa dégradation est une cause mystérieuse, une sorte de malédiction prononcée sur le chef de sa race et qui pèse sur lui à travers les générations.

Nous ne pouvons, on le comprend, nous appesantir longuement sur ces idées ; il nous suffit de les indiquer pour faire justice de théories insensées qui ne reposent que sur des suppositions gratuites. Nous voulons être sobre de dissertations et seulement exposer les réponses que fournissent l'histoire et le bon sens aux objections hostiles.

CHAPITRE II

Religion primitive. — Caïn et Abel. — Science des premiers hommes. — Leur corruption. — Déluge universel. — Traditions sur ce grand fait. — La tour de Babel. — Généalogie des différentes nations.

Les livres, les traditions et les monuments les plus anciens constatent que Dieu a réglé dès l'origine de l'humanité les relations qu'il entendait établir avec elle, c'est-à-dire l'ensemble de la religion. De plus, c'est un fait acquis à l'histoire que de tout temps il exista des rapports suivis, multipliés, entre l'homme et la Divinité. Jamais aucun peuple ne s'est rencontré qui s'abstînt de rendre des hommages au Créateur et qui ne les crût indispensables. D'après la croyance universelle, le dogme, la morale, le culte ont été déterminés par le souverain Etre, et les législateurs, lorsqu'ils ont voulu toucher aux rites sacrés, ont dû se prévaloir d'une mission supérieure.

Les souvenirs du genre humain attestent la majestueuse unité avec laquelle la religion apparaît dès le commencement des âges. A travers les désordres et les confusions produites par les passions, les vices, l'ignorance, on la voit s'avancer le long des siècles, maintenant invariablement le symbole primitif et repoussant toute modification radicale. Toujours chez quelques peuples l'enseignement primordial est resté intact, du moins dans son expression fondamentale. Seulement, à certaines époques, une lumière plus vive éclaire le dépôt de la vérité religieuse. Ainsi, des hauteurs du Sinaï, Dieu la promulgue une seconde fois au milieu du plus imposant appareil, la loi des mœurs reçoit une nouvelle sanction ; le culte se précise jusque dans les moindres détails ; le dogme révélé qui fixe les destinées de la race d'Adam est confié à la garde de tout un peuple ; un ordre sacerdotal, choisi parmi les tribus israélites, est substitué aux chefs de familles pour veiller aux portes du sanctuaire.

Plus tard le Christ, dégageant sur le Golgotha la promesse divine faite à l'homme déchu, proclame la consommation de l'alliance entre le ciel et la terre, la réhabilitation du genre humain, et donne à la religion sa forme définitive.

Malgré les phases successives qu'elle a traversées, la religion est donc demeurée identique à elle-même. Elle s'est développée et non transformée. En effet, au berceau même de l'humanité, on trouve la foi au Dieu unique, au Rédempteur, au mérite du repentir, à l'efficacité du sacrifice sanglant et de la prière. A quelque date du passé qu'on veuille remonter, on reconnaît la croyance à une grande faute commise dont la responsabilité pèse sur le genre humain. Toutes les nations admettent l'existence des esprits ou génies bons ou mauvais, dont l'influence s'exerce infatigablement sur le monde. La prospérité des sociétés antiques se mesure à l'observation plus ou moins fidèle des préceptes du Décalogue, ce Code nécessaire de toute véritable civilisation.

Après la catastrophe qui ferme l'ère des félicités au sein desquelles notre race avait été créée, les maux se multiplient ; les instincts pervers, issus de la prévarication, se déchaînent violemment ; Caïn tue son frère Abel, et le sang humain arrose la terre. La mémoire de cet épouvantable forfait s'est conservée sous toutes les latitudes. L'histoire l'a consigné dans ses pages en caractères indestructibles, et la légende l'a rappelé de mille manières.

Depuis lors, le sang de l'homme n'a cessé de couler à flots pressés, intarissables. Il semble que notre globe soit un immense autel toujours avide de victimes expiatoires. Devant ce redoutable phénomène, un philosophe chrétien, Joseph de Maistre, a cru pouvoir affirmer qu'il durerait jusqu'à la fin même des temps. Quoique nous respections autant que personne la parole de ce profond génie, nous préférons compter sur l'avènement de la paix glorieuse annoncée pour les jours à venir par les prophètes du vieux Testament. D'ailleurs, l'Évangile ne nous prédit-il pas aussi cet âge fortuné où la Rédemption ayant obtenu tous ses résultats, il n'y aura plus qu'un troupeau et qu'un pasteur ? Le sang du Christ, infusé aux générations, doit maîtriser progressivement la puissance du mal, rétablir l'harmonie dans les facultés de l'homme, et remplacer la loi de haine qui divise les peuples par la loi d'amour qui les rapproche, aspirant à ne faire d'eux qu'une seule famille.

Les ferments de perversité introduits dans le monde par la faute primitive éclatèrent avec une force d'autant plus terrible que la science des premières générations était supérieure à la nôtre, comme nous l'indiquent des traditions nombreuses et puissantes. La création révoltée se précipite aux attentats les plus effroyables. A la source même de l'humanité, deux courants s'établissent : l'un par les fils de Caïn, le fratricide ; l'autre, par les fils de Seth, l'héritier du juste Abel. Les descendants de Caïn emploient les forces de leur intelligence aux œuvres du mal, corrompent une partie des familles de la race de Seth et accomplissent des crimes prodigieux, dont il nous est impossible aujourd'hui de nous faire une idée exacte. Initiés mieux que nous aux secrets de la nature, en commerce impie avec les esprits mauvais, ils inondent la terre de leur dépravation. La Légende, la Fable, les symboles antiques, s'exprimant de même que la Bible, nous parlent d'une race infernale qui avait engagé avec le Ciel une guerre acharnée. Le souvenir des géants s'est perpétué dans la mémoire de tous les peuples anciens, qui nous les représentent comme des monstres souillés de crimes inouïs.

La corruption, en rapport sans doute avec la science plus étendue de ces siècles primitifs, provoqua de nouvelles catastrophes. Le Déluge submergea la terre, et une seule famille, celle de Noé, survécut à ce grand cataclysme. L'histoire et les monuments attestent la vérité de ce fait. Pas une nation des temps écoulés qui ne l'ait rappelé dans tous ses détails ; pas une qui n'explique comme le livre de Moïse, les causes de ce mémorable châtiment. En outre, le déluge est constaté par les traces qu'il a laissées sur notre globe. Elles démontrent qu'une vaste inondation a couvert la terre, et que cette inondation ne remonte pas à une époque antérieure à celle qu'assigne l'historien hébreu.

Il ne resta plus de l'innombrable postérité d'Adam que Noé et ses trois fils, Sem, Cham et Japhet. Cham, maudit par son père, en punition d'un acte infâme et peut-être aussi pour de coupables témérités, transmit à ses descendants les débris d'une science funeste, dérobée, selon des témoignages remarquables, aux victimes du déluge.

Les nombreux descendants des trois fils de Noé avaient d'abord la même langue. Ils s'avancèrent, ce semble, vers l'Orient. Arrivés dans l'immense plaine de Sennaar, qu'arrosent à la fois le Tigre et l'Euphrate, ils y fixèrent leur habitation. Là, avec des briques cuites au feu et scellées au bitume, ils élevèrent une tour, sorte de phare destiné à devenir un point de ralliement. Puis ils se préparèrent à bâtir une ville, centre commun qui devait les prémunir contre toute dispersion.

Mais tout à coup, leur langage, unique jusque-là, fut confondu. Les hommes ne s'entendant plus les uns les autres, il leur fallut se séparer, et ils peuplèrent ainsi l'univers.

Le fait de la confusion des langues a été reconnu par beaucoup de savants modernes. Au reste, l'étude comparée des idiomes prouve qu'ils tirent leur origine d'une seule et même souche, et que la diversité provient d'un événement soudain et violent.

De plus, le souvenir de la tour de Babel ou de *la Confusion* se retrouve dans toutes les anciennes traditions. Eupolème, cité par Alexandre Polyhistor, racontait que la ville de Babylone et cette tour si célèbre dans l'univers avaient été bâties par les géants échappés du déluge, et que la tour ayant été renversée par la puissance divine, ses constructeurs s'étaient dispersés au loin. Le même historien évoquait encore les paroles d'une sybille rapportant que les hommes n'ayant tous qu'une même langue, plusieurs édifièrent une haute tour pour monter au ciel, mais qu'un Dieu très-puissant avait renversé ce monument et donné à chacun un langage particulier, d'où le nom de Babylone.

Les poètes grecs et latins ont composé avec ces récits la fable des Titans, qui entassaient des montagnes pour escalader le ciel, lorsque le Maître du tonnerre les frappa de la foudre, eux et leur ouvrage superbe.

Cette étonnante tradition existe jusqu'en Amérique. Non-seulement elle y est écrite en peintures hiéroglyphiques, mais on y voit encore de nos jours des tours semblables à celle de Babel telle que nous la décrivent Hérodote et Strabon, d'immenses pyramides à plusieurs assises décroissantes.

Enfin l'archéologie moderne a découvert sur les lieux mêmes indiqués par l'antiquité, les ruines de la tour de Babel. Dans un Mémoire fameux, M. Jules Oppert, un de nos plus savants assyriologues, a expliqué très-clairement une inscription rapportée de Babylone. Nabuchodonosor, qu'elle met en scène, raconte qu'il a restauré la tour à étages, *où ils avaient proféré en désordre l'expression de leurs pensées*. Le roi assyrien ajoute que le tremblement de terre et la foudre avaient ébranlé la brique crue et fendu la brique cuite des revêtements. Il déclare ensuite qu'il n'a pas touché à l'emplacement ni attaqué les fondations.

M. Oppert a levé le plan de la tour de Babel ou *Birs-Nimroud*, et essayé ensuite de la restaurer d'après les données de l'histoire. Une gravure reproduit ces ruines ainsi que le plan de restauration. Nous avons fait dessiner le tout sur l'Album même de M. Jules Oppert, qui s'est empressé de le mettre à notre disposition avec une obligeance dont nous le remercions bien sincèrement.

L'édifice avait une base immense, avec huit étages en retrait, de sorte que de loin il offrait réellement la forme d'une pyramide.

On le voit, les progrès de la science, les recherches glorieusement obstinées des archéologues, l'étude approfondie des vieux écrivains, confirment pleinement la narration de Moïse et projettent une incontestable clarté sur les origines de l'humanité.

Avant de tracer l'histoire des différents peuples, il importe de donner leur généalogie, autant du moins que le permet l'état actuel des connaissances historiques.

Japhet, raconte la Bible, eut sept fils : Gomer, Magog, Madaï, Javan, Tubal, Mosoch et Thiras.

Gomer fut le patriarche des Gomariens ou Gomarites, appelés Galates et Celtes par les Grecs, et Gaulois par les Latins. Cette branche de la famille humaine paraît avoir porté d'autres noms, par exemple celui de Cimbres ou Kymris, qui signifie guerrier. Un des fils de Gomer, Ascenez, fut le père des Allemands, selon les Juifs modernes. Un autre, Thogorma, est revendiqué par les Georgiens et les Arméniens comme la tige de leur nation.

Magog est réputé le père des Scythes et des Tatars, en particulier des Turcs.

Madaï est certainement celui des Mèdes.

Javan ou Jovan, qu'on peut prononcer en hébreu Ion, l'est non moins indubitablement des Grecs ou Ioniens, que les Hindous nomment encore aujourd'hui Javanas. Javan eut quatre fils : Élisa, Tharsis, Cethim et Dodanim. Le troisième est l'ancêtre des Macédoniens.

Quant à Thubal et Mosoch, les sentiments sont très-divers. Il en est qui font du dernier le père des Moscovites.

Les Thraces descendent de Thiras, le plus jeune des fils de Japhet.

La race de Japhet, ainsi divisée par nations, s'étendit dans le nord de l'Asie et en Europe.

Cham eut quatre fils : Kush, Mizraïm, Phut et Kanaan.

La postérité de Kush a occupé une partie de l'Asie où l'on trouve encore le Kushistan ou pays de Kush, l'Arabie et l'Ethiopie actuelle.

Mizraïm est le nom commun de l'Egypte et de ses habitants. Les Egyptiens de notre époque appellent encore leur pays Mesr ou Mirs.

Phut s'établit en Afrique et fut le père des Lybiens.

Kanaan fut le père des Kananéens proprement dits, des Sidoniens, des Phéniciens, et partant des Carthaginois.

Sem eut cinq fils : Elam, Assur, Arphaxad, Lud et Aram.

Elam est l'ancêtre des Elamites ou Perses, dont l'ancienne capitale s'appelait Elymaïs.

D'Assur descendaient les Assyriens, dont Ninive devint la capitale.

Arphaxad fut le père des Chaldéens et des Hébreux.

Lud est regardé comme celui des Lydiens.

Aram l'est sans doute des Syriens, qui se donnaient le nom d'Araméens.

Quant à l'Hindoustan, on admet généralement que ce pays est occupé par un mélange de plusieurs peuples, parmi lesquels domine l'élément japhétique.

Les Chinois, qui forment un des plus anciens peuples du monde, sont d'origine japhétique, suivant toutes les apparences. Cependant il est probable qu'ils se seront mêlés à quelques tribus chamites, établies dès le commencement dans l'Hindoustan.

Pour l'Amérique, elle a été peuplée par des colonies asiatiques. Des navigateurs modernes ont découvert que les deux continents ne sont séparés que par un petit détroit, si même ils ne se touchent. D'autres voyageurs et savants, ayant comparé les langues, les monuments, les hiéroglypes, les traditions de part et d'autre, se sont convaincus que les peuples du Nouveau-Monde ont été formés de la manière que nous venons d'indiquer.

Ainsi tout nous ramène aux plaines illustres de Sennaar ; tout rend témoignage à la vérité de cette parole biblique : *Et de là l'Eternel les dispersa sur toute la terre.*

DEUXIÈME PARTIE

NATIONS PRIMITIVES

CHAPITRE I

GRAND EMPIRE ASIATIQUE. — CHAMITES. — CHALDÉENS. — ASSYRIENS.

Fondation de Babylone et de Ninive. — Nimroud, Ninus, Phul, Tiglath-Pileser. — Salmanasar. — Sargoun. — Sennachérib. — Assarhaddon. — Saosdoukin. — Khin-Al-Adan. — Naboupalassar. — Nabuchodonosor. — Evilmerodach. — Baltassar. — Nériglissor. — Laborosordach. — Nabonnis ou Darius le Mède.

Nous donnons le nom de nations primitives à celles dont l'origine remonte aux temps les plus voisins de la dispersion, ou du moins dont on peut suivre la généalogie jusqu'à cette époque. Ce sont les peuples qui occupèrent d'abord le centre de l'Asie : Chamites, Chaldéens, Assyriens, descendant les premiers de Cham, et les autres de Sem; les Égyptiens, enfants de Mizraïm ; les Chinois, mélange de Sémites et de Japhétides ; les Hindous, issus du même mélange; les Mèdes, ayant pour père Madaï, fils de Japhet; les Perses, dont l'ancêtre fut Elam, fils de Sem.

Nous ne pouvons que tracer les grandes lignes de la vie de ces peuples, car les documents sont rares, souvent obscurs, et les découvertes de la science moderne, bien que considérables, n'ont jeté encore que des lumières imparfaites sur les débuts de ces premières sociétés.

Ce fut sur le théâtre même de la dispersion et dans les contrées voisines de la tour de Babel que se constitua l'empire le plus ancien. Aussi les trois branches de la famille humaine, issues des trois fils de Noé, ont marqué leur passage en ces lieux à jamais illustres. Elles ont formé la grande monarchie asiatique, qui dura, avec diverses vicissitudes, jusqu'à l'an 538 avant Jésus-Christ. Elles occupaient le territoire compris entre l'Arménie et la mer Caspienne, au nord, l'Arabie et le golfe Persique au sud. A l'est, d'immenses steppes confinent aux Indes orientales et sont bornées au nord par l'Oxus et l'Iarxarte; la mer des Indes baigne au sud ces pays stériles. Deux grands fleuves, l'Euphrate et le Tigre, descendent des montagnes, se jettent réunis dans le golfe Persique.

Après le grand événement de la confusion des langues, les enfants de Mes, petit-fils de Sem, habitèrent la Mésopotamie, située entre l'Euphrate et le Tigre; les enfants de Kush, petit-fils de Cham, s'établirent dans la Babylonie, à la jonction des deux fleuves; les Chaldéens, issus d'Arphaxad, fils de Sem, se fixèrent sur la rive droite de l'Euphrate, et donnèrent leur nom à la contrée; les descendants d'Assur, fils de Sem, prirent possession sur la rive gauche du Tigre, à l'est de la Mésopotamie, en Assyrie; à l'est, en Médie, demeurèrent les descendants de Madaï, fils de Japhet; au sud, la famille d'Elam, fils de Sem, fonda la nation des Elamites ou Perses.

Nimroud, petit-fils de Cham, ce puissant chasseur dont parle la Bible, imposa son autorité à la Babylonie et domina avec la tribu de Kush sur les Chaldéens. Mais bientôt il dut sortir de Babylone et transférer le siége de son commandement en Assyrie, où il fonda une grande cité, qu'il appela Ninive, du nom de son fils Ninus. Comme l'histoire ne dit pas qu'il revint à Babylone, il est permis de conjecturer que cette dernière ville et les contrées voisines restèrent soumises aux Chaldéens. La dynastie de Nimroud régna en Assyrie jusque vers l'an 1840 avant Jésus-Christ ; mais il est impossible de préciser l'étendue de sa domination ni de déterminer la série des chefs.

Quant à la Babylonie, deux cent vingt-cinq ans environ après Nimroud, elle tomba au pouvoir d'une tribu arabe, issue vraissemblablement de Joctan ou Khatan, descendant de Sem, qui se perpétua jusqu'à l'an 1810. Le premier prince de cette dynastie nouvelle fut Mérodach. Ses successeurs devinrent tributaires des Perses ; et l'an 1912 avant Jésus-Christ, Amraphel, l'un d'eux, envahit le pays de Kanaan, sous les ordres de Koder-Lahomer, roi des Elamites.

En l'année 1810 avant Jesus-Christ, la dynastie arabe fut renversée du trône par les Assyriens de Ninive. Nous ne parlerons pas des huit siècles qui suivirent, pendant lesquels certains historiens placent le règne de Sémiramis et de plusieurs autres princes assyriens : l'obscurité la plus complète règne sur cette époque, et les conjectures tirées du récit de quelques écrivains anciens n'ont aucune valeur. Ce qui paraît seulement constaté, c'est qu'au temps de la prise de Troie (1184), les Assyriens étaient très-affaiblis, puisqu'ils ne purent secourir efficacement Priam, leur vassal, ni rien faire pour empêcher la ruine d'Ilion.

Vers l'an 800, une révolution atteignit la monarchie assyrienne. Bélésis, gouverneur de Babylone, et Arbacès, satrape de Médie, prirent les armes, battirent les armées royales et mirent le siége devant Ninive. Le roi périt tandis que la ville tombait au pouvoir des ennemis.

Babylone eut alors des rois indigènes. Toutefois, l'empire assyrien se reconstitua rapidement sous un prince appelé Phul, et dont Nabou-Natzar, fils de Bélésis, paraît avoir été le vassal. Ce dernier donna son nom à l'ère babylonienne, prise par le géographe Ptolémée pour base de ses calculs et remontant à l'an 747 avant Jésus-Christ.

Nabou-Natzar régna à Babylone pendant quatorze ans.

Ici commence l'âge dit *historique*, à partir duquel on connaît avec certitude les actions de différents peuples. Nous avons des dates incontestables pour les vieilles annales : l'ère des Chaldéens ou de Nabonassar, 747 ans ; l'ère des Grecs ou leurs olympiades, 776 ans avant Jésus-Christ ; puis celle de la fondation de Rome, environ 753 ans avant la nôtre.

Les documents existants ne permettent de fixer ni l'avènement de Phul au trône de Ninive, ni l'année de sa mort ; mais on sait positivement que l'an 760 avant Jésus-Christ, il était à l'apogée de sa puissance. Ce nouveau prince avait pris en Asie une attitude menaçante à l'égard des rois voisins. Au temps de Manahem, roi d'Israël, il tomba sur le territoire des tribus séparées, leur imposa un tribu et se retira victorieux.

Peu après cette première immixtion dans les affaires des Hébreux, Phul reparut dans le pays d'Israël, et emmena captifs dans les anciennes provinces assyriennes un grand nombre d'habitants d'au-delà du Jourdain.

A Phul succéda Tiglath-Pileser. Les démêlés d'Achaz, roi de Juda, avec Razin, roi de Syrie, et Phacée, roi d'Israël, ouvrirent au monarque assyrien les portes du royaume de David. Accourant à l'appel d'Achaz menacé de perdre ses États, il attaqua d'abord avec une puissante armée la Haute-Syrie, conquit ce pays et l'annexa à son empire. Par son ordre, Razin fut mis à mort, et les habitants les plus considérables du pays transportés en Médie. De là, Tiglath-Pileser envahit le nord du royaume d'Israël, puis le territoire situé au-delà du Jourdain. Ayant conquis deux provinces, il transplanta toute la population dans la Médie et la Mésopotamie. Quant à Achaz, roi de Juda, il dut payer ce secours en promettant un tribut annuel.

Salmanasar remplaça Tiglath-Pileser, de 726 à 712 avant Jésus-Christ. Osée, dernier prince du royaume d'Israël, ayant refusé le tribut aux Assyriens, Salmanasar entreprit successivement deux expéditions. A la suite de la dernière, au bout de trois ans de siége, Samarie, capitale des dix tribus séparées, tomba aux mains du monarque assyrien, et Osée fut fait prisonnier. Une partie des habitants furent transportés en Médie et en Mésopotamie, et des Perses, des Babyloniens, des Syriens vinrent occuper leur pays dépeuplé. Le mélange de ces colons étrangers avec les Israélites forma plus tard la nation samaritaine.

Salmanasar soumit également la Phénicie. Les exploits de ce roi ne sont pas seulement consignés dans l'histoire hébraïque, des fouilles récentes, exécutées sur l'emplacement de Ninive, ont mis au jour plusieurs inscriptions racontant les principaux événements qui marquèrent ce règne mémorable. On possède une stèle donnant le portrait de Salmanasar, et une longue inscription signalant quelques-uns de ses actes.

A ce roi succéda Sargoun, qui passa rapidement sur le trône de Ninive. Les Philistins, alliés aux Égyptiens, s'étant soulevés contre la suprématie de l'Assyrie, Sargoun parut en armes dans leur pays, s'empara de la ville d'Astod et la peupla de colons assyriens. L'ancienne population se fondit avec ces nouveaux habitants, et la langue elle-même se ressentit de ce mélange.

La Bible parle de cette expédition de Sargoun, et son récit se trouve confirmé par les nombreux documents qu'ont mis au jour nos archéologues en interrogeant les ruines de Khorsabad, ce château ou palais de Sargoun. Ce monarque, dans les inscriptions fastueuses qu'il s'est décernées, prétend avoir promené ses armes victorieuses jusqu'aux îles de la Méditerranée, et une stèle découverte dans l'île de Chypre confirme ce fait. On possède des pièces authentiques, provenant des annales mêmes de Ninive, qui reproduisent les principales dates de la Bible, depuis Nabou-Natzar jusqu'à la prise de Babylone par Koresch (Cyrus).

Suivant les travaux les plus récents sur les antiquités assyriennes, Sargoun fut le chef d'une nouvelle dynastie, et Sennakherib, qui occupa le trône de Ninive après lui, était son fils.

Depuis la révolte de Nabou-Natzar, les deux royaumes de Ninive et de Babylone vivaient côte à côte en état d'hostilité permanente. Sennakherib régna dix-sept ans, jusqu'en 712 avant Jésus-Christ. Sous ce prince, l'empire d'Assyrie parvint à son plus haut degré de puissance, et la guerre ne discontinua pas.

Les intrigues de l'Égypte fournirent à Sennakherib la première occasion de tirer l'épée. Ézéchias, roi de Juda, s'étant allié avec le roi éthiopien d'Egypte, Tharaka, refusa de payer le tribut à l'Assyrie. Le monarque de Ninive déclara la guerre à la fois à Ezéchias et au souverain de l'Egypte; il entra en Judée avec une armée nombreuse, prit la plupart des places fortes du pays et réduisit Ezéchias à promettre de nouveau le tribut. Mais cette offre ne satisfit point Sennakherib. Ayant envoyé une division de son armée contre Jérusalem, il marcha sur l'Egypte avec la plus grande partie de ses forces. Après avoir traversé heureusement le désert, il arriva devant Péluse, forteresse-frontière du nord-est et la clé du royaume des Pharaons. D'un autre côté, les chefs détachés de son armée se présentaient sous les murs de Jérusalem. Mais Ezéchias, encouragé par le prophète Isaïe, qui était alors dans la ville, ne se laissa pas ébranler, et compta sur le secours de Dieu.

En effet, Sennakherib ne put s'emparer de Péluse ni pénétrer davantage en Égypte. Pendant qu'il assiégeait cette place, il apprit que Tharakha s'avançait avec une armée plus considérable que la sienne. N'osant pas risquer le combat, il se retira. Néanmoins, dans l'espoir d'atteindre l'un des deux résultats qu'il s'était proposés au début de la guerre, il somma de nouveau le roi de Juda de se rendre. Il échoua également dans ce dessein. La peste fit périr en une nuit cent quatre vingt-cinq mille hommes de son armée. Alors saisi d'horreur et d'épouvante, il reprit en toute hâte le chemin de Ninive avec ce qui lui restait de troupes.

Cette terrible catastrophe fut le signal de la décadence de l'empire d'Assyrie.

C'était en 713.

La même année, Mérodach-Bel-âdon, roi de Babylone, envoya des lettres et des présents au roi Ezéchias.

Sennakherib était rentré dans Ninive, furieux de son formidable échec.

Dans sa colère, il fit périr un grand nombre d'enfants d'Israël, et Tobie, un Hébreu, captif, ensevelissait leurs corps. Le monarque assyrien, instruit de ce fait, ordonna de mettre Tobie à mort; mais celui-ci s'enfuit de Ninive, et se cacha si bien qu'il sut se soustraire au supplice qui lui était réservé.

Le quarante-cinquième jour après son retour à Ninive, Sennakherib, étant dans le temple de son dieu Nisroch, tomba sous le poignard de ses deux fils aînés, Adramelech et Sarazer. Les meurtriers furent obligés de chercher un refuge en Arménie, dans le pays d'Ararat, et la couronne resta à Asarhaddon, leur frère puîné.

Ce prince régna quarante-six ans à Ninive. L'an 686, il conquit le royaume de Babylone, puis il déclara la guerre à Manassé, roi de Juda, le fit prisonnier, et l'emmena captif à Babylone.

Saosdoukin, son fils, lui succéda, et réunit comme lui, sous son sceptre, la Babylonie et l'Assyrie. Ce monarque, selon toutes les probabilités, est le même que le premier Nabuchodonosor dont parle la Bible, et dont le général Holopherne fut tué par Judith, sous les murs de Béthulie. Saosdoukin régna vingt ans, de 667 à 647.

Il légua son empire à Khin-âl-adan. Attaqué par Phraortes, roi des Mèdes, il vainquit ce prince, qui périt dans le combat.

Cyaxare, son fils et son successeur, s'empressa de le venger en déclarant la guerre au roi de Ninive, vers l'an 634. Les Scytes vinrent détourner sa colère en l'attirant sur eux-mêmes; il guerroya contre eux pendant huit ans, au bout desquels il réussit à les refouler hors de ses Etats.

Libre désormais de recommencer la lutte avec l'Assyrie, il marcha de nouveau contre Klin-âl-adan. Pour assurer le succès de ses armes, il sut acheter les défections du satrape de Babylone, Nabou-pal-atzer, en lui promettant son trône. Avec cette alliance, Cyaxare triompha aisément de Ninive. Klin-âl-adan ne pouvait ignorer le sort que lui réservait le vainqueur. Comprenant que la défense était impossible, il aima mieux périr dans l'incendie de son palais, en anéantissant les richesses que convoitaient le roi des

Mèdes et le perfide satrape de Babylone, que de tomber aux mains de ses ennemis. Sur le tombeau qu'il s'était élevé, on lisait cette inscription qui résume sa vie voluptueuse :

« Passant, écoute le conseil de Klin-âl-adan (le Sardanapale des anciens auteurs), fondateur de cités : mange, bois, jouis ; tout le reste n'est rien. »

Le royaume de Ninive fut détruit en 626, la capitale rasée ; les Babyloniens et les Mèdes s'en partagèrent la succession.

Devenu roi de Babylone, Nabou-pal-atzer employa plusieurs années à s'affermir sur le trône. Ensuite il dut entrer en lutte avec l'Egypte, dont les princes convoitaient quelques provinces de l'Assyrie. Le royaume de Juda, placé entre les deux puissants rivaux, ne pouvait manquer de souffrir de leurs querelles. Afin de s'assurer son appui, Josias qui régnait à Jérusalem, conclut une alliance avec Nabou-pal-atzer

Alors le pharaon Néchao, jugeant indispensable, pour réussir dans ses projets, de réduire la Judée, résolut de marcher contre Josias. Ayant réuni une grande armée, il s'avança, à travers le désert, vers le sud de la Judée. On en vint aux mains à Mageddo, l'an 609 avant Jésus-Christ. Josias vaincu et blessé mortellement, mourut entre les mains de ses soldats, pendant qu'ils le transportaient à Jérusalem.

Joachim, son second fils, lui succéda au trône ; mais au bout de cinq mois, Néchao le fit prisonnier, l'envoya en Egypte et le remplaça par Joachaz. Puis il s'occupa de soumettre la Basse-Syrie et les pays environnants.

Mais en 605, Nabou-pal-atzer dirigea une puissante armée sur la Syrie, aux ordres de son fils Naboucadr-atzer (Nabuchodonosor). Une grande bataille fut livrée aux Egyptiens par le chef babylonien, sur le sol de la Mésopotamie, près de Carchemis ou Circésium, non loin de l'Euphrate. Naboucadr-atzer remporta une glorieuse victoire : les Egyptiens s'enfuirent en toute hâte vers leur pays ; l'armée assyrienne se répandit comme un torrent jusqu'aux frontières du royaume des pharaons, soumit le plat pays de la Phénicie, et envahit la Judée dès le mois de décembre de la même année.

Bientôt une grave nouvelle rappela Naboucadr-atzer à Babylone. Son père, Nabou-pal-atzer, venait d'y mourir, laissant ouverte la succession à l'empire. Le prince chaldéen régla rapidement les affaires des provinces conquises, fit prendre la route ordinaire aux prisonniers juifs, phéniciens, syriens et égyptiens, et regagna lui-même la capitale assyrienne en traversant le désert.

Le jeune monarque demeura plusieurs années à Babylone, affermissant son pouvoir et préludant à ce grand règne de quarante-trois ans qui devait être marqué par tant de travaux et d'événements mémorables. Un de ses premiers soins fut de distribuer par colonies les captifs nouvellement amenés. Daniel était du nombre des Israélites arrachés à leur terre natale. Naboucadr-atzer répara les anciens édifices de Babylone, agrandit la ville, fortifia le canal de l'Euphrate, et éleva au dedans et au dehors une triple enceinte de hautes murailles en briques cuites. Il construisit des portes si magnifiques qu'elles ressemblaient à des temples. Près du palais de son père il en bâtit un autre d'une splendeur inouïe. La reine Nitocris, sa femme, fille ou parente de Cyaxarès, roi des Mèdes, regrettant les montagnes de son pays, il éleva dans l'enceinte du palais et sur des voûtes, des collines plantées de toute espèce d'arbres; c'étaient ces jardins suspendus, si fameux dans l'antiquité.

Pendant que Naboucadr-atzer était occupé à ces immenses travaux, Joachim, roi de Juda, refusa de payer le tribut qui lui était imposé et se ligua de nouveau avec le roi d'Egypte. Le monarque chaldéen, retenu dans ses Etats, chargea ses gouverneurs des provinces syriennes de faire la guerre au prince hébreu. Après trois ans d'hostilités, Joachim fut enfermé dans Jérusalem, surpris probablement dans une sortie, et tué à coups d'épée; son corps, jeté sur le grand chemin, hors des portes de la ville, fut privé de sépulture.

Son fils Jéchonias, âgé de dix-huit ans, lui succéda. Au bout de trois mois, se voyant dans l'impossibilité de défendre sa capitale, il alla se rendre au roi de Babylone, venu en personne afin de pousser plus vigoureusement le siége de Jérusalem. A cette lâche démarche, il ne conserva que la vie. Naboucadr-atzer le fit charger de chaînes, l'emmena et le jeta en prison, d'où il ne sortit qu'au bout de trente-sept ans.

Maître enfin de la métropole hébraïque, le prince chaldéen enleva les trésors du temple et du palais, et les transporta à Babylone avec un grand nombre de captifs. En se retirant, il établit roi Mathanias, oncle de Joachim, qu'il nomma Sédécias, et lui imposa un tribut annuel.

Durant quelques années, Sédécias remplit les conditions du traité qui lui avait été imposé ; mais ensuite les intrigues de l'Egypte réussirent encore à soulever les princes syriens contre le roi de Babylone.

C'était en 589. Alors Naboucadr-atzer s'avança à la tête d'une puissante armée ; il entra en Judée avant que les troupes égyptiennes ne fussent arrivées sur le théâtre de la guerre. Quand elles parurent, le monarque chaldéen avait déjà conquis toutes les places du pays, à l'exception de Jérusalem, d'Azeka et de Lakis. Naboucadr-atzer se porta à leur rencontre, les défit et les rejeta en Egypte ; puis il marcha sur Jérusalem, dont il commença immédiatement le siége. Enfin, en 587, la ville fut prise d'assaut et rasée, avec le beau temple de Salomon. Le roi Sédécias parvint à s'évader ; mais, atteint par ceux qui le poursuivaient, il fut ramené à Riblah, au camp de Nabuchodonosor. Le roi de Babylone le traita cruellement, ensuite on lui creva les yeux et on l'emmena captif en Assyrie.

Aussitôt après la conquête de Jérusalem, Nabuchodonosor tourna ses armes victorieuses contre les Phéniciens. Dans le courant de l'année 586, toute cette contrée, sauf Tyr sur l'île, subit le joug des Chaldéens. Quant à cette ville puissante, elle demeura inexpugnable. Le roi de Babylone, qui voulait surtout atteindre l'Egypte, redoubla d'efforts pour la réduire, afin de ne point laisser d'ennemis derrière lui. Comme il manquait de vaisseaux pour investir complétement la place, il y suppléa par la construction d'une digue depuis le continent jusqu'à l'île. Mais les forces de ses troupes s'épuisèrent avant l'achèvement de ce gigantesque travail, et il dut lever le siége après treize ans d'efforts inouïs. Toutefois, il est constaté que les Tyriens se soumirent, malgré l'échec de la tentative du roi chaldéen.

La guerre contre la Phénicie et la Judée n'avait été entreprise par Nabuchodonosor qu'afin de pouvoir attaquer l'Egypte avec plus de sécurité. Atteignit-il le but qu'il se proposait? Il paraît qu'il pénétra dans la terre des pharaons et obtint quelques succès, mais sans réussir à s'assujettir le pays.

Nabuchodonosor employa les trente-cinq premières années de son règne en expéditions multipliées ; mais il semble avoir vécu en paix les sept dernières, du moins aucun document ne nous parle de guerre entreprise par le monarque chaldéen durant cette période. Peut-être serait-il permis de placer à cette époque la démence dont il fut atteint, selon la Bible, et à laquelle plusieurs historiens font évidemment allusion. Daniel, le prophète hébreu, qui avait acquis un crédit considérable, et la reine Nitocris, le remplacèrent vraisemblablement dans l'administration de l'empire.

Sous le règne de ce monarque, aussi grand par le génie que par la puissance, Babylone atteignit sa plus haute splendeur. Elle formait un immense carré de quatre cent quatre-vingts stades de circuit, situé sur les deux rives de l'Euphrate. Les murailles et les maisons étaient construites en brique, les unes cuites au feu, les autres séchées au soleil. Cent portes de bronze s'ouvraient dans les deux murs d'enceinte, et de fortes tours les défendaient. Un rempart, élevé sur les deux rives du fleuve, la séparait des bords de l'eau, et une foule de rues suivaient la direction de l'Euphrate, tandis que d'autres couraient transversalement. Dans une partie de la ville se trouvaient les palais royaux, et dans l'autre le temple de Bel avec sa haute tour à huit étages, assise sur les fondements mêmes de la tour de Babel. Du haut de cette tour, les prêtres chaldéens faisaient dès les temps les plus reculés leurs observations astronomiques, qui leur valurent une si glorieuse renommée.

L'admirable position de Babylone, sur un beau fleuve, navigable pour de grands vaisseaux, et sur les confins de la haute Asie et de l'Asie inférieure, avait fait de cette ville le rendez-vous du commerce universel.

Nabuchodonosor mourut en 562 avant Jésus-Christ, après quarante-trois ans de règne. Il eut pour successeur son fils Evilmérodach, surnommé Baltassar, qui délivra de sa prison Joachim, roi des Juifs, et le traita avec bonté. Ce prince se rendit odieux par ses débauches et ses cruautés. Nériglissor, son beau-frère, ourdit un complot contre lui et le tua, après deux ans de règne, au milieu de ce festin fameux où Evilmérodach-Baltassar profana les vases sacrés enlevés du temple de Jérusalem par Nabuchodonosor.

Le meurtrier monta ensuite sur le trône, mais ne conserva le pouvoir que quatre ans. Déjà la lutte s'engageait entre l'Assyrie et la Perse, et il n'est pas improbable que Nériglissor s it tombé dans l'un des premiers combats.

Son fils Laborasordach hérita de l'empire affaibli de Nabuchodonosor. Il régna neuf mois seulement, au bout desquels il fut massacré, dit-on, par les grands du royaume, à cause de son caractère pervers.

Un Mède, nommé Nabonnid ou Darius, fut appelé à l'empire. Il avait trempé dans la conjuration qui renversa Laborosordach et avait soixante-deux ans lors de cet événement. Il régna tranquillement pendant dix-sept ans, embellissant sa capitale et faisant construire les merveilleux remparts qui devaient la défendre sur les rives du fleuve. Nabonnid ou Darius le Mède, ainsi qu'il est appelé dans la Bible, avait atteint l'âge de soixante-dix-neuf ans quand Cyrus, chef des Perses, s'empara de Babylone. Le vieux monarque ayant pris la fuite, se renferma dans Borsippa, où il fut bientôt obligé de se rendre. Cyrus se contenta de l'éloigner de Babylone, en lui assignant la Caramanie pour le lieu de son exil. Nabonnid y finit paisiblement ses jours.

Ainsi finit le grand empire asiatique fondé par Nimroud.

Au début de notre siècle, Babylone et Ninive dormaient encore, ensevelies dans la poussière des âges, et leurs ruines étaient muettes. La science les a visitées; elle a déchiré le linceul de l'oubli et de la malédiction qui les recouvrait; elle a fouillé le sol, qui jadis avait résonné sous les pas des multitudes et des légions assyriennes ; sous sa main curieuse et obstinée les pierres ont parlé ; on a lu les inscriptions, et la lumière se fait sur les obscurités du passé. Chaque jour on débrouille quelque page des vieilles annales babyloniennes ou ninivites, et on peut prévoir l'époque rapprochée où ces brillantes civilisations primitives auront livré tous leurs secrets. Certains règnes de monarques assyriens ou chaldéens sont mieux connus que ceux de plusieurs empereurs romains.

Néanmoins, nous avons dû être sobre de détails ; nous nous sommes contenté de tracer les grandes lignes et de poser les jalons autour desquels, nous l'espérons, ne tarderont point à se grouper d'autres découvertes.

Nous n'apprécierons la mission départie par la Providence aux nations du premier âge qu'après avoir raconté l'histoire des Hébreux. Ce peuple, à notre avis, a été le centre de l'humanité. Il apparaît comme l'arche sainte où s'est conservé intact le dépôt des vérités religieuses et sociales. Gardien du feu sacré qui entretient la vie au cœur des peuples, il avait reçu le mandat de communiquer perpétuellement au genre humain la flamme qui lui était confiée.

CHAPITRE II

LES MÉDO-PERSES.

§. I.

Les Mèdes et les Perses descendent-ils de la même souche? — Obscurité qui plane sur leur histoire. — On ne possède de date certaine qu'à partir d'Arbacès. — Cyaxare. — Cyrus. — Cambyse. — Le mage usurpateur. — Conjuration qui porte Darius au trône.

Plusieurs historiens modernes affirment la commune origine des Mèdes et des Perses. C'était, à leur avis, une branche de cette race fameuse des Aryas qui peupla une partie de l'Asie. A une certaine époque qui se perd dans la nuit des temps, il y eut une scission irréconciliable provoquée par deux chefs, Touran et Iran. Par suite, Touran avec les siens fut rejeté vers le Nord, et Iran fonda l'empire qui devait porter son nom. De là, les Touraniens ou Scythes et les Iraniens ou habitants des contrées appelées de nos jours la Perse ou l'Iran.

Ce système nous paraît reposer sur des bases fragiles et même inadmissibles. Après avoir étudié longuement la question, nous avons reconnu que ces auteurs se répétaient les uns les autres, sans qu'aucun d'eux apportât une raison solide pour établir ses assertions.

De plus, ils contredisent la Bible, l'histoire la plus ancienne du genre humain, et refusent même de tenir compte des traditions nationales consignées dans les annales de l'un des peuples dont il est question. Moïse, racontant la vie d'Abraham, mentionne un roi des Élamites, Kedor-Lahomer, qui jouissait d'une prépondérance considérable parmi les peuples de l'Asie ; or, tous les commentateurs sont d'accord sur ce point, que les Élamites et les Perses descendent du même père, d'Elam, fils de Sem.

Toutes les fois que la Bible parle des Perses, elle les nomme Elamites. Dans les Actes des Apôtres, ils sont encore désignés de la même manière. Là-dessus, on en conviendra, les chroniques hébraïques ont une autorité incontestable. Les Israélites ont été pendant de longs siècles en rapports avec les principales nations de l'Orient ; ils ont été les sujets des Perses ; ils devaient donc mieux que personne connaître la généalogie de leurs maîtres.

Les autres Persans qui, plus tard, ont résumé les traditions de leur pays, déclarent que leur premier chef fut Djemschid, nom qu'il n'est pas difficile, nous le croyons, d'identifier avec celui de Sem, fils de Noé.

Il n'entre pas dans notre plan d'insister davantage sur cette controverse ; il nous suffit d'avoir indiqué les motifs de l'opinion que nous avons donnée précédemment.

Quant aux Mèdes, leur descendance de Japhet étant admise par tout le monde, il est inutile de rechercher si leur premier ancêtre fut Madaï, fils de Japhet, car, ici, le doute n'est guère permis.

De la dispersion à l'an 800 ou 788 avant Jésus-Christ, les ténèbres les plus profondes enveloppent l'histoire des Mèdes et des Perses. A l'exception de Kedor-Lahomer, nous ne savons rien de la succession des princes. Zoroastre, le célèbre législateur des deux nations, vécut on ne sait au juste à quelle époque. Il est seulement constaté qu'il enseigna sous un roi nommé Gustasp, bien antérieur à Cyrus.

Pour obtenir une date certaine, il faut arriver à l'année 800 avant Jésus-Christ. Arbacès, chef des Mèdes, et Bélesis, gouverneur de Babylone, songèrent à détruire la puissance des Assyriens; ils marchèrent contre Ninive, la capitale de l'empire asiatique, l'assiégèrent et la prirent en 788.

Arbacès gouverna les Mèdes, devenus puissants, jusqu'en 760.

Mandacès lui succéda. Vint ensuite Sosarmus, qui régna trente ans.

Il y eut ensuite un interrègne. Il se termina par l'avénement au trône de Déjocès, en 710. Ce prince, à peine maître du pouvoir, se créa une garde et commença à bâtir Ecbatane, sa capitale. Il introduisit un cérémonial rigoureux à sa cour et imposa, sous prétexte de polir leurs mœurs, des lois tyranniques à ses peuples. Déjocès régna jusqu'en 655, et laissa le royaume à son fils Phraortès, l'Arphaxad de la Bible.

Ce monarque ajouta de nouveaux édifices à la ville d'Ecbatane, puis résolut d'agrandir ses Etats. Il attaqua les Perses, les vainquit dans un grand combat et les réduisit sous sa domination. Fortifié par leurs troupes, il guerroya contre les nations voisines, qu'il soumit les unes après les autres, et s'empara de presque toute la Haute-Asie.

Enivré de tant de succès, il tourna ses armes contre les Assyriens affaiblis par des revers récents. Khin'âl-Adan, roi de Ninive et de Babylone, alla au-devant des Médo-Perses et leur livra bataille dans la plaine de Ragaü. Phraortès fut défait, sa cavalerie prit la fuite, ses chariots furent renversés, et le monarque assyrien remporta une victoire complète. Profitant de la déroute des Mèdes, il entra dans leur pays, pénétra jusqu'à Ecbatane, prit la ville et la livra au pillage. Phraortès, qui était tombé aux mains du vainqueur, fut tué à coups de javelots sur le théâtre même de la lutte.

C'était en 635.

Cyaxare succéda à Phraortès, son père. Le jeune prince, après s'être établi solidement en Médie, songea à venger la mort cruelle de son père. Etant entré sur le territoire ennemi, il engagea un terrible combat, dans lequel les

Assyriens succombèrent. Cyaxare les poursuivit jusqu'à Ninive, le centre de leur puissance, et forma le siége de la ville. Il était sur le point de s'en emparer, quand une armée formidable de Touraniens ou Scythes, ces ennemis séculaires des Aryas et des Mèdes, s'avança dans la Médie, sous la conduite de leur chef Madyès.

A la nouvelle de cette irruption, Cyaxare leva le siége de la capitale assyrienne et marcha avec toutes ses troupes contre les envahisseurs. Les Mèdes recoururent à la fraude. Sous prétexte de fortifier l'alliance conclue avec eux, ils les invitèrent à un grand festin, préparé dans chaque famille. Les Scythes, enivrés, furent égorgés. Cyaxare recouvra ses provinces perdues et recula les limites de son empire jusqu'aux bords du fleuve Halys.

Les Barbares échappés au massacre s'enfuirent en Lydie, dont le roi les accueillit avec bienveillance.

Alors Cyaxare reprit ses projets de vengeance contre Ninive. S'étant allié avec Nabou-pal-atzer, gouverneur de Babylone, il assiégea de nouveau la ville assyrienne, soutenu par le satrape babylonien. La ville fut prise, le roi Khin-êl-Adan se brûla dans son palais avec ses femmes et toutes ses richesses. Ninive fut détruite de fond en comble en 625.

Vingt-deux ans plus tard, la guerre éclata entre les Mèdes et les Lydiens, probablement au sujet des Touraniens réfugiés chez ce dernier peuple; elle dura jusqu'en 597, où une éclipse de soleil, survenue durant une bataille, effraya tellement les combattants qu'ils se retirèrent de part et d'autre. Le roi de Babylone, Naboucadr-atzer, s'offrit comme médiateur entre les belligérants, qui firent la paix. Afin de rendre le traité plus inviolable, le roi de Lydie donna sa fille Aryénis en mariage au fils aîné de Cyaxare.

La puissance des Mèdes avait atteint son apogée. Cyaxare mourut deux ans après la conclusion de cette alliance, et son fils Astyages le remplaça sur le trône.

Astyages régna trente-cinq ans. D'après le cours naturel des choses, la nation des Mèdes, devenue si forte sous Cyaxare, aurait dû jouer le principal rôle en Asie sous son successeur. Il n'en fut rien cependant. Des luttes continuelles avec les Perses, ses voisins, neutralisèrent sans doute son essor et finirent par l'affaiblir considérablement.

En 560, les Perses avaient à leur tête un prince dans la force de l'âge et nourri dans les combats; il termina la lutte contre les Mèdes en détrônant Astyages et en le faisant prisonnier. Il réunit dans sa main le sceptre des deux nations, préludant de la sorte à la conquête de l'Asie.

Les historiens grecs ont raconté longuement les débuts de Cyrus. Mais nous pensons avoir le droit de regarder comme des fables leurs narrations verbeuses. M. de Saulcy, dans ses *Recherches chronologiques sur les empires de Babylone, de Ninive et d'Ecbatane*, nous semble avoir définitivement tranché la question. Ainsi il n'y a pas eu proche parenté entre le conquérant perse et Astyages, du moins le monarque mède n'était pas l'aïeul de Cyrus ; il n'y a pas eu de Cyaxare qui ait régné deux ans sur Babylone après la défaite de Nabonnid. Tous ces prétendus faits sont de pure invention ; ils s'évanouissent devant l'examen attentif des dates et des circonstances.

Désormais tout devait plier sous l'autorité du chef des Perses. Crésus, roi de Lydie et successeur d'Alyatte, le rival de Cyaxare, avait conquis Ephèse, subjugué l'Asie-Mineure jusqu'à l'Halys et se préparait à réunir l'Asie intérieure à son empire. Cyrus lui déclara la guerre, s'avança contre lui, le défit à Thymbrée, en Phrygie, et brisa son trône.

Cette bataille, l'une des plus importantes de l'antiquité, décida de l'empire de l'Asie, dont elle mit la plupart des provinces aux mains de Cyrus, tandis que ses généraux s'emparaient des colonies grecques.

Le monarque persan étant retourné en Orient, assiégea Babylone, où régnait un vieillard, Nabonnid ou Darius le Mède, qui se confiait dans la force des remparts de la ville chaldéenne. Profitant d'une fête de nuit qui devait provoquer de la confusion parmi les habitants, Cyrus posta une partie de ses troupes à l'endroit où l'Euphrate pénétrait dans la place, et l'autre partie à celui où il sortait. Puis, ayant donné tous les ordres nécessaires, il fit ouvrir vers le soir la tranchée des deux côtés du fleuve, au-dessus et au-dessous de la ville, afin d'y faire écouler les eaux. Par ce moyen, le lit de l'Euphrate se trouva bientôt à sec. Alors, les deux corps d'armée se rejetèrent dans le fleuve et s'avancèrent, sans rencontrer d'obstacle, jusqu'au cœur de Babylone. Ils opérèrent leur jonction devant le palais royal, surprirent la garde, qu'ils passèrent au fil de l'épée, et maîtrisèrent toute résistance. Le roi Nabonnid n'eut que le temps de s'enfuir et de se retirer au château fortifié de Borsippa, où il fut pris. Au jour, Cyrus occupait complétement la ville et mettait fin à l'empire des Chaldéens (535).

Cyrus trouva dans Babylone les Hébreux esclaves; frappés de la ressemblance de leurs croyances avec celle de sa nation, il leur permit de retourner dans leur patrie et leur restitua les vases sacrés enlevés par Naboucadr-atzer du temple de Jérusalem.

Le roi des Perses continua d'agrandir ses Etats. Il étendit sa domination de l'Indus et de l'Oxus jusqu'à la mer Égée, et de la mer Caspienne au golfe Arabique. Mais s'étant aventuré dans les déserts que parcouraient les tribus nomades des Touraniens, il fut défait par elles. Il mourut en 529, à l'âge de soixante-dix ans. Sur l'un des piliers de Mourgah, on a retrouvé le portrait de ce prince avec cette inscription : ADAM KURUSH KSHAYATHIYA HAKHA MANISHIYA. « Je suis Cyrus, roi, Achéménide. »

Cyrus laissait deux fils, Cambyse et Smerdis. Le premier lui succéda au trône de Perse; l'autre eut la Bactriane et les pays à l'Orient, affranchis de tout tribut. Mais Cambyse le fit mettre à mort.

Après ce fratricide, il voulut étendre les conquêtes de son père et marcha contre l'Egypte. En une seule bataille et dix jours de siége, il s'empara de Memphis et de tout son territoire.

Cambyse ayant réduit le royaume des pharaons en satrapie, transporta dans la Susiane une colonie d'Egyptiens, et força Cyrène et la Libye à la soumission. Il forma ensuite le projet de ruiner le temple d'Hammon, le plus vénéré des sanctuaires de l'Egypte; mais s'étant enfoncé imprudemment dans les sables du désert, il perdit son armée. Néanmoins, il songeait à subjuguer Carthage, déjà florissante; mais il lui fallut renoncer à cette tentative, parce que les Tyriens lui refusèrent des vaisseaux pour attaquer leur colonie.

Pendant que Cambyse conduisait ces expéditions lointaines, la révolte fermentait dans ses provinces héréditaires. Les Mèdes avaient subi en frémissant le joug de Cyrus. Les mages, gardiens de la doctrine de Zoroastre, avaient perdu de leur ancienne influence, car les Perses professaient d'autres dogmes religieux et avaient conservé plus pure la notion primitive de l'unité de Dieu. Les autres classes, tout en pliant sous la main du plus fort, n'acceptaient qu'avec répugnance la domination étrangère. Les mages, qui représentaient le parti national, enhardis par l'absence de Cambyse, tramèrent une conspiration afin de replacer le pouvoir aux mains d'une famille mède. Ils présentèrent au peuple un des leurs, déclarant que c'était Smerdis, le second fils de Cyrus, échappé miraculeusement à la fureur de son frère et ils le proclamèrent roi.

Cambyse, apprenant le résultat de cette intrigue, accourut, altéré de vengeance; mais il mourut en chemin, des suites d'une blessure accidentelle, après sept ans et demi de règne.

Avant d'expirer, il avait recommandé énergiquement aux principaux personnages qui l'entouraient de ne point souffrir que la souveraineté retombât aux mains des Mèdes, le mage usurpateur appartenant à cette nation. Mais les Perses, croyant qu'il ne parlait ainsi que par haine de son frère, se soumirent tranquillement au faux Smerdis, supposant que c'était le véritable.

Le mage, pour s'affermir sur le trône, exempta, dès les premiers jours de son règne, les peuples vaincus de tout impôt durant trois ans. Toutefois, sentant de quelle importance il était pour lui de cacher sa fraude, il affectait de ne point se montrer en public; traitant les affaires par l'entremise de quelques eunuques et ne laissant approcher de sa personne que ses plus intimes confidents.

Mais cet excès de précautions fit naître les soupçons, et on finit par découvrir l'imposture. Aussitôt une conspiration, dans laquelle figuraient les principaux Perses, fut ourdie contre le faux Smerdis; Intaphernès, Hydarnès,

Gobrias, Otanès, Mégabyse et Aspathixès, en faisaient partie. Une inscription, contemporaine de l'événement, et retrouvée à Bisitoun, nous a transmis les noms des conjurés.

Ces derniers, s'étant réunis, délibéraient sur les moyens à prendre pour renverser l'usurpateur, quand Darius, fils de Gustasp ou Hystaspe, arrivant des provinces où son père commandait, leur fut présenté. Comme on hésitait sur le moment favorable de l'exécution, Darius proposa de marcher sur-le-champ au palais du mage. On suivit son conseil. Les conjurés, qui étaient les plus grands seigneurs de la cour, traversèrent facilement la première garde. Mais, arrivés à la porte de l'appartement royal, ils furent arrêtés par les officiers. Alors, tirant leurs sabres, ils tuèrent tout ce qui résista. Le mage et son frère s'entretenaient ensemble à ce moment. Ayant entendu quelque bruit, ils prirent leurs armes et blessèrent plusieurs des agresseurs. L'un des mages ayant été tué, l'autre se réfugia dans une chambre plus reculée, où il fut poursuivi par Gobrias et Darius. Le premier le saisit par le corps et le tint fortement embrassé. Cependant ils étaient dans les ténèbres, et Darius n'osait frapper de peur de tuer en même temps son complice; mais celui-ci lui recommanda de passer son épée à travers le corps du mage, dût-il les percer tous deux. Darius usa d'une telle adresse, que le mage seul fut atteint mortellement.

Les conjurés se hâtèrent de sortir du palais, les mains encore sanglantes, et montrèrent au peuple la tête de l'usurpateur. La foule, comprenant enfin l'imposture, acclama les conspirateurs, se jeta sur les mages, partisans du faux Smerdis, et en égorgea un grand nombre. Dans la suite, les Perses célébrèrent une fête annuelle en mémoire de ce massacre.

Les sept conjurés, ayant agité mûrement la question de savoir s'ils gouverneraient entre eux l'empire, ou s'ils partageraient le pouvoir avec le peuple, c'est-à-dire avec la tribu principale, se décidèrent pour la monarchie. Darius, qui avait porté le premier coup au mage que le texte de Bisitoun nomme Gaumatès, fut désigné pour occuper le rang suprême. Le rôle que les historiens grecs font jouer à son cheval, en cette circonstance, nous paraît une fable inutile pour expliquer une faveur à laquelle le destinait sa naissance, car il descendait de la royale famille des Achéménides.

§. II.

Darius Ier. — Xerxès Ier. — Artaxerxès. — Xerxès II. — Darius Nothus.

La famille royale de Cyrus avait fait place à une autre non moins illustre, puisqu'elle descendait également d'Achémène. Du reste, Darius, parvenu au trône à la suite d'une révolution du palais, voulut rattacher sa dynastie à celle du conquérant en épousant une fille de Cyrus. Habile, énergique, dans la force de l'âge, le fils de Gustaspe sut consolider la domination des Perses et leur assurer l'empire de l'Asie. Investi du souverain pouvoir en 522, il s'occupa activement d'opérer la fusion des vainqueurs et des vaincus ; il accepta les doctrines de Zoroastre, si chères aux Mèdes, et le vieux culte national s'effaça peu à peu devant celui du législateur bactrien.

Mais de grandes guerres vinrent distraire Darius de ses travaux d'organisation intérieure. Son règne, le plus remarquable de tous, connut rarement le repos. A peine avait-il pris possession de la couronne que Babylone secoua le joug, revendiquant son antique indépendance. Après quatre ans de préparatifs secrets, ses habitants se révoltèrent, décidés à reconquérir leur puissance d'autrefois. Darius marcha contre eux avec toutes ses forces et assiégea leur ville.

Afin de faire durer plus longtemps leurs provisions et de soutenir plus vigoureusement les attaques de l'ennemi, les Babyloniens résolurent d'exterminer toutes les bouches inutiles. Ayant rassemblé les femmes, les enfants et les vieillards, ils les étranglèrent. Après cette atroce exécution, croyant la place imprenable, ils insultèrent aux assaillants du haut de leurs remparts. Les Perses, pendant dix-huit mois, employèrent tous les moyens imaginables pour réduire les rebelles, mais inutilement.

Darius commençait à désespérer du succès, quand un stratagème inouï jusque-là lui ouvrit les portes de la ville. Un jour, Zopyre, fils de Mégabys, un de ses amis, se présenta devant lui, tout couvert de sang, le nez et les oreilles coupés, le corps déchiré de plaies. A cette vue, Darius, se levant de son trône : — Qui donc a pu te traiter de la sorte? —Vous-même, seigneur, répondit Zopyre. Et il expliqua le projet qu'il avait de passer chez les ennemis, afin de préparer leur ruine.

En effet, Zopyre s'approcha de Babylone où il était bien connu, se nomma et fut conduit au gouverneur. La, il exposa son malheur qu'il imputa à la cruauté de Darius, offrit ses services, et jura de tirer une vengeance éclatante des mutilations qu'il accusait le roi de Perse de lui avoir infligées. Nul ne soupçonna sa ruse, et il obtint autant de troupes qu'il en demanda. Dans une première sortie, Zopyre tua mille assiégeants ; quelques jours après, il en détruisit le double ; une troisième fois, quatre mille Perses demeurèrent sur la place. Alors on le proclama généralissime des Babyloniens et on lui confia la garde des murailles. Darius ayant fait approcher son armée dans le temps convenu, Zopyre lui ouvrit les portes et le rendit ainsi maître de la ville.

Dès que le roi se vit en possession de Babylone, il ordonna de la démanteler et condamna trois mille de ses principaux citoyens au supplice du pal. Pour empêcher qu'elle ne se dépeuplât, il y appela, de différentes provinces, cinquante mille femmes, qui remplacèrent celles qui avaient péri si misérablement au début du siége.

Enhardi par la victoire, Darius songea à renouveler les guerres de l'Iran contre le Touran, c'est-à-dire de la Perse contre les Scythes. Ces derniers habitaient les contrées situées entre le Don et le Danube. De mœurs farouches et grossières, ils ne vivaient que de rapines et de brigandage, tombant à l'improviste sur les pays cultivés autour d'eux, et aveuglant leurs prisonniers, faute de résidences fixes où ils pussent les garder comme esclaves. Refoulés par les Massagètes, ils avaient passé l'Araxe et chassé de leurs demeures, au nord de la mer Noire, les Kymris ou Cimbres. Nous avons raconté comment, quelques années avant Cyrus, ils avaient subjugué l'Asie-Mineure et poussé leurs dévastations jusqu'aux frontières de l'Egypte.

Les Perses désignaient les Scythes ou Touraniens sous le nom de *Saces*, qui signifie chiens. Leurs incursions précédentes, et leurs menaces continuelles de les recommencer à la première occasion favorable, donnaient donc à l'expédition que Darius méditait contre eux le caractère d'une guerre nationale. Aussi, à son appel, sept cent mille soldats accoururent sous ses etendards. Il partit de Suse à la tête de cette immense armée, tandis qu'une flotte de six cents vaisseaux devait l'appuyer par mer. Il marcha vers le Bosphore qu'il passa sur un pont de bateaux, conquit toute la Thrace et arriva sur les bords du Danube, où ses navires avaient l'ordre de le rejoindre.

Ayant traversé le fleuve sur un pont de bateaux, il chargea les Ioniens de garder le passage, avec permission, s'il n'était pas revenu au bout de deux mois, de rentrer dans leur pays. Puis il pénétra dans le Touran.

A la nouvelle de l'approche des Perses, les Scythes, qui avaient mis en sûreté leurs femmes et leurs enfants, se retirèrent avec une lenteur calculée, afin d'attirer l'ennemi jusqu'au fond de leurs contrées inconnues. Déjà l'armée des Perses était exténuée par cette marche stérile, quand on apporta à leur roi, de la part de l'ennemi, un oiseau, une grenouille et cinq flèches. Un officier de Darius expliqua en ces termes le sens de ces présents étranges et sympathiques, — si tu t'en voles comme un oiseau, ou ne te caches sous terre comme un rat, ou ne te plonges dans les eaux comme une grenouille, sache que tu n'échapperas pas aux flèches des Scythes.

Néanmoins les Perses poursuivirent leur marche. Ils franchirent le Dniester, le Bog, le Dniéper, le Don, et gagnèrent les steppes nues de l'Ukraine. Mais les Scythes, fuyant sans cesse devant la cavalerie légère de Darius, dévastaient le pays, tombaient sur la tête ou sur la queue de l'armée, sur les corps détachés, sur les maraudeurs, et disparaissaient aussitôt. Vaincu sans avoir pu combattre, le roi fut obligé de rétrograder pour ne point périr de faim.

Cependant cette expédition ne fut pas sans résultat : Darius occupa la Thrace et la Macédoine, et mit ainsi le pied en Europe.

Dans l'espoir de réparer l'échec que ses armes avaient éprouvées contre les Touraniens, Darius tourna ses vues du côté de l'Inde. Il envoya d'abord en ce pays le Grec Scylax, un habile marin, avec mission d'explorer les bords de l'Indus. Le roi de Perse y pénétra ensuite, et soumit à sa domination le territoire montagneux situé au nord de ce fleuve qui devint la frontière de son empire. Les revenus de ces riches provinces devaient augmenter considérablement la puissance de ses successeurs.

Un événement de peu d'importance, au premier abord, amena des conflits entre les Perses et les Grecs. Darius avait mandé à Suse Histiée, nommé par lui tyran de Milet, mais dont il se défiait. Ce Grec, mécontent du séjour qu'on lui imposait à la cour royale, engagea sous main son gendre Aristagore à provoquer les Ioniens à la révolte contre les Perses. Aristagore, ayant obtenu des secours des Athéniens et des Éritriens, prit et brûla la ville de Sardes. Mais les Grecs asiastiques, abandonnés par leurs alliés, furent vaincus, Milet prise par les Perses et détruite de fond en comble.

Non content de ce succès, Darius résolut de tirer vengeance des Athéniens et des Éritriens, qui avaient prêté main forte aux Ioniens. Il envoya contre la Grèce une flotte commandée par son gendre Mardonius ; mais elle fut détruite par une tempête qui jeta les vaisseaux contre les rochers du mont Athos, et Mardonius, contraint de retourner en Asie-Mineure, perdit un grand nombre de soldats sous les coups des peuples belliqueux de la Thrace.

Darius, exaspéré de cet échec, arma une flotte plus nombreuse encore, qu'il confia a des généraux éprouvés, Datis et Artaphernès. Ces chefs abordèrent dans l'île d'Eubée, où ils ruinèrent la ville d'Eritrée. Ensuite, ils débarquèrent leurs troupes sur les côtes de l'Attique. Mais les Grecs, forts de leur discipline et du sentiment patriotique qui les animait, marchèrent aulevant des envahisseurs, les arrêtèrent dans les plaines de Marathon, leur livrèrent bataille et remportèrent une victoire mémorable. L'armée des Perses dut quitter la Grèce.

Darius préparait une nouvelle expédition contre les Grecs, quand les Egyptiens, soumis jadis par Cambyse, se révoltèrent. Aryande, un de ses satrapes, attaqua la ville de Barca, dans la Cyrénaïque, la détruisit et transporta es habitants en Asie.

Outre les grandes expéditions que nous venons de raconter, le règne de Darius fut troublé par de nombreuses insurrections, ainsi que le témoigne la grande inscription de Bisitoun. Elle renferme comme un résumé de la vie du ils d'Hystaspe. Le bas-relief représente Darius, la taille haute, la tête ceinte de la couronne royale, la main gauche appuyée sur un arc, la droite étendue vers neuf personnages enchaînés par le cou et les mains liées derrière le dos. Il foule aux pieds un ennemi vaincu qui semble implorer sa grâce. On voit derrière deux officiers de son palais, armés de l'arc et de la lance; enfin, au-dessus de cette scène plane, comme sur tous les monuments de cette époque, la grande figure d'Ormusd, le dieu de Zoroastre.

L'inscription fait connaître les personnages représentés sur le monument. Celui que Darius foule aux pieds, c'est Gaumatès le Mage, le Smerdis des Grecs, et les caractères gravés dans la pierre annoncent que Darius lui porta le coup décisif. Après Gaumatès, la première figure que l'on voit sur le bas-relief, c'est Athrina, qui tenta de soulever la Susiane et fut tué. Ensuite vient Naditabel, qui se donnait comme le fils de Nabonnid, le dernier roi de Babylone, et qui fut tué dans Babylone après un grand carnage. Le troisième personnage, c'est Phraortès, qui se proclama roi de Médie, et voulut se faire passer pour le fils de Cyaxare. Pour mettre fin à ces séditions si souvent renouvelées, Darius usa d'un châtiment terrible envers le chef rebelle; il le fit amener en sa présence, lui fit couper le nez, les oreilles, la langue, le livra quelque temps en spectacle à sa cour, puis ordonna de le crucifier à Ecbatane, lui et tous ses complices. Un autre nommé Martiya, dont la robe plus longue traîne à terre, essaya aussi de se faire roi en Susiane. Le cinquième, Sitratachmès, qui se souleva en Sagartie, en se déclarant encore de la race de Cyaxare, fut crucifié à Arbelles. Le sixième, Vayadate, cherchait, comme le Mage, à fomenter une insurrection dans la Perse même pendant une absence de Darius ; à son dire, il était fils de Cyrus ; il périt sur le gibet, à Vadaida. Le septième, Aracha, tenta de susciter une nouvelle révolte à Babylone. Le huitième, Frada, s'était insurgé dans la Margiane. Enfin le neuvième, au bonnet pointu, à la taille plus haute, se reconnaît facilement pour un de ces grands Scythes, tireurs d'arc, qui, pendant vingt-huit ans, quelque temps auparavant, avaient fait trembler la Haute-Asie. Une seule inscription se lit au-dessus de sa tête : — Celui-ci, c'est Sarukha le Scythe.

Cette inscription complète l'histoire de Darius telle que nous l'ont transmise les écrivains grecs.

Ce prince mourut en 486, après un règne de trente-six ans.

Darius, en mourant, avait désigné pour son successeur Xerxès (Ksyarsha), qu'il avait eu d'Atossa, fille de Cyrus, sa seconde femme, et celle qu'il aimait le plus.

Xerxès Ier n'avait ni les talents militaires, ni le caractère énergique de son père. Elevé au milieu du sérail, au sein d'une cour dépravée, il ne connaissait de la puissance souveraine que la pompe et la volupté. Toutefois il avait une confiance illimitée dans les forces de son empire, et il s'empressa de poursuivre les entreprises projetées par Darius contre l'Egypte et la Grèce. Dès la seconde année de son règne, il marcha contre le pays des pharaons, le soumit, le maltraita horriblement, et lui laissa pour gouverneur son frère Achéménès.

Mardonius, beau-frère de Xerxès, humilié de la défaite qu'il avait subie à Marathon; la famille de Pisistrate, expulsée d'Athènes où elle avait exercé la tyrannie et refugiée en Perse ; les Alvéades, princes dépossédés de la Thessalie ; le devin Onomacrite, qui exerçait une grande influence sur l'esprit du roi, l'animaient tous contre la Grèce, et ils furent écoutés. Les préparatifs de l'expédition durèrent trois ans. Carthage, par un traité, fournit les moyens du subjuguer les colonies grecques de la Sicile.

Cinquante-six peuples différents, habitant des pays très-éloignés, composèrent l'armée innombrable que Xerxès allait conduire contre les Grecs. Tous, à pied, à cheval, ou sur mer, portaient le costume, les armes et la bannière de leurs patries : c'étaient les Indiens, vêtus d'étoffes de coton; les Ethiopiens, couverts de peaux de lion; les Balusques noirs de la Gédrosie, les hordes nomades de la Mongolie et de la Boukharie, chasseurs sauvages comme les Sagartiens, n'ayant pour arme qu'un lacet de cuir; les Mèdes et les Bactriens aux splendides vêtements; les Lydiens, montés sur des chars; les Arabes, sur des chameaux; enfin, les Grecs d'Asie. Les forces de Xerxès s'élevaient à un million sept cent mille fantassins et quatre cent mille cavaliers, suivis d'une multitude de valets, de femmes, de matelots et d'eunuques, formant un total de cinq millions d'âmes.

Le grand roi de Perse se croyait sûr d'écraser cette poignée d'audacieux qui osaient lui résister. Mais l'héroïque défense des Thermopyles, où trois cents Spartiates succombèrent glorieusement après lui avoir tué vingt mille hommes, commença à rabattre son orgueil. Bientôt deux victoires navales, remportées par les Grecs à Salamines et à Artémisium, forcèrent Xerxès à repasser en Asie (480).

Cependant la guerre n'était point terminée. En se retirant, le roi de Perse avait laissé à Mardonius trois cent mille hommes, l'élite de son armée. Le général perse eut d'abord recours à l'artifice et essaya de détacher les Athéniens de la ligue commune, mais il échoua complètement. On s'apprêta donc de part et d'autre à combattre. Les Grecs, commandés par le Spartiate Pausanias et l'Athénien Aristide, défirent entièrement les Perses dans les champs de Platée, et leur tuèrent quarante mille hommes, parmi lesquels Mardonius (479).

Le même jour, la flotte de Xerxès subissait un échec non moins grand. Forte de quatre cents voiles, elle s'était réunie près du promontoire de Mycale, dans l'Asie-Mineure, en face de Samos. Les bâtiments ayant été tirés à terre et entourés d'une muraille, les hommes qui les montaient se disposèrent à se défendre contre les Grecs, auxquels s'étaient joints les Ioniens de l'Asie-Mineure. La bataille, dans laquelle commandaient, d'un côté Tigrane, de l'autre l'Athénien Xantippe et le Spartiate Léotychide, fut désastreuse pour les Perses. Pour comble de maux, leur flotte devint la proie des flammes.

Après ces terribles revers, la Perse épuisée par la levée en masse de la population, renonça à envahir la Grèce. Xerxès, revenu de ses illusions, se renferma dans son palais et y vécut dans l'inaction.

Ce fut sous le règne de ce prince qu'eurent lieu les faits racontés au livre d'Esther, dans la Bible, car il est démontré aujourd'hui que les noms de Xerxès et d'Assuérus sont identiques. D'autre part, l'histoire nous apprend qu'après la réduction de l'Egypte et avant d'attaquer la Grèce, Xerxès convoqua une assemblée de tous les notables de Perse pour reconnaître leur avis. Or, la Bible concorde avec ce récit, pour le temps du moins. Elle rapporte la répudiation de la reine Vasthi ; puis, trois ans après seulement, l'élévation d'Esther au trône de Perse. Ceci encore est conforme aux données de l'histoire, puisque le roi s'absenta alors de ses Etats pour conduire en Grèce son immense armée.

Enfin dans la Bible, le livre d'Esther se termine par un fait en harmonie exacte avec l'histoire générale ; il dit que « le roi Xerxès impose une contribution aux provinces du continent et aux îles de la mer » ce qui doit s'entendre des îles de la Méditerranée, car celles-là seulement furent soumises ou attaquées par les Perses. Ce verset rappelle donc des tentatives de Xerxès pour s'emparer des Cyclades, des îles de la mer Egée et de Chypre, tentatives qui finirent en 469 par la défaite de la flotte perse à Chypre, et la victoire de l'Eurymédon, toutes deux dues à l'Athénien Cimon.

« L'origine de la faveur d'Esther, dit M. Jules Oppert, le savant orientaliste, semble coïncider avec une intrigue tragique rapportée par Hérodote, et qui est bien d'accord avec le caractère du roi, tel que le dépeint le livre biblique.

« Pendant l'hiver que Xerxès passa à Sardes, à son retour de Grèce, il s'éprit de la femme de son frère Mas'stès, mais celle-ci résista. Pour arriver à ses fins, il marie son propre fils Darius avec Artaynté, sa nièce et la fille de Masistès, et part pour Suse. Dans sa capitale, le monarque changeant est plus heureux auprès de sa nièce et bru Artaynté, et il a l'imprudence de lui donner un riche vêtement brodé par la reine Amestris, sa femme. Celle-ci entend qu'Artaynté possède ce vêtement, croit que la mère de la jeune femme est cause de cette intrigue, et demande, à l'anniversaire de Xerxès, où le roi ne peut rien lui refuser, que la femme de Masistès lui soit livrée. Le faible monarque résiste d'abord, le permet ensuite, et l'ignoble reine fait mutiler sa belle-sœur, en lui coupant les seins, le nez et les oreilles. Masistès, pendant ce temps, est retenu auprès de Xerxès, qui lui demande de répudier sa femme et d'épouser sa propre fille, ce que Masistès refuse noblement. Arrivant à sa maison, il trouve sa femme mutilée, part avec ses fils pour la Bactriane, se déclare indépendant, mais il est vaincu et mis à mort par les troupes de son frère. »

Désormais Xerxès se livra complétement au luxe et à la mollesse. Méprisé des Perses, il fut tué en 465, une nuit pendant qu'il dormait, par l'Hyrcanien Artaban, capitaine de ses gardes, qui avait pour complice l'eunuque Spamithrès. Le meurtrier, accusant ensuite le fils aîné de Xerxès, Darius, d'avoir fait périr son père, l'égorgea pareillement. Comme Hystaspe, le second fils du roi, se trouvait alors en Bactriane, Artaban mit sur le trône Artaxerxès, le troisième fils du prince assassiné.

Artaban espérait former bientôt un parti puissant et se substituer à la place du nouveau monarque. Mais Artaxerxès ayant découvert ce complot, réussit à tuer son auteur avant qu'il n'eût pu accomplir sa trahison.

Durant les quarante-sept années du règne d'Artaxerxès, la Perse continua de décliner. Bien que ce prince fût doué de bonnes qualités, il n'eut ni la volonté ni le courage de rétablir l'ancienne prospérité. Pour se maintenir sur le trône, il eut d'abord à lutter contre les partisans d'Artaban, qui avait laissé sept fils, avides de venger sa mort. Il les extermina dans une sanglante bataille, puis il condamna l'eunuque Spamithrès au supplice des auges, qui se pratiquait de cette manière. On enfermait le patient entre deux auges superposées et ne laissant en dehors que la tête, les pieds et les mains. Il recevait dans cette position la nourriture qu'on l'obligeait à prendre en lui piquant les yeux; pour boisson, on lui donnait du miel détrempé dans du lait, et on lui en frottait tout le visage, afin d'attirer les mouches; les vers, engendrés par les excréments, lui rongeaient les entrailles. Ce supplice durait ordinairement quinze ou vingt jours.

Artaxerxès, ayant vaincu les amis d'Artaban, livra deux grandes batailles à son frère Hystaspe, qui avait soulevé la Bactriane, et triompha enfin de la révolte.

Une insurrection des Egyptiens, qui avaient obtenu des secours des Athéniens, ralluma la guerre entre les Perses et les Grecs. Les Egyptiens furent vaincus, mais Artaxerxès dut s'engager à ne plus naviguer sur la mer Egée.

La révolte de Mégabyse, satrape de Syrie et beau-frère d'Artaxerxès, fut plus funeste encore au roi, qui dut faire de grandes concessions à ce gouverneur. Ce premier exemple de rebellion heureuse d'un satrape contre l'empire ne pouvait manquer d'en susciter de nouvelles. Amestris, mère du prince, et Amytis sa femme, également corrompues et intrigantes, dirigeaient les affaires à leur gré et le tinrent dans leur dépendance jusqu'à sa mort qui arriva en 424.

Xerxès II, le seul fils légitime que laissât Artaxerxès, ne régna que quarante-cinq jours. Sogdien ou Sécudianus, un de ses frères naturels, conspira contre lui avec des eunuques. Le soir d'une fête, où le nouveau roi s'était enivré, il se retira dans sa chambre pour y cuver son vin; Sogdien le surprit, le tua, et le remplaça sur le trône, quoique bâtard. Il mit à mort également le plus fidèle des serviteurs de son père.

Ce double meutre le rendit l'horreur de l'armée et de la noblesse. Six mois après, Ochus, son frère, comme lui fils illégitime d'Artaxerxès, l'attaqua à la tête des mécontents et réussit à s'emparer de sa personne. Sogdien périt par le supplice des cendres. Pour ce genre de mort, on remplissait de cendres, jusqu'à une certaine élévation, une tour profonde, du haut de laquelle on précipitait le condamné; ensuite, au moyen d'une roue, on remuait sans cesse la cendre autour de lui jusqu'à ce qu'il expirât.

Ochus, maître de l'empire, régna sous le nom de Darius Nothus, c'est-à-dire le Bâtard, et garda la couronne dix-neuf ans. Il vécut sous la dépendance de sa femme Parysatis et de trois eunuques, l'un desquels, Artoxar ayant osé aspirer au trône, mourut sur l'échafaud.

L'extinction de la race légitime des rois de Perse ébranla l'empire et multiplia les révoltes. Les plus dangereuses furent celles d'Arsitès, frère de Darius, et celle de Pisouthnès, satrape de Lydie; elles ne furent apaisées que par la trahison qui livra les deux chefs.

Profitant de la faiblesse de leurs dominateurs, les Egyptiens, sous la conduite d'Amyrthée de Saïs, chassèrent les Perses. Darius Nothus fut obligé de reconnaître la royauté d'Amyrthée et celle de ses successeurs.

Darius mourut en 405, après avoir désigné à sa place Artaxerxès surnommé Mnémon, son fils aîné, malgré les efforts de Parysatis pour faire passer la couronne au second, Cyrus le jeune. Néanmoins, ce dernier obtint en toute souveraineté les provinces de la Lydie, de la Phrygie et de la Cappadoce.

§. III.

Artaxerxès–Mnémon. — Artaxerxès-Ochus. — Darius Codoman.

Les Grecs qui, depuis la guerre glorieuse de l'indépendance, n'avaient cessé de mettre leurs armes à la solde des monarques de l'Asie, ont exalté le jeune Cyrus outre mesure. Leurs écrivains le représentent comme le modèle des princes, tout à la fois prudent, instruit, courageux, fidèle à sa parole, et d'une invariable probité. Ils rapportent ses entretiens avec le Spartiate Lysandre, à qui il racontait les travaux auxquels il se livrait dans ses jardins, ne prenant jamais aucune nourriture avant de s'être fatigué dans de violents exercices. Ils n'ont pas même omis les vanteries du prince, revendiquant la supériorité sur son frère Artaxerxès, parce que celui-ci portait moins facilement le vin.

Ainsi, en Perse, l'ivrognerie comptait parmi les qualités d'un roi, de même que l'inceste, revêtu des formes légales du mariage, comptait comme un privilège de la souveraineté. Les mœurs de la nation étaient cruelles, la peine de mort punissait les moindres délits, une simple violation du cérémonial de la cour entraînait la peine capitale. Or, Cyrus était inexorable sur l'observance de l'étiquette tyrannique imposée par les monarques de Perse. Le dernier supplice attendait quiconque regardait le visage d'une concubine du roi, tirait avant lui à la chasse sur une pièce de gibier, ou paraissait en sa présence sans tenir les mains cachées dans les manches de l'habit. Deux cousins de Cyrus, ayant négligé à son égard cette dernière formalité, il les fit mettre à mort.

On peut juger par ce trait de la valeur des éloges que les historiens grecs ont prodigués au second fils de Darius Nothus. Il est vrai que les Grecs comme les Romains reconnaissaient deux classes principales dans le genre humain : les hommes libres, maîtres absolus de la terre et de ses jouissances, et les esclaves, sorte de bétail n'ayant pas même le droit de penser. La différence entre les peuples de l'Orient et ceux de l'Occident consistait seulement en ce que la tyrannie se concentrait chez les premiers dans la main d'un seul. Monarchie ou République, le résultat était le même pour l'immense majorité, soumise à une écrasante servitude.

D'après les conseils de sa mère Parysatis, dont il possédait toutes les préférences, Cyrus n'accepta les provinces dont son père l'avait investi en mourant, que comme un acheminement au trône. A peine Darius avait-il fermé les yeux, que le jeune prince aspira ouvertement à l'empire. Tissapherne, un des satrapes les plus puissants de l'Asie. dénonça ses complots, dans l'espoir d'obtenir, par sa chute, le gouvernement des provinces qu'il occupait. Cyrus fut arrêté, mais Parysatis réussit à le sauver ; il rentra dans les provinces de son obéissance, et ne songea plus qu'à se venger.

Il montra une grande habileté dans ses préparatifs de révolte. Il sut se concilier l'affection des peuples de son gouvernement et se fortifia de l'alliance de Sparte, cette ville où un législateur demi-sauvage avait érigé en système le vice, le brigandage, le mépris de l'humanité.

Bientôt Cyrus arma dans la péninsule asiatique cent mille soldats que les Grecs formèrent à la discipline. Lacédémone lui accorda huit cents guerriers, commandés par Chérisophe, et le concours de sa flotte ; en outre, elle autorisa le prince à enrôler tous les volontaires qu'il pourrait trouver dans les États de sa dépendance. Il réunit de la sorte dix mille hommes pesamment armés et trois mille archers.

Artaxerxès, enfermé dans son sérail, négligeait de surveiller les mouvements de son frère. A la faveur de cette incurie, Cyrus rassembla tranquillement ses forces, et franchit en soixante jours, à marches forcées, quatre cents lieues de pays. Il arriva sur l'Euphrate, sans rencontrer aucun ennemi, jusqu'à Cunaxa, à peu de distance de Babylone. Là s'engagea une bataille sanglante, et les Grecs, qui formaient la droite de l'armée rebelle, triomphèrent. Mais Cyrus, s'étant jeté avec quatre cents cavaliers sur le centre, où se tenait Artaxerxès, fut atteint d'un coup mortel qui mit fin à la guerre (401).

Les Ioniens et les Grecs, mercenaires attirés par les promesses de faveur et de butin, durent songer au retour. Les Perses, connaissant leur valeur et n'osant les attaquer, s'engagèrent par un traité à leur fournir des vivres, à la condition de respecter les pays qu'ils traverseraient. Cependant Tissapherne, qui avait provoqué cet arrangement, méditait leur ruine. Il s'entendit pour cela avec Ariée, chef des Ioniens, et il lui demanda d'abandonner les Grecs. Conformément aux vues du satrape, Ariée, enveloppant traîtreusement les dix mille dans le réseau de canaux qui, du Tigre à l'Euphrate, couvraient la Babylonie, assassina Cléarque avec quatre généraux. Toutefois les Grecs, au lieu de se décourager, continuèrent leur retraite fameuse sous les ordres de Chérisophe et de Xénophon, disciple de Socrate.

Les Grecs, à travers des obstacles de tous genres, atteignirent enfin le rivage de la mer, et arrivèrent, au bout d'une année, dans la ville amie de Trébizonde.

L'issue de cette expédition, marquée par tant de péripéties, rappela aux Grecs leurs anciens exploits. Irrités contre ceux qui les avaient trahis, ils résolurent d'appeler l'**Asie-Mineure** à la liberté. D'un autre côté, Tissapherne s'avança pour punir les colonies grecques d'avoir pactisé avec les auxiliaires étrangers de Cyrus. Ayant opéré sa jonction avec le satrape Pharnabaze, il attaqua les villes éoliennes de l'Asie-Mineure (399).

Sparte, dont le secours avait été invoqué par les colonies menacées, leur envoya des troupes du Péloponèse et de l'Attique. Après trois ans mêlés de succès et de revers, le roi de Sparte, Agésilas, battit le satrape Tissapherne sur les bords du Pactole. La reine Parysatis, pleine de haine contre ceux qui avaient trempé dans la perte de son fils Cyrus, profita de l'occasion pour abattre ce gouverneur ; elle manœuvra si bien que le roi nomma Tithraustès pour remplacer Tissapherne dans l'Asie-Mineure et lui donner la mort.

Le satrape Pharnabaze fut vaincu également par Agésilas, et le monarque perse comprit qu'il lui fallait employer d'autres moyens que les armes pour réaliser ses projets contre les colonies grecques. Ses lieutenants corrompirent avec de l'or les Spartiates, qui voulaient demeurer à la tête de la Grèce. Après de longues intrigues, Antalcidas, un Lacédémonien au caractère léger, conclut au nom de sa patrie le traité qui devait porter son nom deshonoré ; il stipulait que les villes grecques de l'**Asie-Mineure** resteraient sous la domination du grand roi, et qu'il serait permis aux Grecs d'Europe de se gouverner à leur gré. Par cette convention, Sparte vendait lâchement la liberté de ces colonies pour lesquelles tant de sang avait été répandu (387.) Les Grecs mûrissaient rapidement pour la servitude.

Cette paix honteuse permit à Artaxerxès de se rendre maître de l'île de Chypre et de Clazomène.

Néanmoins, la puissance des Perses déclinait rapidement, sous le gouvernement de princes efféminés, livrés à tous les vices des Babyloniens et des Mèdes. Tandis que les Grecs, profondément divisés, acceptaient et sollicitaient même l'immixtion du grand roi dans leurs affaires, les Cadusiens, habitants du Caucase, se soulevaient et triomphaient d'Artaxerxès. L'Égypte se révoltait, et la Perse ne put la ramener à l'obéissance qu'avec le secours des armes grecques; mais dès que celles-ci firent défaut, l'expédition avorta (374).

Les dernières années d'Artaxerxès furent troublées encore par les intrigues du sérail et les manœuvres de trois de ses fils, impatients de se disputer sa succession. La partie occidentale de l'empire s'insurgea en même temps que les gouverneurs de la Syrie et de l'Asie-Mineure; mais Darius, l'aîné des fils du roi, ayant été tué, les tentatives des deux autres frères échouèrent par la trahison d'Orontas, leur principal partisan.

Artaxerxès étant mort en 372, Ochus, le dernier de ses fils, cacha d'abord avec soin l'événement, et régna dix mois en son nom, après avoir fait périr son frère Ariaspe.

Ochus, ayant pris le nom d'Artaxerxès III, affermit son pouvoir par le meurtre d'un grand nombre de ses parents et gouverna avec une cruelle énergie. Il poussa la barbarie jusqu'à faire ensevelir vivante sa propre sœur, et égorgea les personnes les plus illustres.

Cependant Artabaze, satrape de l'Asie-Mineure, lui refusa obéissance et parvint à se soutenir avec le secours des Athéniens. Les Phéniciens et les Chypriotes, alliés à l'Égypte, se révoltèrent également; mais la trahison, et plus encore les armes grecques, les remirent sous le joug du roi de Perse. Mentor, le général des confédérés, livra Sidon à Ochus, qui la détruisit et dompta la Phénicie. Phocion et Évagoras, deux Grecs encore, l'aidèrent à prendre Chypre. Enfin le grand roi lui-même se rendit en Égypte avec les troupes mercenaires, vainquit près de Péluse le successeur des Pharaons, ruina les temples et les archives, réduisit le pays en provinces de la Perse.

Les Grecs continuaient de se faire les stipendiés infâmes de la plus barbare tyrannie; ils étaient devenus les exécuteurs des hautes œuvres du monarque le plus cruel que l'Asie eût encore vu. Les belles phrases de leurs écrivains ne sauraient effacer le souvenir de cette odieuse simplicité.

Les dernières années du règne d'Ochus s'écoulèrent dans la mollesse. Satisfait d'un vain titre et des pompes de la royauté, pourvu qu'on le laissât en paix vaquer à la débauche, il abandonna toute l'autorité à l'eunuque Bagoas et au traître Mentor.

Bagoas, d'origine égyptienne, choisit son jour pour venger sa patrie dont Ochus avait effacé le nom de la liste des peuples indépendants. Il empoisonna son maître en 338. Le meurtrier assassina pareillement tous les fils du roi, à l'exception d'Arsès, le plus jeune, qu'il laissa vivre pour régner sous lui. Deux ans plus tard, redoutant la vengeance de ce prince, il le fit mettre à mort avec toute sa famille.

Toutefois, Bagoas, n'osant point s'emparer pour lui-même de la couronne, la plaça sur la tête d'un de ses favoris, appelé Codoman, lequel, devenu roi, prit le nom de Darius. Ce prince était l'arrière petit-fils de Darius Notus, par Otanès et Arsamès. Sisygambis, mère du nouveau monarque, était en même temps la fille d'Otanès, la loi, chez les Perses, consacrant, au mépris des prescriptions de la nature, le mariage entre le frère et la sœur.

Darius n'occupait le trône que depuis peu de jours, quand Bagoas reconnut qu'il s'était donné un maître. Dès lors, il résolut de se défaire du nouveau roi, et prépara du poison pour exécuter son dessein; mais la trame ayant été découverte, Darius força Bagoas à boire la coupe empoisonnée, et se délivra ainsi de ce grand scélérat.

La seconde année de Darius (334), Alexandre, roi de Macédoine, devenu maître de la Grèce, déclara la guerre à la Perse et passa en Asie avec l'élite des troupes grecques.

Darius avait près de lui un général plein d'habileté, dont les talents eussent mis en danger la fortune du hardi Macédonien. C'était Memnon, le Rhodien. Sachant combien les Perses étaient dégénérés et énervés, il conseilla de dévaster le pays, d'éviter les batailles rangées, et d'affamer l'armée d'Alexandre. Mais le satrape de Phrygie fit repousser ce plan, par amour pour ses jardins, ses richesses et son sérail. Alors Memnon se disposa à porter la guerre en Macédoine, espérant que les Grecs, par jalousie et à prix d'or, le soutiendraient dans son entreprise. Mais Alexandre le prévint, en traversant rapidement l'Hellespont, et en passant le Granique sous les yeux de l'ennemi, qu'il mit en déroute.

La mort de Memnon, arrivée quelques mois plus tard, devait être plus importante encore que la victoire pour le roi de Macédoine. Il est vrai que l'Athénien Charidème, banni de sa patrie et réfugié auprès de Darius, eût pu remplacer le général rhodien ; mais il périt pour avoir engagé le monarque perse à ne point exposer sa personne dans les combats.

Afin de rompre les communications de l'ennemi avec ses côtes et sa marine, Alexandre rendit l'indépendance à l'Asie-Mineure et rétablit partout le gouvernement populaire.

D'ailleurs les immenses armées de Darius empêchaient les évolutions. Alexandre déconcerta encore les Perses par une marche savante et oblique. Le grand roi, au lieu de l'attendre dans les vastes plaines de l'Assyrie, où il eût été à même de développer ses troupes innombrables, s'engagea dans des défilés. Atteint à Issus par le roi de Macédoine, il combattit en personne, jusqu'à ce qu'il vit les chevaux de son char tomber, percés de coups. Sa défaite fut complète. Alexandre, ayant conçu alors le dessein de renverser entièrement le trône de Perse, refusa toute proposition de paix. Sûr désormais du triomphe, il négligea de poursuivre Darius pour le moment, et s'occupa d'abord de conquérir l'empire de la mer.

Tyr, attaquée vigoureusement, succomba après un siège terrible de sept mois. La Phénicie et la Syrie tombèrent en son pouvoir.

Alexandre s'avança ensuite vers l'Égypte, qu'il n'eut pas de peine à soulever contre les Perses. Enfin, bravant de nouveaux dangers, il traversa les sables du désert et pénétra jusqu'au temple de Jupiter Hammon.

A son retour, il fonda la ville d'Alexandrie, qui ne tarda pas à devenir le marché de tout le commerce entre l'Egypte et la Méditerranée, l'Europe et les Indes.

Effrayé par les succès prodigieux de son ennemi, Darius lui fit de nouveau de larges propositions de paix; mais Alexandre les rejeta, passa l'Euphrate et le Tigre, et soumit promptement l'Asie inférieure.

Le conquérant macédonien rencontra près d'Arbelles, à Gangaméla, l'immense armée des Perses, composée d'une multitude de soldats mercenaires ou recrutés de force, traînant à sa suite une foule infinie de femmes, d'eunuques, de tentes, de bagages. Là encore la tactique l'emporta sur le nombre. Cependant la formidable lutte eut des péripéties diverses. Darius paya bravement de sa personne, et plusieurs fois la fortune sembla prête à le favoriser, mais ses troupes, cédant à la fin, se débandèrent. Entraîné dans leur fuite, il quitta précipitamment le champ de bataille, traversa le Lycus, et défendit de couper le pont derrière lui, pour ne point fermer la retraite à ses soldats. Il arriva la même nuit à Arbelles et s'enfuit dans la Médie, où il fut rejoint par deux mille Grecs mercenaires (331).

Alexandre s'empara d'Arbelles, où il trouva d'immenses richesses, et marcha sur Babylone, dont le gouverneur se soumit sans essayer la moindre résistance. De là, il se rendit à Suse, et poussa jusqu'à Persépolis, où il prit ses quartiers d'hiver.

Au printemps, le roi de Macédoine résolut de poursuivre Darius, et se porta sur la Médie où ce prince s'était retiré. Informé qu'Alexandre s'avançait vers Ecbatane, le monarque perse quitta cette ville pour se retirer dans la Bactriane; mais, changeant presque aussitôt d'avis, il se décida à livrer une suprême bataille. Il s'occupait de réunir des troupes, lorsque Bessus, satrape de la Bactriane, et Nabarzanès, un des plus grands seigneurs de Perse, ourdirent une conspiration contre lui. Ils avaient le dessein, s'ils étaient pressés par Alexandre, de lui livrer leur maître, sinon, de massacrer Darius, d'usurper la couronne et de recommencer la guerre.

Les deux traîtres, s'étant emparés du malheureux roi, le lièrent avec des chaînes d'or, l'enfermèrent dans un chariot couvert, et prirent avec leur illustre captif le chemin de la Bactriane. Bessus fut proclamé généralissime.

Arrivé à Ecbatane, Alexandre sut que Darius en était parti depuis cinq jours. Il se mit à la poursuite de ce prince et pénétra dans la Parthide, où il apprit le crime de Bessus et de Nabarzanès. A cette nouvelle, il précipita sa marche, et le lendemain, au milieu du jour, il atteignit un village où Bessus avec ses Bactriens avait campé la veille. Il s'éloigna de ce lieu vers le soir, et, à l'aurore, il joignit Bessus, dont les soldats marchaient en désordre et sans armes. Alexandre les chargea et les dispersa ; quelques-uns même n'attendirent pas l'attaque.

Cependant le roi de Macédoine les poursuivait toujours, et il allait les atteindre de nouveau ; alors Bessus et ceux qui l'accompagnaient percèrent Darius de leurs flèches, et se sauvèrent avec six cents cavaliers. A l'arrivée d'Alexandre, le roi assassiné avait déjà rendu le dernier soupir. Le conquérant envoya le corps en Perse, pour y être déposé dans le sépulcre royal (330).

Après le meurtre de Darius, Bessus et Nabarzanès s'étaient séparés pour prendre deux routes différentes. Le premier suivit celle de la Bactriane, et le second, celle de l'Hyrcanie.

Alexandre se jeta sur les traces de Bessus, qu'il poursuivit longtemps sans pouvoir le rejoindre. Mais à la fin, Spitamène, un confident du satrape, forma le projet de le livrer à son ennemi. Ayant arraché à Bessus sa tiare, et mis en pièces la robe royale de Darius dont il s'était revêtu, il le mena, chargé de fers, au camp macédonien. Il le présenta à Alexandre, nu et avec une grosse chaîne passée autour du cou.

Alexandre, après avoir récompensé Spitamène et fait couper le nez et les oreilles à Bessus, livra ce misérable à Oxathrès, frère de Darius, afin que celui-ci le punît à son gré. Bessus fut attaché à des arbres qu'on avait courbés avec effort, puis, les cordes qui les retenaient ayant été lâchées, tout à coup ils se redressèrent violemment, et mirent en pièces le corps du criminel.

Par la mort du traître, Alexandre devint paisible possesseur de tout le royaume de Darius.

L'empire des Perses avait duré environ deux cent six ans, depuis le règne de Cyrus.

CHAPITRE III.

LES ÉGYPTIENS.

§. 1.

Obscurité qui règne sur les commencements de l'Egypte. — Les constructeurs des pyramides. — Dynastie des Thoutmès. — Les pharaons et les Hébreux. — Décadence de l'empire égyptien.

Le nom de l'Egypte, à jamais fameux, retentit dans presque toute l'histoire sainte comme dans les annales profanes. La terre de Cham ou de Misraïm. ainsi que l'appelle la Bible, comprenait seulement d'abord la vallée du Nil, puis elle s'annexa tout le pays qu'arrose ce fleuve illustre.

Les descendants de Cham, le fils maudit de Noé, furent célèbres de tout temps par leurs sciences mystérieuses, l'étrangeté de leurs allures, les monuments immortels dont ils couvrirent le sol où ils s'étaient fixés. Les archéologues modernes ont fouillé les tombeaux des vieux pharaons, déchiffré les hiéroglyphes et ressuscité une partie de l'histoire d'Egypte.

Néanmoins la lumière est loin d'être complète sur les premières dynasties. Nous savons seulement d'une manière à peu près certaine que Misraïm ou Menès fonda la monarchie égyptienne. Sur quelques monuments, il est cité à la tête des rois historiques, et on a reconnu les traces d'un culte commémoratif qui lui fut rendu à Memphis. La tradition lui attribue la construction de la grande digue destinée à détourner le cours du Nil pour obtenir l'emplacement de cette capitale de la Basse-Egypte.

La série des rois successeurs de Menès a été divisée en dynasties, terme vague que nous emploierons, parce qu'il convient merveilleusement à l'incertitude où nous sommes sur ces diverses époques.

Nous ne connaissons rien de précis relativement aux deux premières dynasties. L'unique monument auquel on puisse assigner un rang incontestable se place vers la fin de la troisième : c'est un bas-relief sculpté à Ouadi-Magara; il représente le roi Snéfrou, faisant la conquête de la presqu'île du Sinaï. Ce prince, souvent cité depuis, fonda, le premier, un établissement égyptien pour exploiter les mines de cette localité.

Trois rois, appartenant à la quatrième dynastie, Choufou (Chéops), Schafra (Chephrem) et Menkérès (Mycérinus), élevèrent les pyramides de Gizey. Ces monuments gigantesques témoignent de la puissance et des richesses des souverains de l'Egypte. Les noms des auteurs des pyramides se voient sur les monuments funéraires de Thèbes, seuls édifices de ces âges reculés que le temps ait épargnés.

Ces mêmes tombeaux nous conduisent, à travers une période où l'empire paraît avoir été divisé, vers une seconde époque de force et de grandeur. Le personnage le plus remarquable des successeurs de Menkérès semble avoir été le roi Pépi-Méri-Ra, qu'il faut probablement identifier avec le roi Phiops, dont parle Manéthon, l'historien du pays des pharaons. Il régnait sur la Haute et Moyenne-Egypte; il était également maître des établissements égyptiens du Sinaï. Peut-être même réunit-il tout l'empire sous son sceptre.

La deuxième période de splendeur pour la monarchie égyptienne, obéissant alors à un pouvoir unique, commença avec la douzième dynastie dont le cheff t Amenemha. Ici, les inscriptions plus nombreuses permettent d'apprécier l'état de l'Egypte sous cette puissante famille. Au nord, ces rois possédaient la presqu'île du Sinaï, et ils se vantent de leurs continuelles victoires sur les peuples lybiens. Au midi, ils étendirent très-loin leur domination. Sésourtésen, l'un d'entre eux, avait reculé sa frontière jusqu'à Ipsamboul. Ses successeurs poussèrent jusqu'à Semneh et assurèrent à l'Egypte la possession de toute la Nubie. La vallée du Nil se couvrit de merveilleux édifices, la province du Fayoum vit bâtir le labyrinthe, construction grandiose devant servir de sépulture royale, mais qui, plus tard, reçut une autre destination ; le lac Mœris, vaste réservoir d'environ soixante-dix milles carrés, fut creusé pour l'écoulement des eaux surabondantes du Nil ; de nouvelles pyramides continuèrent la rangée majestueuse des tombes princières, sur la limite du désert.

A la fin de cette dynastie, nous trouvons une reine nommé Seveknofréou, puis les rois Sevekhotep et Nofrehotep, princes puissants. Un de leurs successeurs fit élever d'immenses colosses dans l'île d'Argo, au fond de l'Ethiopie. Tous ces travaux indiquent une ère paisible, et contredisent les récits d'invasions répétées, que nous lisons dans divers écrivains

On possède une très-longue liste des rois qui suivirent les Sevekhotep ; ils constituent les quatorzième, quinzième, seizième et dix-septième dynasties.

Ce fut sous ce prince que des tribus arabes firent des incursions en Egypte. Un récit égyptien, conservé dans un papyrus, nous montre quel était l'état du pays vers la fin de cette période. Un chef ennemi, nommé Apapi, dominait dans Avaris, place forte du Delta. De là naquirent des luttes longues et sanglantes. Enfin, Ahmosis ou Ahmès, qui régnait à Thèbes, s'empara d'Avaris après plusieurs batailles et chassa les envahisseurs. Il put aussitôt tourner ses armes contre les Nubiens révoltés. Dans les dernières années de sa vie, nous le voyons paisiblement occupé à rouvrir les carrières de Tourah, pour en extraire les blocs destinés à relever les édifices ruinés par les étrangers.

A partir de ce moment, les princes égyptiens multiplient leurs triomphes qui devaient rendre leur pays l'arbitre du monde pendant plusieurs siècles. C'est l'époque glorieuse des Thoumès. Amémopt Ier affermit les conquêtes faites sur les frontières au nord et au midi. Thoutmès Ier conduit ses armées en Asie, et pénètre jusqu'en Mésopotamie. Sa fille, pendant une longue régence, semble s'être spécialement occupée d'embellir les édifices publics; mais à peine Thoutmès II, son frère, eût-il saisi la plénitude de l'autorité royale, qu'il entreprit une suite d'expéditions dont le récit couvre les murailles du palais de Karnak. Il recevait les tributs des peuples de l'Asie centrale, et parmi ses vassaux figurent Babel, Ninive, Sennaar. L'Egypte conserve toute sa grandeur jusqu'au règne d'Aménopt III, qui fut aussi un prince guerrier; c'est celui que les Grecs nommèrent Memnon et dont le colosse brisé résonnait, dans la plaine de Thèbes, au lever du soleil. La fin de la dix-huitième dynastie fut troublée par des usurpations et par une révolution religieuse. Amenopt IV ne voulut pas souffrir d'autre culte que celui du soleil, représenté sous la forme d'un disque rayonnant. Des mains, sortant de chaque rayon, apportaient aux dévots adorateurs le signe de la vie. Ce roi fit effacer le nom du dieu Hammon (Ham ou Cham) sur les monuments.

Nous croyons qu'il faut placer sous Aménopt Ier ou sous Thoutmès II l'arrivée de Joseph en Egypte et l'établissement de la famille de Jacob à Goschen. Après avoir étudié mûrement cette difficile question, nous ne voyons pas sous quelle autre dynastie on pourrait classer cet important événement. La chronologie, la confrontation des textes de la Bible avec l'histoire d'Egypte, tout nous confirme dans cette opinion. Moïse, se contentant de désigner les rois d'Egypte sous le titre de pharaons, qui veut dire *Fils du Soleil*, ne nous fournit aucun renseignement positif sur le nom des princes dont il s'occupe.

Les révolutions intérieures qui marquèrent les règnes des derniers monarques de la dix-huitième dynastie portèrent leurs fruits accoutumés. L'empire de l'Asie avait échappé à leurs mains débiles, quand Séti Ier inaugura sur le trône égyptien la dix-neuvième dynastie. C'est ce pharaon, vraisemblablement, qui, selon la Bible, n'avait pas connu Joseph. A son avènement, la révolte grondait aux portes mêmes du royaume. Voyant les Hébreux, des étrangers implantés au cœur même du pays, se multiplier prodigieusement, il craignait de leur part des embarras intérieurs, et il les soumit à ce cruel régime de compression si bien dépeint par Moïse. Ce plan, savamment organisé, devait arrêter l'accroissement de la population israélite, la réduire à la misère, et la détruire graduellement.

Après avoir pris ces mesures rigoureuses et barbares, Séti chargea son frère Ramsès ou Armaïs de gouverner à sa place pendant son absence. Il partit du golfe Arabique avec une flotte de vaisseaux de guerre, soumit les peuples des bords de la mer Rouge et cingla jusqu'à une mer que les bas-fonds ne permettaient pas de traverser. De là, il revint en Egypte, leva une nombreuse armée, se mit en marche à travers le continent, et subjugua de nouveau l'Asie centrale. Enfin il passa d'Asie en Europe, soumit les Scythes et les Thraces et fonda même une colonie égyptienne en Colchide.

A son retour à Péluse, il trouva son frère révolté contre lui. L'isssue de la lutte paraît avoir été un arrangement à l'amiable en vertu duquel Ramsès Ier ou Armaïs quitta l'Egypte à la tête d'une armée d'émigrants et alla s'établir dans le Péloponèse. Ce fait explique peut-être le passage du livre des Machabées où il est dit que les Lacédémoniens et les Hébreux étaient parents. Il est probable, en effet, qu'un certain nombre d'Israélites, pour échapper à l'oppression, auront suivi le prince égyptien. D'ailleurs, la domination des pharaons s'étendait probablement déjà sur la Grèce. Ce n'est donc point une conjecture trop hasardée que de faire remonter aux Hébreux l'origine des principales familles spartiates.

Séti Ier occupa ses dernières années à l'exécution de grands travaux. Thèbes, spécialement, a gardé la trace de ses œuvres.

Il laissa l'empire à son fils, Ramsès-Meïamoun, le plus grand conquérant des temps antiques. Les écrivains grecs ont appelé ce prince Sésostris ou

Sésoosis, du nom populaire de *Sésou*, que lui donnaient les Egyptiens. Les exploits du successeur de Séti sont attestés par l'historien romain Tacite, lorsqu'il raconte la visite des monuments de Thèbes par Germanicus.

On voyait, dit-il, sur ces édifices gigantesques des inscriptions égyptiennes qui proclamaient l'antique gloire du pays. Un des principaux prêtres, chargé de déchiffrer l'écriture secrète, lut les paroles suivantes : « Ici habitèrent sept cent mille hommes capables de porter les armes. Avec eux, le roi Ramsès triompha de la Lybie, de l'Ethiopie, des Mèdes et des Perses, des Bactriens et des Scythes ; il soumit, en outre, à sa domination les pays des Syriens, des Arméniens, des Cappadociens leurs voisins, et poussa de là, d'un côté jusqu'à la mer de Bithynie, et de l'autre jusqu'à celle de Lycie. » On lui lut aussi, sur ces inscriptions, les tributs imposés aux différents peuples : le poids de l'or et de l'argent, le nombre d'armes et de chevaux, les présents destinés aux temples, tels que l'ivoire et l'encens, les contributions en graines et autres denrées que chaque nation devait livrer. Le tout, ajoute Tacite, n'était en rien inférieur à ce que la puissance des Parthes ou la souveraineté de Rome imposent aux différents peuples.

Il reste encore aujourd'hui une partie des murailles et des inscriptions que le prêtre thébain interprétait, il y a plus de dix-huit cents ans, au général romain, et grâce à la glorieuse découverte de Champollion, qui nous a livré la clef des hiéroglyphes, nous sommes en état de vérifier l'exactitude du récit de Tacite. Or les déchiffrements partiels de nos égyptologues nous permettent d'affirmer que le grand écrivain était parfaitement renseigné. La lumière se fait peu à peu sur la mystérieuse Egypte, et il est permis d'espérer que de nouveaux travaux dissiperont une partie de l'obscurité qui règne encore sur les premiers siècles de cette monarchie fameuse.

Séti Ier avait laissé à son fils une marine puissante, des ressources immenses, des trésors considérables. A peine sur le trône, Ramsès-Meïamoun voulut étendre la domination égyptienne au-delà des limites où son père s'était arrêté, et une première campagne le conduisit en Ethiopie. Dans les inscriptions qui la mentionnent, on prodigue déjà les éloges les plus outrés au jeune monarque. Les peuples de l'Asie centrale s'étant révoltés, Ramsès courut, dans la cinquième année de son règne, au-devant de la confédération des rebelles. Le prince des Chétas, qui la commandait, ayant trompé par de faux rapports les généraux de Ramsès, le roi se trouva un instant séparé de son armée, et ne dut son salut qu'à des prodiges de valeur. Cet exploit fut le sujet d'un poëme qui dut jouir d'une grande vogue, puisqu'il eut l'honneur d'être gravé en entier sur une des murailles de Karnak. Ramsès triompha, et d'autres expéditions étendirent encore ses conquêtes. Déconcertés par leurs défaites successives, les chefs des Chétas vinrent enfin demander la paix. Dans la vingt-unième année de son règne, Ramsès leur accorda des conditions honorables, dont l'exécution fut mise sous la garantie des divinités des deux nations. L'acte fut gravé sur une muraille de Thèbes, qui nous en a conservé des fragments considérables.

Une tranquillité durable suivit sans doute ces longues guerres, car Ramsès-Maïamoun put, pendant un règne de soixante-huit ans, couvrir l'Egypte de ses monuments. Il employa pour les construire les nombreux esclaves qu'il avait ramenés de ses conquêtes, et aussi les Hébreux, comme le raconte la Bible.

Séti Ier commença probablement la persécution contre les Israélites, et son fils Ramsès-Meïamoun, enivré par ses victoires, l'aggrava, ainsi que le rapporte le texte sacré. Une gravure confirme de tout point l'histoire mosaïque : elle reproduit une peinture d'un tombeau thébain, représentant les Hébreux occupés à la fabrication de la brique ; rien n'y manque, pas même le bâton des exacteurs égyptiens. Ces derniers se reconnaissent à la couleur sombre de la peau. Parmi les captifs, on remarque deux hommes, de même teint que leurs surveillants, quelques malfaiteurs ou prisonniers de guerre réduits en servitude.

Ainsi donc, selon toute vraisemblance, ce fut la fille de ce pharaon qui sauva Moïse des eaux où il était condamné à périr. Elevé dans le palais du monarque égyptien, il y vécut quarante ans, au bout desquels il fut obligé de s'enfuir dans les solitudes de Madian. Il y resta jusqu'à la mort de Ramsès-Meïamoun (vers le milieu du xv⁰ siècle avant Jésus-Christ).

Ménephta, fils de Ramsès-Meïamoun, hérita de l'empire et maintint les lois terribles portées contre les Hébreux. Ce prince, qui est sans doute le pharaon de la mer Rouge, ne régna que peu de temps.

La puissance des Egyptiens et leur domination en Asie se soutinrent, malgré des révoltes multipliées, pendant cette dynastie et une partie de la vingtième qui se compose exclusivement des rois nommés Ramsès, comme leur aïeul.

Ramsès III semble aussi avoir fait de grandes conquêtes en Asie, et ses monuments présentent la circonstance remarquable d'une bataille navale. Les expéditions, pacifiques ou belliqueuses, qui s'étaient succédées, avaient amené des rapports intimes entre les Egyptiens et les nations asiatiques. Les uns faisaient des voyages en Mésopotamie ; c'étaient des officiers envoyés par le prince pour gouverner les provinces, surveiller les stations établies et commander les garnisons mises dans les places fortes. Les autres venaient jusqu'en Egypte, soit pour faire le commerce, soit pour consulter les médecins égyptiens dont le savoir était déjà renommé, probablement les magiciens qui luttèrent avec Moïse. Un monument découvert à Thèbes nous montre un prince de la Mésopotamie qui envoie solennellement chercher un dieu thébain pour venir au secours de sa fille, possédée d'un esprit malin. Le roi d'Egypte avait épousé la sœur de cette princesse. Ramsès-Meïamoun, le grand conquérant, avait lui-même épousé la fille du prince des Chétas, son plus vaillant ennemi.

A la suite de ces alliances, quelques divinités asiatiques avaient été admises dans le panthéon égyptien, et la Vénus des bords de l'Euphrate eut, à Thèbes, un temple et des prêtres qui l'invoquaient sous les noms d'*Atesc* et d'*Anata*. Cette domination de plus de cinq siècles que l'Egypte exerça sur l'Asie centrale est un fait historique des plus importants ; c'est de là que dérivent une foule de rapports entre les populations de l'Egypte, de l'Assyrie et de la Phénicie.

Vers la fin de la vingtième dynastie, les grands prêtres d'Hammon s'emparèrent petit à petit de l'autorité et finirent par succéder à la famille des Ramsès. Moins belliqueux peut-être, ils ne surent pas conserver la suprématie de leur nation. Les grands empires d'Asie prenaient plus de force et de développement; l'Egypte fut réduite à ses limites naturelles.

Au douzième siècle avant Jésus-Christ, la vingt et unième dynastie monta sur le trône; elle était originaire de Tanis, ville de la Basse-Egypte, et fit de Memphis la capitale du royaume. Un conquérant, chef de la vingt-deuxième dynastie, la remplaça au pouvoir. Ce prince nommé Scheschouk (le Sésak de la Bible), recouvra une partie de la Syrie, conclut une alliance avec Jéroboam roi d'Israël, envahit le royaume de Juda, entra dans Jérusalem et ravit les trésors amassés par David et Salomon. Sur un de ses monuments, on voit figurer Roboam, les mains liées derrière le dos, avec cette inscription : *Roi de Juda* (965). Toutefois l'empire des Assyriens devint alors trop puissant pour que les Egyptiens pussent désormais régner d'une manière durable en Asie, et leurs expéditions les plus heureuses se terminèrent par de stériles victoires ou par l'asservissement de quelques parties de la Palestine et de la Syrie.

La vingt-troisième dynastie, qui eut pour chef Petubastès, s'établit au commencement du huitième siècle avant Jésus-Christ.

La vingt-quatrième dynastie ne comprend qu'un seul roi, Bockoris, renommé par sa sagesse. Son nom égyptien, ignoré jusqu'ici, vient enfin de sortir du sanctuaire d'Apis : il se lit Boken-Ranw. Le farouche conquérant éthiopien Schévek (Sabaco) le prit et le brûla vivant, selon le témoignage des historiens grecs (715).

L'Egypte devint alors la proie des étrangers; bientôt son antique civilisation subjugua le vainqueur. Schévek lui-même sacrifia aux dieux du pays, embellit et augmenta les temples de Thèbes.

Cette dynastie éthiopienne, la vingt-cinquième, fournit un autre roi guerrier, Tahraka (685), qui défit les Hébreux et les Assyriens. Il semble avoir observé entièrement la religion égyptienne. Dans ses dernières années, il se retira au mont Barkal, en Ethiopie, d'où il continua de gouverner à Memphis par ses lieutenants (660).

§. II.

Psammétik Ier. — Néchao. — Psammétik II. — Apriès. — Amasis. — Psamménit.

Parvenu au pouvoir l'an 650 avant Jésus-Christ, Psammétik fit subir de grandes modifications aux anciennes institutions de l'Egypte. Par reconnaissance pour les pirates ioniens ou cariens qui lui avaient prêté leur concours dans sa prise de possession du trône, il accorda aux Grecs de nombreux privilèges commerciaux et ouvrit ainsi aux étrangers les ports du pays. C'est alors que fut fondée près d'une des bouches du Nil la ville grecque de Naucratis. Afin de se rapprocher du littoral de la Méditerranée, Psammétik transféra sa résidence de Memphis à Saïs. La caste guerrière, blessée de l'introduction de mercenaires grecs dans l'armée, se retira en Ethiopie, où elle s'établit au sud de Méroé. Par suite de cette émigration, le système militaire s'affaiblit, et bientôt des soldats stipendiés remplacèrent la puissante milice créée par les vieux pharaons.

Dès que Psammétik fut affermi sur le trône, il entra en lutte avec les Assyriens au sujet des limites des deux empires et pénétra dans la Palestine, à la tête d'une armée. Mais la ville fortifiée d'Azot l'arrêta vingt-neuf ans, et il s'en empara après ce long siége.

Psammétik termina son règne en arrêtant les Scythes ou Touraniens, qui avaient envahi comme un torrent toute la Haute-Asie. Il mourut en 617, laissant le royaume à son fils Néchao.

La Bible mentionne souvent ce dernier prince, qu'elle nomme Pharaon Néchao ou Nécho.

Le nouveau monarque continua la politique de son père en favorisant le commerce et la navigation. Dans ce but, il entreprit de creuser un canal pour

HISTOIRE DE TOUS LES PEUPLES

relier la Méditerranée et le golfe Arabique ; mais, cent vingt mille hommes ayant péri dans ce travail gigantesque, il dut l'abandonner.

Néchao réussit mieux dans le voyage de circumnavigation autour de l'Afrique qu'il fit accomplir par les marins phéniciens. Ils revinrent en Egypte au bout de trois ans, par le détroit de Gibraltar.

Les Babyloniens et les Mèdes, ayant détruit Ninive, devinrent si redoutables que Néchao s'alarma de leur puissance. Il prit les armes et s'avança jusqu'à l'Euphrate pour arrêter leurs progrès. Comme il lui fallait traverser la Judée, Josias, roi de Juda, résolut de s'opposer à son passage, et se posta, avec toutes ses forces, dans la vallée de Mageddo. Néchao tenta de se concilier le prince hébreu, mais celui-ci persista dans son dessein. Il marcha à la rencontre du roi d'Egypte, lui livra bataille, subit une terrible défaite et mourut d'une blessure reçue dans l'action.

Néchao, encouragé par cette victoire, se porta rapidement sur l'Euphrate, battit les Babyloniens, leur enleva Carchamis, une ville forte qui commandait le pays, et reprit le chemin de son empire.

Informé, sur la route, que Joachaz s'était fait proclamer roi à Jérusalem, sans demander son consentement, il le manda à Reblah, en Syrie. Le successeur de Josias obéit ; mais Néchao, le tenant en son pouvoir, le chargea de fer et l'envoya captif en Egypte, où il mourut. Ensuite, le pharaon, s'étant rendu à Jérusalem, plaça sur le trône Joakim, un autre fils de Josias, lui imposa un tribut annuel, et retourna triomphant à Saïs.

Des revers cruels attendaient Néchao dans les dernières années de son règne. Il perdit toutes les conquêtes faites par l'Egypte en Palestine et en Syrie que lui enleva Nabou-cadr-atzer, fils de Nabou-pàl-atzer, roi de Babylone, et mourut en 609.

Son fils Psammétik II le remplaça. L'histoire nous apprend peu de chose au sujet de ce prince, qui ne régna que six ans. La puissance de l'Egypte déclinait graduellement. Psammétik échoua complétement dans une expédition dirigée contre l'Ethiopie, et laissa l'empire à son fils Apriès ou Ophra

Apriès passa sa vie dans des guerres continuelles et fut d'abord aussi heureux qu'aucun de ses prédécesseurs. Il porta ses armes contre l'île de Chypre, conclut une alliance avec Sédécias, roi de Juda, attaqua par terre et par mer la ville de Sidon, la prit et conquit toute la Phénicie et la Palestine.

Enorgueilli de ces triomphes, il se crut désormais au-dessus de toutes les vicissitudes humaines; mais il était réservé à de terribles déceptions. Une armée qu'il avait envoyée pour protéger les Lybiens contre les Cyrénéens, ayant été taillée en pièces, les Egyptiens accusèrent leur roi de ce désastre ; ils lui imputaient d'avoir préparé la ruine de ces troupes afin de régner plus despotiquement. Dans cette pensée, ils secouèrent le joug et s'apprêtèrent à déposer le pharaon. A la nouvelle de cette insurrection, Apriès envoya Amasis, un de ses officiers, pour apaiser la révolte. Mais lorsque Amasis essaya de s'acquitter de sa mission, les rebelles, lui mettant un casque sur la tête, l'acclamèrent comme le chef de l'Egypte. Amasis accepta la couronne et se déclara contre son maître.

Apriès, au paroxysme de la rage, dépêcha Partémis, un autre de ses officiers, pour arrêter Amasis et le lui amener. Partémis ayant échoué fut traité cruellement à son retour par le pharaon, qui lui fit couper le nez et les oreilles. Ce sanglant outrage, infligé à un homme d'un rang considérable, irrita tellement les Egyptiens que la plupart se soulevèrent et se joignirent au factieux. Apriès, obligé de se réfugier dans la Haute-Egypte, s'y maintint quelques années, tandis qu'Amasis occupait le reste de ses Etats.

Nabou-cadr-atzer, devenu roi de Babylone, profita de ces troubles pour attaquer l'Egypte. Il subjugua le royaume depuis Mageddo jusqu'à Syène et le dévasta d'un bout à l'autre. Puis, ayant conclu un traité avec Amasis, il l'établit son vice-roi et regagna l'Assyrie, chargé des dépouilles des vaincus.

Alors Apriès, quittant sa retraite, s'avança vers les côtes, du côté de la Lybie, enrôla une armée de Cariens, d'Ioniens et d'autres étrangers, marcha contre Amasis et lui livra bataille près de Memphis. Vaincu et fait prisonnier, il fut conduit dans la ville de Saïs où on l'étrangla dans son propre palais (563).

Une fois maître de toute l'Egypte et paisible possesseur du trône, Amasis s'efforça de relever la prospérité du pays en favorisant le commerce avec les

Grecs. Polycrate, tyran de Samos, cultivait son amitié, et Solon, le fameux législateur d'Athènes, le visita à Saïs. Il embellit les villes de Memphis et de Saïs par de somptueuses constructions. Après la mort de Nabou-cadratzer, il affranchit son royaume de la dépendance des rois de Babylone, mais il ne put résister à Cyrus, qui lui imposa un tribut annuel.

Amasis finit par s'affranchir de nouveau. Mais Cambyse, le fils de Cyrus, à peine arrivé au trône, s'empressa de déclarer la guerre aux Egyptiens. Il partit avec une armée formidable et se présenta aux frontières du pays. Amasis venait de mourir lorsque le roi des Perses parut aux portes de l'Egypte, et son fils Psamménit l'avait remplacé (526).

Cambyse, ayant triomphé dans une grande bataille, poursuivit les vaincus jusque dans Memphis. Il assiégea la ville qu'il ne tarda pas à prendre. Psamménit, tombé aux mains du monarque des Perses, fut traité avec douceur; il conserva la vie et reçut un entretien. Mais Cambyse ayant appris qu'il s'occupait secrètement de recouvrer le pouvoir, ordonna sa mort. Le règne de Psamménit n'avait duré que six mois. Toute l'Egypte fut soumise aux Perses et devint une province de leur empire.

Ainsi se termina l'empire des pharaons. Nous verrons plus tard les alternatives d'indépendance et de servitude de l'Egypte, jusqu'à ce que les Grecs, avec les Ptolémées, s'établissent dans la terre de Misraïm.

CHAPITRE IV

LES HÉBREUX.

§. I.

Origine des Hébreux. — La captivité en Égypte. — Délivrance. — La loi promulguée sur le mont Sinaï.

Nous abordons l'histoire d'un peuple étrange, aujourd'hui dispersé au milieu des autres nations et refusant obstinément de se confondre avec elles. Doué d'une redoutable immortalité, il erre depuis dix-huit siècles à travers le monde, fidèle à son passé, à ses souvenirs, à ses traditions. Il promène sur tous les rivages le livre qu'il a reçu de ses pères, et ce livre contient le fondement de nos croyances, les principes de notre civilisation, les titres de famille du genre humain.

Les Hébreux ont joué un rôle immense, exercé l'action la plus puissante sur les destinées de l'humanité, et on les trouve toujours mêlés de quelque manière aux grands événements de l'antiquité.

Il importe donc au plus haut point de caractériser exactement la vie de ce peuple, car elle seule peut éclairer complétement celle des autres nations et fournir les éléments d'une appréciation certaine de la mission départie à chacune par la Providence.

Les annales primitives nous apprennent que Dieu, aussitôt après la déchéance, avait enseigné à l'homme par quels moyens il serait réhabilité et recouvrerait ses félicités perdues. Il avait précisé le dogme religieux, les lois morales, les rites sacrés.

Cependant, malgré l'inquiète vigilance avec laquelle le premier homme dut transmettre à sa postérité les prescriptions divines, bientôt la corruption souilla les enfants d'Adam. Le chef de notre race vivait encore que déjà un crime atroce avait épouvanté la terre : Caïn, meurtrier de son frère Abel, avait ajouté la responsabilité de son forfait à celle de la faute originelle.

Les descendants du fratricide se livrèrent avec fureur aux œuvres du mal, ils séduisirent jusqu'aux enfants de Seth qui s'allièrent à la famille de Caïn, épousant en même temps son impiété et la solidarité de ses transgressions. Le principe moral fut altéré par quelques-unes de ces prévarications qui, suivant les apparences, ne sont plus possibles dans l'état actuel des choses, parce que nous n'en savons heureusement pas assez pour devenir coupables à ce point. Les hommes primitifs possédaient des facultés beaucoup plus développées que les nôtres; et peut-être, remarque Joseph de Maistre, sommes-nous à leur égard, avec notre intelligence, notre morale, nos sciences et nos arts, ce que le sauvage est à nous. Ces considérations servent à expliquer le déluge, cet effroyable châtiment infligé aux familles antédiluviennes : leur dégradation fut en raison de leur intelligence et, partant, leur peine, mesurée sur leurs crimes.

Toutefois, parmi la foule innombrable des coupables, il se rencontra un juste, le patriarche Noé. Dieu le conserva pour repeupler la terre quand elle aurait été purifiée par les eaux vengeresses. Lorsque la grande expiation fut accomplie, Jehova fit un pacte solennel avec cet homme miraculeusement préservé. En présence de l'arche protectrice, de la terre encore humide et veuve de ses habitants, il lui rappela les dogmes primitifs en lui ordonnant de verser sur un autel le sang des victimes figuratives.

Après la mort de Noé, la tradition religieuse s'affaiblit graduellement. Les empires se formèrent; des villes furent fondées; de *robustes chasseurs*, comme Nimroud, apparurent et dominèrent les nations nouvelles. Au milieu des préoccupations de ces établissements divers, le souvenir de la religion primordiale s'effaça, le dogme même de l'unité de Dieu fut violé et le polythéisme naquit.

Vers le milieu du vingtième siècle avant notre ère, la branche aînée de la race de Sem habitait la ville de Ur en Chaldée. Tharé, fils d'Héber, avait engendré Nachor, Haran et Abraham. L'idolâtrie allait atteindre aussi cette famille intacte jusque-là, quand Abraham, obéissant à un appel supérieur, quitta la maison de son père, traversa l'Euphrate, et s'établit dans la terre de Kanaan.

Dès lors se dessine la mission réservée au peuple hébreu (1). Abraham, son chef, chargé par Dieu de ranimer le flambeau de la vérité, accomplira de lointains pèlerinages qui le mettront en rapports avec les principales nations de son époque. Voyageur infatigable, le patriarche habitera sous la tente, toujours prêt à la plier quand Jehova l'ordonnera. Par lui, les lumières de la révélation pourront être communiquées à la Chaldée d'où il est parti et qui n'a pas dû ignorer les causes mystérieuses de son émigration. Le pays de Kanaan où il s'arrête ensuite, remarqua sans doute avec étonnement le culte d'Abraham et connut les croyances qu'il possédait. L'Égypte, en relations avec l'Inde par la mer Érythrée, avec l'Arabie et l'Idumée par le golfe Arabique, ne demeura pas étrangère aux événements qui signalèrent la vie du fils de Tharé. Cette observation obtiendra une nouvelle force si l'on considère que le patriarche marchait l'égal des rois par la puissance et la richesse; il sut même se faire respecter des monarques de son temps. Un

---

(1) Le mot *Hébreu*, selon la plupart des philologues, signifie : *venu d'au delà*.

jour, Amraphel, roi de Sennaar et de Babylone, Arioch, roi de Pont, Kedor-Laomer, roi d'Elam ou de Perse, Thadal, roi de peuples lointains, se réunirent pour guerroyer contre le roi de Sodome. Ils le vainquirent et emmenèrent une multitude de captifs. A cette nouvelle, Abraham rassemble ses serviteurs, poursuit l'armée victorieuse, la combat et lui ravit son butin avec ses prisonniers.

Ce triomphe mémorable produisit nécessairement une impression profonde dans les pays de l'Orient. La renommée raconta vraisemblablement l'origine et les mœurs de celui qui, sans aucun secours étrangers, avait mis en déroute des princes redoutables. Et comme la religion, en ces âges reculés, tenait la première place dans l'existence des peuples, celle d'Abraham ne manqua pas d'attirer l'attention.

Honoré des chefs de Kanaan, possesseur de grandes richesses, Abraham distingua sa tribu par la circoncision. Accueillant avec hospitalité ceux qui se présentaient sous sa tente, il leur présentait l'eau pour laver leurs pieds, et courait choisir dans le troupeau le veau le plus jeune et le plus gras, tandis que Sara, sa femme, pétrissait la farine et faisait cuire des pains sous la cendre.

L'épouse du patriarche, ne pouvant lui donner d'héritiers, lui amena Hagar, sa jeune esclave, qu'Abraham rendit mère d'Ismaël. Celle-ci en conçut tant d'orgueil qu'Abraham la chassa au désert. Ismaël devint le père des Arabes.

Sara, dans sa vieillesse, mit au monde Isaac. Lorsqu'il eut atteint l'âge d'homme, Abraham envoya son serviteur Eliézer lui chercher une femme parmi ses parents. Eliézer se rendit en Mésopotamie avec dix chameaux et de grands présents. Arrivé près de la ville qu'habitait Nachor, le frère de son maître, il s'arrêta pour prendre quelque repos. Bientôt il vit sortir une jeune fille très-belle qui allait puiser de l'eau. Sur la demande d'Eliézer, elle lui donna à boire ainsi qu'à ses chameaux, et l'invita à loger dans sa maison. Le serviteur accepta, offrit à Rébecca deux pendants d'oreilles qui valaient deux sicles, et des bracelets qui en valaient dix. Accueilli avec bienveillance par la famille de Nachor, il obtint la main de la jeune fille pour Isaac, qu'il emmena ensuite dans le pays de son maître.

Rébecca engendra Esaü et Jacob, le premier chasseur, le second agriculteur, habitant sous la tente. Le dernier, s'étant emparé par ruse du droit d'aînesse et de la bénédiction paternelle, s'attira l'inimitié de son frère. Pour échapper à la colère d'Esaü, Jacob se réfugia en Mésopotamie, chez Laban son oncle. Là, au prix de dix années de service, il obtint Lia pour épouse, puis, au prix de dix autres, la belle Rachel. Il demeura encore dans la contrée, moyennant une part des troupeaux de Laban, père de ses deux femmes. Las ensuite d'une vassalité onéreuse, il regagna la terre de Kanaan, où, après avoir dressé une tente, il éleva dans Béthel un autel au Dieu unique et reçut le surnom d'Israël qui devait désigner les descendants de ses douze fils.

La prédilection que Jacob montra pour Joseph, le premier-né de Rachel, fit éclater la discorde dans sa famille. Les frères du fils préféré le vendirent à une caravane de Madianites venant de Galaad et se dirigeant vers l'Égypte, où ils portaient sur leurs chameaux de la résine, des parfums, de la myrrhe distillée.

Les marchands étrangers cédèrent leur esclave à Putiphar (Pétéphra), l'un des officiers du pharaon égyptien. Joseph ne tarda pas à se concilier la faveur de son maître, puis celle du roi lui-même. Placé au rang de premier ministre, il sut remédier à une disette qu'il avait prédite. Le pharaon, séduit par les brillantes qualités du jeune Hébreu, lui mit au doigt son anneau royal, le revêtit d'une robe de byssus, lui passa au cou un collier d'or ; puis, le faisant monter sur un char élevé, il fit crier par un héraut que tout le monde eût à fléchir le genou devant lui et à lui obéir en toutes choses.

Plus tard, Joseph, au comble de la puissance et des honneurs, revit ses frères venus en Égypte pour acheter des subsistances. S'étant fait reconnaître d'eux, il les manda avec Jacob son père, et les établit dans la terre de Goschen, où ils continuèrent leur vie pastorale et se multiplièrent rapidement.

Jacob adopta les deux fils de Joseph, Manassé et Ephraïm, et les bénit, à l'heure suprême, comme ses propres fils. De là les treize tribus formées par les onze frères de Joseph et ses deux fils.

Les Israélites continuèrent de vivre du produit de leurs troupeaux, qu'ils élevaient dans les riches pâturages du pays de Goschen.

Mais, quelque temps après la mort de Joseph, la dynastie des Thoutmès fit place à celle des Ramsès, qui opprima cruellement les Hébreux.

Séti Ier, au moment de commencer les grandes guerres que devait poursuivre son fils Ramsès-Meïamoun, craignit que les Israélites ne devinssent plus forts que les Égyptiens ; dans cette pensée, il les soumit aux plus rudes travaux afin de briser leur courage et de prévenir toute tentative de révolte.

Ramsès-Méïamoun aggrava encore ces traitements rigoureux. Voyant que les opprimés se multipliaient toujours, malgré la persécution, il ordonna de tuer tous les enfants mâles qui naîtraient. Mais un peuple n'est jamais plus près de la délivrance que quand la main de son tyran devient inexorable. Le nombre croissant des Israélites attestait une merveilleuse exhubérence de vie. Le libérateur de la nation allait paraître. Moïse, issu de la tribu de Lévi et exposé sur les eaux du Nil, fut sauvé par la fille même du pharaon. Élevé au palais du prince égyptien, initié aux sciences des prêtres de Memphis, il occupa un rang distingué à la cour de Ramsès. Mais celui qui devait affranchir ses frères du servage n'oubliait pas son peuple. Un jour qu'il s'était rendu au milieu d'eux, il vit un Égyptien outrageant un Israélite. Moïse, ayant porté les yeux autour de lui et se croyant sûr de n'être point observé, tua le provocateur. Son mérite lui avait valu déjà, probablement, la haine des courtisans ; l'acte énergique qu'il avait accompli transpira, et sa vie fut menacée. Pour échapper à la fureur du pharaon qui voulait le faire périr, il s'enfuit dans les solitudes de Madian.

Moïse avait quarante ans. Il épousa la fille de Jéthro, prêtre du pays de son exil, et, devenu pasteur, il conduisait ses troupeaux innombrables dans les vallées du Sinaï et de l'Horeb, et sur les rivages de la mer Rouge.

L'homme prédestiné à sauver Israël demeura quarante ans au pays de Madian. Enfin sonna l'heure de la délivrance. Un jour que Moïse avait pénétré plus avant dans le désert et jusqu'au pied du mont Horeb, il entendit le Très-Haut lui parler d'un buisson ardent. Il lui fut ordonné de retourner en Égypte pour arracher son peuple des mains de l'oppresseur. Il obéit sur le champ, rejoignit ses frères, les consola en leur révélant les promesses divines, et leur annonça qu'ils sortiraient bientôt de la maison de servitude pour habiter la terre promise à leurs aïeux. Mais il lui fallut soutenir de longues luttes avec le roi d'Égypte, Ménephta, le successeur de Ramsès-Meïamoun ; l'opiniâtreté du pharaon et ses résistances ne furent vaincues qu'à force de prodiges.

Alors seulement les fils d'Israël virent se lever le glorieux jour de leur rédemption. Ils quittèrent, au nombre de six cent mille combattants, la terre de l'étranger, emportant les ossements sacrés de Jacob et de Joseph, les trésors de l'Égypte, et emmenant d'immenses troupeaux. La nuit qui précéda leur départ fut témoin d'un banquet mystérieux. Sur l'ordre de Moïse, un agneau avait été immolé dans chaque famille, et tous avaient participé à ce festin solennel.

La Bible raconte ensuite le passage miraculeux de la mer Rouge, la submersion de l'armée égyptienne, la marche des Hébreux à travers le désert, les souffrances, les murmures du peuple, les châtiments célestes, les merveilles naissant à chaque pas.

La narration de Moïse, empreinte d'une touchante simplicité, ne parle que dans les termes les plus modestes du libérateur. Il semble que cet homme fort généreux, qui ne fléchit jamais devant les cris de la sédition et les clameurs d'un peuple souvent ingrat, ait voulu dérober aux regards de la postérité les traits de son grand caractère ; mais il éclate malgré lui dans la candeur de son récit.

Lorsque les Israélites furent arrivés à Raphidim, au lieu de se porter sur

Hazeroth, ils se dirigèrent vers le promontoire de Pharan et s'arrêtèrent au mont Sinaï. Là, au cœur même du désert, dans les lieux les plus éloignés des habitations humaines, trois mois après leur sortie d'Égypte, ils reçurent l'ordre de se préparer au grand événement qui devait fixer à jamais leur sort et celui de leur postérité : ils allaient être investis d'un royal sacerdoce et conclure un pacte avec l'Éternel.

A l'aurore du jour solennel, les éclairs brillèrent sur le Sinaï, la foudre et le son de la trompette éclatèrent. Les sommets de la montagne étaient enveloppés de feu et de fumée, et le peuple tremblant se présenta au pied du Sinaï pour entendre les commandements divins. Tous les dogmes de la religion primordiale furent proclamés de nouveau ; l'idolâtrie, le polythéisme se virent condamnés, le culte d'Adam et des patriarches confirmé.

Afin que le dogme parlât sans cesse et par une multitude de voix, Dieu le revêtit d'une forme splendide, exprimant la sublimité des croyances. Il voulut d'abord qu'il n'y eût qu'un seul temple destiné au culte public, et ce temple devait s'élever au sein des tribus israélites. Parmi elles, il en choisit une, spécialement chargée du service des autels et de veiller sur le dépôt de la religion. Et pour donner une garantie de plus à l'institution nouvelle, il détermina que cette tribu sacerdotale serait présidée par un chef, le Souverain-Pontife, interprète infaillible de la loi, prédicateur unique et autorisé de la vérité religieuse et de la morale.

Avant le Sinaï et l'élection du peuple hébreu, le sacerdoce était l'apanage des chefs de famille. Moïse leur substitua l'une des tribus pour l'accomplissement des rites sacrés. Tous les descendants mâles de Lévi furent appelés a ces hautes fonctions, et, parmi eux, Aaron, frère aîné du législateur, reçut la primauté dont ses descendants devaient hériter.

Le sacerdoce lévitique fut le complément de l'unité religieuse créée sur le Sinaï. Auparavant les sacrifices s'offraient tantôt dans un lieu, tantôt dans un autre ; il n'en sera plus de même à l'avenir : le Tabernacle, et plus tard le temple, seront le centre et comme le foyer de la religion véritable.

Tant que les Israélites furent dans le désert, ils eurent une législation civile spéciale et provisoire. Mais avant de les introduire dans la terre de Kanaan, Moïse, au nom de Dieu, fixa la forme définitive du gouvernement. Il établit une fédération républicaine, laissant aux tribus leur autonomie et les reliant ensemble par le sacerdoce et une magistrature suprême, prononçant en dernier ressort sur les différends les plus graves. Des assemblées populaires décidaient les questions politiques.

L'égalité régna, complète, chez les Israélites, jusqu'à l'institution de la royauté. De Moïse à Saül, c'est-à-dire pendant quatre cents ans, la constitution hébraïque demeura intacte. Les premiers magistrats, nommés *sophetim* possédaient à peu près les mêmes pouvoirs que les *suffètes* en Phénicie et à Carthage, les archontes à Athènes, les consuls à Rome.

Si nous n'étions pas forcément renfermé dans un cadre restreint par la nature même de cette histoire, nous pourrions établir une comparaison entre les institutions politiques d'Israël et celles de la grande République américaine. Les Anglo-Saxons, à force de lire la Bible, semblent avoir reproduit en partie le régime républicain fondé par Moïse. Mais nous livrons cette idée à nos lecteurs sans la discuter et nous leur laissons le soin de conclure.

Tout ce que nous pouvons dire, et ce qui ressort manifestement de l'étude approfondie de la législation hébraïque, c'est que ce peuple a été doté d'une constitution infiniment supérieure à toutes celles des peuples de l'antiquité. Peut-être nous sera-t-il permis, dans la suite de ce travail, d'établir que les meilleures institutions des nations venues avant Jésus-Christ ne sont que le plagiat des institutions israélites. Il existe des documents précieux, recueillis par de patients labeurs, qui nous paraissent confirmer cette assertion.

Moïse nous apparaît donc comme le plus grand des législateurs. Préparé par l'épreuve, la science, la méditation, à la sublime mission de constituer son peuple, éclairé de lumières supérieures, il retint les Hébreux quarante ans dans le désert afin de leur former un caractère puissant, indélébile. Il fallait ce temps pour faire perdre aux enfants d'Israël les habitudes profanes contractées par les étrangers. Ils purent reprendre de la sorte la tradition nationale d'Abraham et de son alliance avec Jéhova, et s'accoutumer à la loi nouvelle.

§. II.

Séjour dans le désert. — Mort de Moïse. — Conquête du pays de Kanaan. — Les Juges ou *Sophetim*.

Moïse, l'immortel législateur d'Israël, usa le reste de sa vie à faire pénétrer la loi divine dans le cœur de ses compatriotes. Il eut à soutenir des luttes terribles, des prévarications à réprimer, des murmures, des révoltes même à dompter; mais son grand caractère fut toujours à la hauteur des circonstances.

De l'an 1491, environ, avant Jésus-Christ, date de la sortie d'Egypte, à l'an 1451, époque de la mort de Moïse, le chef des Hébreux s'avança lentement à travers les solitudes, multipliant les campements et préparant son peuple à la prise de possession de la terre promise. C'est ainsi que les Israélites parvinrent sur les frontières du pays de Moab. Là, ils obliquèrent pour se porter sur Bamoth-Arnon et s'arrêtèrent au pied du mont Phasgah. Ensuite ils se rendirent à Beer.

Après diverses marches, ils atteignirent le pays des Amorites. Ils sollicitèrent de Si'on, qui régnait dans Hesbon, capitale d'Amori, la permission de passer sur ses terres. Ce prince, ayant repoussé absolument la demande des Hébreux, fut défait en bataille rangée, et perdit toute la partie de son royaume qui s'étendait du torrent d'Arnon à celui de Jabbok. Hog, roi de Basan, opposa la même résistance et subit un sort pareil.

Le territoire de Basan, un des plus fertiles de Kanaan, fut partagé, quoique inégalement, entre les tribus de Manassé et de Gad ; celui de Sihon, roi d'Amori, fut divisé entre Gad et Ruben.

Balak, roi de Moab, effrayé du voisinage des Hébreux qui se préparaient à passer le Jourdain, conclut une alliance avec les Madianites et les Ammonites ; mais, avant de se décider à combattre, il manda un magicien fameux, Balaam, dont la présence remplit mal ses intentions. Toutefois Balaam, désirant être agréable au roi de Moab, lui conseilla de séduire les Israélites en leur envoyant des femmes de Madian. Les Hébreux se laissèrent entraîner et souillèrent le camp où ils introduisirent les étrangères. Le châtiment suivit de près le crime. Moïse convoqua un tribunal composé de tous les chefs de famille, qui condamna une partie des coupables à périr. Vingt-quatre mille avaient déjà succombé sous les coups d'un fléau.

Quant aux auteurs et complices de cette prévarication, ils ne tardèrent point à porter la peine de leurs odieuses intrigues. Les Israélites livrèrent bataille à cinq rois de Madian, les tuèrent ainsi que Balaam, et passèrent au fil de l'épée toute la population, excepté les femmes et les enfants, encore, parmi les premières, Moïse ordonna-t-il de n'accorder la vie qu'aux vierges.

Immédiatement après cette victoire, Moïse fit le dénombrement des Hébreux dans la plaine de Moab ; le chiffre montait à six cent mille hommes capables de porter les armes. Ensuite, le législateur distribua par le sort les terres de Kanaan entre les tribus, sauf celle de Lévi dont le partage était réglé d'une autre manière.

Vers la fin de la quarantième année depuis la sortie d'Egypte, Moïse, qui ne devait point entrer dans la terre promise pour avoir douté un instant, dans le désert, de la puissance de l'Eternel, connut que sa fin approchait. Aaron, son frère, était mort quelque temps auparavant, sur le mont Hor. De tous les Hébreux qui avaient traversé la mer Rouge, il ne restait plus que Josué et Kaleb, les seuls de cette génération à qui la Providence réservait la joie d'entrer dans l'héritage d'Israël.

Moïse, toujours grand, toujours semblable à lui-même et soumis aux volontés divines, ne fit entendre aucune plainte. Il embrassa du regard la riche contrée où son peuple al'ait s'établir et ne songea plus qu'à régler la transmission du pouvoir suprême. Il n'essaya point de léguer à ses enfants l'autorité dont il était investi, mais il la confia à Josué, illustré par des actions éclatantes. Afin que nulle opposition ne se produisît quand il ne serait plus, Moïse entoura cet acte des formes les plus solennelles. Ayant appelé devant le peuple assemblé l'homme qui devait le remplacer, il lui imposa les mains, le présenta au grand prêtre Éléazar, lui donna les conseils nécessaires, et le proclama conducteur d'Israël.

Pendant les quelques semaines qui suivirent, le législateur promulgua de nouveaux règlements, rappela aux Hébreux les préceptes divins, fixa les limites du pays dont ils allaient faire la conquête et leur prescrivit d'en expulser entièrement les Kananéens.

L'œuvre de Moïse était achevée. Agé de cent vingt ans, mais encore en pleine possession de ses forces et de ses puissantes facultés, il termina par un sublime cantique la glorieuse épopée dont il avait été le premier acteur; puis il monta sur le Nébo pour contempler cette terre de Kanaan, la patrie de ses ancêtres, où il ne lui était point donné de pénétrer. Les soixante-dix membres du conseil souverain l'y accompagnèrent, avec Josué et Eléazar. Pendant que ces derniers prenaient tristement congé de lui, une nuée, dit la tradition, l'enveloppa soudain et le transporta dans une vallée voisine où ses destinées s'accomplirent. Le mystère le plus profond devait planer sur le tombeau de l'homme dont la vie avait été si brillante.

Les Hébreux pleurèrent un mois entier leur illustre chef, et aussitôt Josué prit possession de la dignité suprême.

Le nouveau chef avait alors quatre-vingt-treize ans. Formé à l'école de Moïse, tout plein de son esprit et d'une foi inébranlable dans l'avenir, il se prépara au passage du Jourdain. Cet homme au cœur fort n'éprouva ni hésitation ni défaillance en présence des immenses obstacles dont il lui fallait triompher pour atteindre le but. Les peuples qu'il avait à combattre étaient naturellement braves, d'une taille et d'une force gigantesques, maîtres de villes fortifiées par l'art et la position, unis entre eux par des alliances et le sentiment du danger commun. Menacés depuis longtemps déjà par les Hébreux, ils avaient fait de grands préparatifs, résolus de repousser les envahisseurs ou de périr.

Néanmoins le chef israélite était prêt à affronter hardiment la lutte. Il commença par dépêcher deux émissaires au territoire de Jéricho, afin d'obtenir des renseignements précis sur les places fortes et les habitants. Ils s'acquittèrent heureusement de leur mission, et apprirent à Josué que le bruit de l'approche des Hébreux avait jeté la consternation dans la contrée.

Aussitôt le chef d'Israël enrôla cinquante mille hommes parmi les deux tribus et demi qui occupaient le pays conquis précédemment, fit publier dans le camp qu'il traverserait le Jourdain dans trois jours, et ordonna à ses soldats de se munir de vivres ; puis il marcha vers les rives du fleuve et s'arrêta à Sithim. Là, il prit ses dernières mesures et invita les Hébreux à se sanctifier, pour mériter la protection du Ciel.

Au jour marqué, les prêtres, portant l'Arche d'alliance, ouvrirent la marche solennelle, suivis de toute l'armée qui s'avançait sur deux colonnes. A peine les Lévites eurent-ils mis le pied dans le Jourdain, que les eaux, grossies par la fonte des neiges, s'ouvrirent sous leurs pas et leur livrèrent passage. Ils firent une halte au milieu du fleuve, jusqu'à ce que tout le peuple l'eût franchi.

Après l'érection d'un monument commémoratif, Josué, dont Jéhova venait de consacrer le pouvoir, commanda aux tribus de Ruben, de Gad, et à la demi-tribu de Manassé, de pénétrer dans les plaines de Jéricho, où le reste de l'armée ne tarda pas à les rejoindre. Les Hébreux campèrent à Galgala, à sept où huit milles environ du Jourdain, et à trois ou quatre milles de Jéricho. Avant de pousser plus loin, les Israélites célébrèrent une double cérémonie, celle de la Circoncision et celle de Pâque.

Enfin les Hébreux arrivèrent devant Jéricho, ville forte et defendue par de nombreux soldats. Le septième jour, la puissante cité tomba miraculeusement en leur pouvoir; tous ses habitants périrent, et elle fut ruinée de fond en comble. Rahab seule, une femme étrangère, qui avait accueilli les émissaires de Josué, fut préservée et devint l'épouse de Salomon, le chef de la tribu de Juda.

Le chef hébreu ayant établi son centre d'opération dans la fertile plaine de Jéricho, détacha un corps de trois milles hommes contre la ville de Haï, qui s'élevait à douze milles de là. Cette place succomba comme Jéricho. En dix-sept ans environ, Josué conquit la plus grande partie du pays de K.-naan.

L'illustre vieillard était âgé de cent dix ans, quand il eut achevé d'établir les tribus dans le partage qui leur avait été assigné. Sentant sa dernière heure venir, il adressa de touchantes recommandations à son peuple, lui fit promettre de demeurer fidèle à jamais au culte de Jéhova, et mourut peu de temps après. Il fut inhumé à Timnath-Saré, sur la montagne d'Ephraïm, qui faisait partie de son héritage (1433).

Il restait encore à soumettre de vastes provinces du pays de Kanaan. La tribu de Juda fut désignée pour recommencer la guerre. Kaleb, fils de Jephoné, qui la commandait, se joignit à la tribu de Siméon.

Le roi de Besek fut défait. Jérusalem, que les Jébuséens avaient enlevée à la tribu de Benjamin, fut reprise, réduite en cendres, et ses défenseurs se retirèrent dans la forteresse de Sion. Ensuite Kaleb tourna ses forces contre les villes d'Hébron et de Kiriath-Sépher, habitées alors par les fils d'Enak. Ces places avaient été promises autrefois par Moïse et accordées depuis à Kaleb par Josué, en récompense de sa fidélité. Le chef hébreu promit sa fille Haksa en mariage à celui qui prendrait Kiriath-Sépher. Othoniel, parent de Kaleb, obtint cette récompense.

Les autres tribus travaillaient activement de leur côté à prendre possession des terres qui leur étaient échues en partage. Mais, au lieu d'exterminer les Kananéens, comme la loi le leur prescrivait, ils se contentèrent de les rendre tributaires. Bientôt les vaincus amenèrent leur vainqueurs aux superstition infâmes de l'idolâtrie, brisèrent le joug mal affermi et opprimèrent à leur tour les Israélites.

Ce fut vraisemblablement durant cette période d'apostasie et de désordres, que Mika, riche Israélite de la tribu d'Ephraïm, érigea une idole dans sa maison. Elle lui fut enlevée par les hommes de la tribu de Dan, qui l'établirent dans leur ville.

Dans ce même temps, les habitants de Gabaa, de la tribu de Benjamin, ayant violé d'une manière infâme les lois de l'hospitalité à l'égard d'un Lévite, provoquèrent une guerre sanglante qui faillit amener la destruction totale de la tribu.

La nation hébraïque avait singulièrement dégénéré en peu d'années. L'idolâtrie et tous les vices des Kananéens menaçaient de la corrompre d'une façon irrémédiable. Pour comble de maux, ils tombèrent sous la domination de Kushaurishataïm, roi de Mésopotamie, qui les tyrannisa pendant huit ans. Othoniel, le gendre de Kaleb, leva une armée, marcha contre l'oppresseur, remporta sur lui une glorieuse victoire et délivra Israël. Proclamé Juge ou *sophet* (1443), il conserva quarante ans la souveraine magistrature et procura aux Hébreux une paix longue et féconde.

Après Othoniel, les Israélites n'élurent pas de sophet pour le remplacer. L'anarchie recommença, et ils furent asservis aux Moabites pendant dix-huit ans. Au bout de ce temps, Aod, de la tribu de Benjamin, affranchit son peuple de la servitude. Député à Eglon, roi de Moab, pour lui remettre le tribut annuel, il demanda au monarque une audience secrète, le tua et s'enfuit sans avoir été découvert. De retour dans son pays, il appela les Hébreux sous les armes au son de la trompette, brisa la domination des Moabites, reçut la dignité de sophet et donna une autre paix de quarante ans à Israël (1325).

Shamgar lui succéda comme sophet et délivra les Hébreux des vexations des Philistins. On ignore combien de temps il posséda la souveraine puissance.

Après lui les Israélites tombèrent sous le joug de Jabin, roi des Kananéens, qui régnait dans la ville de Hazor dont on a retrouvé de nos jours les ruines immenses. Sisera, général de Jabin, étant sorti de Hazor, avec une puissante armée et de nombreux chariots de fer, battit d'abord les Hébreux et les soumit à payer à son maître un tribut annuel. Cet état de choses dura vingt années, au bout desquelles les Israélites se révoltèrent. Conduits par Barak et Débora, une femme illustre investie de la charge de sophet, ils vainquirent Sisera et ses troupes ; le chef kananéen, s'étant arrêté, dans sa fuite chez Jaël, épouse de Haber, y trouva la mort. Un peu plus tard, la ville de Hazor fut prise, rasée jusqu'aux fondements, et son roi Jabin mis à mort.

Une tranquillité de quarante ans suivit le triomphe de Débora et de Barak.

Mais les Hébreux étaient entourés d'ennemis, épiant l'occasion favorable pour les attaquer. Les Madianites et les Amalécites, par leurs incursions, ravageaient les campagnes, détruisaient les récoltes et amenaient la famine. Il y avait sept ans que cette situation durait, quand la Providence suscita un homme vaillant pour affranchir son peuple. Il convoqua les hommes des tribus de Manassé, d'Aser, de Zabulon et de Nephtali, et se vit bientôt à la tête d'une armée considérable. Mais, ayant choisi trois cents seulement d'entre eux, qu'il jugeait les plus résolus, il envahit de nuit le camp des Madianites placé dans la plaine de Jezréel, y causa un désordre indescriptible et effraya tellement les ennemis des Hébreux, qu'ils s'entre-tuèrent les uns les autres. Ils s'enfuirent au sud-est, vers Abel-Méhola, pour repasser le Jourdain. Alors toutes les troupes que Gédéon avait laissées en arrière se réunirent ; les Ephraïmites descendirent de leurs montagnes afin de poursuivre les vaincus, et leur habile chef fit occuper tous les gués du fleuve jusqu'à Bethabara. Les principaux princes de Madian furent tués, leurs villes prises, et ce peuple ne reparaîtra plus sur la scène (1346).

La victoire remportée par Gédéon excita un tel enthousiasme, que les Israélites lui offrirent le pouvoir héréditaire ; mais il déclina modestement cette proposition, se contentant du titre de sophet, comme ses prédécesseurs.

Gédéon, après ce brillant exploit, vécut encore quarante ans, pendant lesquels aucun ennemi ne vint inquiéter les Hébreux.

Ce chef laissait soixante-dix fils, et, en outre, une concubine qu'il avait eue à Sichem lui avait donné un fils, nommé Abimélch. Ce dernier, avant fait égorger tous ses frères, à l'exception de Jotham, le plus jeune, qui parvint à se cacher, se fit proclamer roi à Sichem.

La tyrannie d'Abimélech durait depuis trois ans, quand les Sichemites, mécontents de lui, se proclamèrent indépendants. Abimélech, qui était absent, accourut avec ses soldats, prit la ville et la détruisit. Thébès, qui avait participé à la révolte, subit le même sort. Les habitants de cette dernière place se refugièrent dans le fort, et Abimélech s'en étant approché pour y mettre le feu, une femme lui jeta une meule sur la tête et lui brisa le crâne. Le tyran mortellement blessé, se fit achever par son écuyer.

Thola, son oncle, lui succéda en qualité de sophet. Il résidait à Schamir, sur la montagne d'Ephraïm, où il mourut après avoir gouverné vingt-trois ans.

Jaïr, de Galaad, lui succéda ; nous ne savons rien sinon qu'il eut trente fils, qui occupaient trente localités et montaient autant d'ânes de luxe. Jaïr mourut après avoir exercé vingt-deux ans la suprême magistrature.

Près d'un siècle s'était écoulé depuis la glorieuse victoire de Gédéon. Les Israélites retombaient peu à peu dans l'idolâtrie, et ils durent subir pendant dix-huit ans le joug des Philistins et des Ammonites.

Cette dernière peuplade se disposant à une invasion nouvelle, les Israélites s'assemblèrent à Maspha, pour aviser aux moyens de conjurer le péril. Ne sachant qui appeler au commandement, ils s'adressèrent à un chef d'une troupe de fugitifs, Jephté, fils naturel d'un habitant de Galaad, qui s'était établi au-delà du Jourdain.

Jephté accepta le pouvoir, non sans quelque résistance. Dès qu'il fut à la tête des Hébreux, il fit aux Ammonites des propositions de paix, qui furent repoussées. Alors, sans hésiter, il marcha directement à l'ennemi. Avant de livrer la bataille, il fit vœu, s'il obtenait une victoire complète, d'offrir à Jehova la première créature vivante qui viendrait au-devant de lui à son retour de cette guerre. Les Ammonites furent complétement défaits ; Jephté envahit même leur territoire et leur prit vingt villes.

En arrivant à Maspha, où il avait fixé sa résidence, le sophet victorieux aperçut sa fille unique qui venait le féliciter en jouant du tambourin et en dansant. Le père, désolé, déchira ses vêtements et annonça à sa fille l'engagement qu'il avait contracté. Elle l'écouta avec fermeté, et déclara accéder aux promesses solennellement formulées. Selon la rigoureuse interprétation du texte hébraïque, le résultat fut pour la fille de Jephté de garder une virginité perpétuelle, espèce de naziréat pratiqué quelquefois chez les Hébreux (1261).

L'expédition contre les Ammonites fut suivie d'une guerre civile. Les Ephraïmites, jaloux de n'avoir point été convoqués pour la lutte, traversèrent le Jourdain et se portèrent sur la demeure de Jephté. Le sophet rassembla ses troupes, marcha à la rencontre des Ephraïmites et leur tua quarante-deux mille hommes. Jephté mourut après avoir gouverné six ans.

Il eut pour successeur Abisan, qui eut le rare bonheur de marier trente fils et trente filles, et qui exerça pendant sept ans le pouvoir.

Elon, de la tribu de Zabulon, gouverna dix ans, et fut remplacé par Abdon, fils de Hillel, de la tribu d'Ephraïm, qui fut huit ans sophet; il laissa quarante fils et trente petit-fils (1234).

Les Israélites subirent ensuite la dure tyrannie des Philistins, jusqu'à ce que parurent Héli, grand-prêtre et sophet, et Samson, le plus fort de tous les hommes (1172). Samson, après avoir maltraité cruellement l'ennemi, fut fait prisonnier (1152). Héli, déjà contristé par les crimes de ses fils, ayant appris que l'Arche d'alliance était tombée au pouvoir des Philistins, en mourut de douleur (1112).

Samuel, consacré à Dieu dès sa naissance, devint sophet des Hébreux après Héli. Ce fut sans contredit le plus célèbre des magistrats suprêmes d'Israël. Plein de zèle pour le culte de Jehova, il arracha le peuple à l'idolâtrie, et l'ayant ainsi raffermi dans l'unité, il le rendit vainqueur des Philistins.

Dans sa vieillesse, il tenta d'introduire une nouveauté dans la constitution hébraïque, en rendant héréditaire dans sa famille la dignité suprême; il institua donc sophetims ses deux fils, Joël et Abia ; mais ils se laissaient corrompre par l'avarice, recevaient des présents et rendaient des jugements injustes. Le peuple mécontent alla trouver Samuel et demanda un roi (1080).

§ III.

Établissement de la royauté. — Commencements de Saül. — Ses fautes et son despotisme. — Samuel prononce la déchéance de la famille de Saül. — Mort de ce prince et proclamation de David par la tribu de Juda. — Règne glorieux de David. — Puissance des Hébreux sous ce grand roi.

La nation réclamant une concentration plus énergique du pouvoir et désirant le rendre plus stable, Samuel ne crut pas devoir résister à ses vœux. Toutefois, avant de préparer la transformation demandée, il avertit le peuple des dangers que la monarchie ferait courir à la liberté ; il fit devant l'assemblée générale un tableau saisissant des maux qu'entraînent l'arbitraire, le despotisme, vers lesquels penche si facilement l'autorité confiée aux mains d'un seul ; il montra comment la fortune publique, le sang des jeunes hommes, l'honneur même des vierges seraient à la merci du prince ; et ici, le sophet, pour appuyer son discours, n'avait qu'à évoquer l'expérience des nations voisines, toutes soumises à des rois absolus.

Mais les Hébreux alléguaient précisément l'exemple des étrangers devenus forts et redoutables sous la dictature, pour justifier leurs aspirations. Ils croyaient qu'une dynastie royale, en les préservant des inconvénients de l'instabilité du pouvoir, leur permettrait non-seulement d'achever la conquête du pays de Kanaan et d'étendre leurs limites, mais encore de vivre riches et prospères. L'avenir devait donner un cruel démenti à leurs espérances et prouver que leur première organisation politique était la meilleure.

Samuel, voyant que les Israélites persistaient dans leur résolution d'avoir un roi, s'occupa de les satisfaire avec un désintéressement qui démontrait une fois de plus sa rare vertu. Un jeune homme de haute stature et d'une grande beauté étant venu le trouver à Rama, où il résidait, le sophet reconnut que c'était l'homme appelé de Dieu à régner sur Israël. Il se nommait Saül et était fils de Kis, de la tribu de Benjamin. Aussitôt Samuel, répandant de l'huile sur la tête du visiteur, le salua roi des Hébreux. Puis, ayant convoqué à Masphah les chef des tribus, il interrogea le sort sacré, qui désigna le fils de Kis pour le commandement suprême.

Alors le sophet expliqua au roi les devoirs attachés à sa dignité et l'exhorta vivement à observer les lois divines également opposées à la tyrannie et à l'anarchie. Ensuite il congédia l'assemblée, et Saül retourna chez son père, à Gabaa (1080).

Le nouveau chef ne tarda pas à faire ses preuves. Les Ammonites serraient de près la ville de Jabès-Galaad et menaçaient de ravir aux habitants leur liberté. A cette nouvelle, Saül appela les Hébreux aux armes et marcha contre l'ennemi à la tête de plus de trois cent mille hommes. Il joignit les Ammonites, les attaqua, et les mit en déroute après leur avoir tué beaucoup de monde.

Cette victoire acheva de consacrer le pouvoir de Saül, et il fut accepté unanimement pour roi par toute la nation.

L'année suivante, la seconde de son règne, Saül licencia son armée et ne retint que trois mille hommes, qu'il distribua dans trois garnisons. Mais une provocation imprudente de Jonathas, fils aîné du roi, arma les Ph'listins, peuple originaire de l'Égypte, contre les Israélites. Ils levèrent des troupes nombreuses et vinrent camper à Machmas, à l'orient de Bethaven.

Saül, surpris par cette brusque invasion, ne put réunir qu'un très-petit nombre de soldats mal armés qu'il conduisit à Galgala, où Samuel avait promis de le rejoindre. Le roi attendit sept jours le prophète. Alors, heureux sans doute de profiter de l'occasion pour s'affranchir de la tutelle de l'illustre vieillard, il usurpa les fonctions du sacerdoce, offrit des sacrifices et se disposa à marcher contre les Philistins. Samuel arriva au moment où s'achevait la cérémonie, et blâma hautement le prince d'avoir violé la loi, lui annonçant même que la royauté passerait à une autre maison.

Le prophète s'étant éloigné, Saül et son fils le suivirent à Gabaa.

Les Philistins continuaient de camper à Machmas, et les Israélites éprouvaient une inquiétude extrême. Jonathas, rempli d'une audace héroïque, s'introduisit presque seul dans leur camp, leur tua une vingtaine d'hommes, et leur inspira une frayeur extrême.

Saül, devinant ce qui se passait, attaqua en toute hâte les envahisseurs, les mit en déroute et les poursuivit longtemps, puis rentra dans sa tribu.

Il profita du répit que lui donnait cette victoire pour se préparer à dompter non-seulement les Philistins, mais aussi les Ammonites, les Moabites, les Iduméens, les rois de Soba et d'Amalek. Il mit à la tête de ses troupes Abner, fils de son oncle Ner.

Saül vainquit les Amalécites, mais désobéit encore gravement à la loi de Dieu : Samuel lui déclara qu'il était définitivement rejeté et qu'un autre serait choisi pour régner sur Israël.

Après avoir quitté le roi qu'il ne devait plus revoir, Samuel reçut la mission de sacrer secrètement David, fils de Jessé, de la tribu de Juda.

Les Philistins ayant recommencé la guerre, les armes de Saül furent malheureuses. Mais, David, appelé auprès de lui pour jouer de la harpe et le distraire de la profonde mélancolie où il était plongé, tua un des chefs ennemis, le géant Goliath, et ramena la fortune sous les drapeaux israélites. Admis désormais à la cour, il se lia d'une étroite amitié avec Jonathas et se rendit fameux par divers exploits. La gloire du jeune guerrier ne tarda pas à exciter la jalousie de Saül, qui lui avait donné en mariage sa fille Michol. David, pour sauver sa vie, fut obligé de chercher un asile chez les ennemis des Israélites. Cependant il ne se vengea point de son persécuteur, quoiqu'il l'eût tenu deux fois en son pouvoir.

De ce moment, les violences de Saül ne connurent plus de bornes. Il résolut de détruire le sacerdoce et d'effacer la distinction entre le pouvoir civil et l'autorité religieuse, et il fit massacrer, dans Nob, le sacrificateur Achimelech et quatre-vingt-cinq prêtres avec leurs familles. Abiathar seul, un des fils d'Achimelech, échappa aux bourreaux.

Ces crimes achevèrent d'aliéner les sujets de Saül et la tribu sacerdotale. Les Philistins attaquèrent le tyran des Hébreux, remportèrent deux victoires, et gagnèrent sur lui une dernière bataille, plus sanglante que les autres. Saül perdit ses trois fils dans la mêlée, et se donna la mort (1040).

David pleura la mort de Saül et celle de Jonathas. Les jours de deuil étant expirés, il se rendit à Hébron, où il fut reconnu roi par la tribu de Juda. Mais Abner, le général des armées de Saül, proclama Isboseth, un des fils de ce prince, et le royaume fut divisé. Toutefois, deux ans s'écoulèrent sans hostilités d'aucune part.

Au bout de ce temps, Abner passa le Jourdain avec son armée, et vint camper d'un côté de l'étang de Gabaon. Joab, fils de Sarvia, général des troupes de David et son neveu, s'arrêta de l'autre côté. Bientôt la lutte s'engagea, terrible, entre les deux partis; Abner fut entièrement défait et contraint de prendre la fuite. Vivement poursuivi par Azaël, frère de Joab, il se retourna et tua son ennemi.

Abner, à la suite d'une querelle avec Isboseth, alla offrir ses services à David, qui les accepta : mais Joab l'assassina traîtreusement pour venger la mort de son frère.

Isboseth, ayant appris la triste fin d'Abner, commença à redouter d'être dépossédé de ses États. Ses partisans, désespérant eux-mêmes de son maintien sur le trône de Saül, deux de ses officiers l'égorgèrent dans son lit et portèrent sa tête à David. Ce prince vengea le crime par le supplice des meurtriers.

Il y avait sept ans et demi que David régnait à Hébron sur la tribu de Juda. Les autres tribus, ayant appris la mort d'Isboseth, s'assemblèrent et reconnurent David comme roi de tout Israël.

L'année suivante, les Jébuséens, qui occupaient toujours le mont Sion et une partie de Jérusalem dont on n'avait jamais pu les chasser, furent vaincus par Joab, et leur ville promise a une éternelle célébrité, devint la capitale du royaume. David établit sa résidense sur le mont Sion.

Les Philistins s'émurent de la puissance du nouveau roi ; ils s'avancèrent soudain contre les Israélites et s'emparèrent de Bethléem où ils avaient failli surprendre David. Mais bientôt le prince les combattit et les repoussa hors des limites de la Judée. Maître d'une armée nombreuse et parfaitement disciplinée, il était prêt désormais non-seulement à repousser toute agression, mais encore à entreprendre des conquêtes. Il fit alliance avec Hiram, roi de Tyr, qui lui fournit des cèdres et d'autres bois pour la construction d'un palais à Jérusalem.

L'arche d'alliance était déposée depuis cinquante ans à Kiriath-Yarim. David la fit transporter sur le mont Sion, dans sa propre demeure, et célébra cet événement par des fêtes splendides et des chants immortels.

Dès lors, David se proposa de bâtir un temple à Jéhovah ; mais le prophète Nathan lui déclara que cette œuvre était réservée à son successeur.

Les Philistins avaient définitivement succombé. David, libre de ce côté, dirigea ses armes victorieuses contre les Moabites, les Amalécites, les Iduméens et les Ammonites, qu'il soumit à un tribut annuel. Ces guerres heureuses et la destruction des royaumes de Gessur et de Damas étendirent sa domination jusqu'aux bords de l'Euphrate. Selon toutes les probabilités, David commandait à une population de trente-six à quarante millions d'âmes, et il fut un des monarques les plus puissants de son siècle.

L'administration de David était réglée avec une rare sagesse et une telle économie qu'il amassa d'immenses richesses. Afin que l'entretien de son armée n'épuisât ni ses trésors, ni le pays, il la divisa en douze corps de vingt-quatre mille hommes chacun, lesquels servaient tour à tour pendant un mois seulement, puis rentraient dans leurs foyers pour le reste de l'année. Il organisa les finances, établit des juges dans chaque tribu, outre les membres du grand Conseil qui s'occupaient des affaires générales de l'État.

Mais la seconde période du règne de David fut marquée par des crimes atroces et des calamités terribles. Pendant le siège de Rabbath, capitale des

Ammonites, il avait commis un adultère avec Bethsabée, femme d'Urie, et fait périr son mari. Réprimandé avec énergie par le prophète Nathan, le roi se repentit et accepta les châtiments qui s'ensuivirent. L'enfant né du crime mourut peu après sa naissance. Des désordres éclatèrent dans la famille du roi : l'inceste, le fratricide déshonorèrent sa maison ; Absalon, l'aîné de ses fils, faillit lui ravir la couronne. David, ayant réuni une petite armée, marcha contre le rebelle et l'atteignit dans la forêt d'Ephraïm. Sur les instances de ses officiers, il resta à Mahanaïm pendant que Joab livrait la bataille décisive. La lutte fut effroyable ; vingt mille hommes tombèrent du côté d'Absalon, sans compter beaucoup d'autres qui périrent dans la fuite. Le prince lui-même se sauva sur une mule ; mais étant venu à passer sous un chêne touffu, sa tête s'embarrassa dans les branches de l'arbre, et il resta suspendu par les cheveux. Joab, averti de cet accident par un soldat, ne s'arrêta que pour le blâmer de n'avoir point tué Absalon; il accourut, et perça de trois dards le chef vaincu, et fit sonner la retraite pour arrêter l'effusion du sang.

David pleura amèrement la mort d'Absalon. Les tribus qui s'étaient insurgées se soumirent promptement et tout rentra dans l'ordre. Mais des calamités d'un autre genre affligèrent les dernières années de ce grand règne : la famine et la peste désolèrent tour à tour les villes et les tribus israélites. Le vieux roi, sachant que ses malheurs étaient la peine de ses fautes et de celles de son peuple, s'humilia sous la main divine. Il employa la fin de sa vie à terminer l'organisation intérieure de son royaume et à tout préparer pour la construction du temple.

La constitution monarchique des Hébreux n'ayant rien fixé pour l'ordre de transmission du pouvoir, David promit à Bethsabée de nommer successeur au trône leur fils Salomon. Adoniah, l'aîné de la famille royale, revendiquait la couronne au nom de sa primogéniture ; de plus, il avait pour lui des hommes considérables, Joab, le chef de l'armée, et Abiathar, le grand-prêtre ; les princes ses frères lui étaient également favorables. Mais il avait pour adversaires le prêtre Sadok, le prophète Nathan, Banaïah, le capitaine des gardes, et les principaux officiers du palais.

Un jour, Adoniah donna un grand festin, auquel il convia ses frères, ses amis et les plus grands personnages, excepté Salomon, Nathan et Banaïah ; il avait l'intention de faire proclamer sa royauté dans cette réunion solennelle. Mais Nathan, averti de ce qui se passait, se hâta d'en informer David. Aussitôt le vieux monarque ordonna de placer Salomon sur sa mule, de le conduire à Gihon en magnifique appareil, et de l'investir de la souveraineté. Les volontés de David furent exécutées, Salomon reçut l'onction royale des mains de Sadok et de Nathan, et il remonta au palais accompagné des acclamations du peuple.

Adoniah et ses convives, étonnés de ce mouvement inattendu, s'interrogeaient mutuellement avec anxiété, lorsque Jonathan, fils d'Abiathar, vint leur apprendre l'événement. A cette nouvelle, ils montrèrent une profonde consternation et se séparèrent à la hâte. Adoniah se réfugia près de l'autel jusqu'à ce que Salomon l'eût fait rassurer, promettant de l'épargner s'il se conduisait pacifiquement. Le prince alla sur le champ présenter ses hommages au nouveau roi, et la conspiration fut étouffée sans effusion de sang.

David convoqua ensuite à Jérusalem les chefs des tribus, les commandants des troupes et tous les grands de la cour. Le vieux roi, s'étant levé dans cette imposante assemblée, déclara que, guidé par une inspiration divine, il abdiquait le pouvoir en faveur de son fils Salomon ; que celui-ci avait mission de construire un temple à Jérusalen, et que tout était préparé pour élever le somptueux édifice. Il en présenta les plans dressés par lui même, et les remit à Salomon.

Salomon fut proclamé de nouveau, et l'assemblée se sépara en rendant pour la dernière fois les hommages souverains au roi David. Le lendemain, le couronnement fut célébré par une fête publique et par de nombreux sacrifices.

Peu de temps après, David manda son fils Salomon pour lui donner ses dernières instructions. Il lui déclara que les bénédictions de Dieu dépendaient de sa fidélité à la loi religieuse. Ensuite il lui recommanda tous ceux qui étaient restés fidèles à sa personne aux jours de l'adversité. Enfin il appela l'attention du jeune prince sur Joab, que les circonstances ne lui avaient point permis de punir pour ses crimes, et sur Séméï, non moins coupable.

Le roi mourut quelques mois plus tard, dans la soixante-dixième année de son âge, après quarante ans de règne (1001). Son corps fut déposé dans un tombeau magnifique, près de Jérusalem. M. de Saulcy a retrouvé de nos jours le sépulcre du grand roi, et une partie du sarcophage se voit maintenant dans une salle du musée du Louvre.

§ IV.

Sages débuts de Salomon. — Construction du temple. — Tyrannie et désordres de la fin de ce règne. — Roboam et la séparation des tribus. — Défaite du roi de Juda par les Égyptiens. — Rois de Juda et d'Israël.

Salomon inaugura son règne par des mesures énergiques destinées à prévenir toute tentative de révolte. Son frère Adoniah, ayant manifesté qu'il songeait encore à s'emparer du souverain pouvoir, fut condamné à mourir. Joab périt également. Abiathar, complice des intrigues d'Adoniah, fut dépouillé de la sacrificature et relégué à Anathoth. Enfin Séméï, un des ennemis les plus violents de David, ayant rompu son ban, subit aussi la mort. Il acheva de s'affermir sur le trône, et épousa la fille du roi d'Egypte.

Le jeune monarque déploya une sagesse pareille à sa fermeté. Il choisit habilement ses officiers, établit dans sa cour un ordre admirable, et régla soigneusement l'administration de ses finances. La haute intelligence qu'il montra, procura à ses peuples une profonde paix, le rendit un des plus puissants princes de son temps, lui valut l'affection sincère de ses alliés, le fit craindre de ses ennemis qui lui payaient des tributs considérables, et il devint comme l'arbitre des autres rois qui le consultaient de toutes parts.

Les étrangers affluaient à Jérusalem ; la flotte de Salomon lui apportait chaque année d'immenses richesses, et la nation acquit une opulence inouïe jusque-là.

Hiram, roi de Tyr, lui prêta un concours actif pour la construction du temple. Il fallut sept ans et le labeur incessant de deux cent mille travailleurs pour l'achèvement du gigantesque édifice, la merveille du monde.

La dédicace solennelle du temple fut remise à l'année suivante, qui était celle du jubilé. De tous les points du royaume, les Hébreux accoururent à Jérusalem pour assister à l'auguste cérémonie. L'arche d'alliance fut déposée dans le sanctuaire au son de cent vingt trompettes qui accompagnaient le chœur immense des Lévites. Le roi, placé sur une estrade d'airain se prosterna et appela sur le lieu saint les bénédictions divines.

Après avoir exécuté le grand projet conçu par David, Salomon construisit deux palais, l'un pour lui, l'autre pour sa femme égyptienne. Ensuite il entoura Jérusalem d'une haute et épaisse muraille, fortifia Mello, Hazor, Mageddo, Gazer, Bethoron, Bahalath et Tadmor ou Palmyre. De plus, il éleva quelques forteresses dans le Liban, afin d'assurer ses communications avec la Syrie.

Il subjugua ensuite le reste des peuplades demeurées jusque-là indépendantes, et les soumit toutes au tribut.

Pour subvenir à tant de dépenses, Salomon fit équiper une flotte à Eziongaber, sur le littoral de la mer Rouge. Trois ans plus tard, ces navires, montés par des Israélites et des Tyriens, rapportèrent une immense quantité d'or et d'argent, diverses sortes de pierres précieuses, des épiceries, des bois d'ébène, de l'ivoire et autres richesses.

Fidèle aux leçons et aux exemples de son père, le fils de David se rendait au temple à toutes les fêtes solennelles, s'appliquant sans cesse à augmenter l'éclat du culte divin.

La réputation du monarque hébreu se répandit au loin ; sa puissance, sa sagesse, sa magnificence, les relations que le commerce et tant de travaux avaient créées entre les autres nations et les Israélites, attiraient l'attention générale sur ce royaume parvenu à l'apogée de la gloire. Les Egyptiens, les Assyriens, les Mèdes, les Perses, la plupart des peuples durent connaître le nom de Salomon. Il est permis de conjecturer que le temple splendide construit pour le Dieu unique dans Jérusalem, rappela aux hommes les vérités primitives obscurcies par les passions et l'ignorance. On a constaté de nos jours la présence, au fond de la Chine, d'une colonie hébraïque dont l'émigration remonte évidemment à une époque voisine de Salomon ; on a retrouvé, sur divers points du monde, les traces du passage ou du séjour de groupes israélites. Il semble que la Providence avait placé les Hébreux sur la route de tous les peuples et qu'elle ait pris plaisir à les disséminer de gré ou de force, au milieu des nations les plus puissantes, afin que la vérité fût sans cesse proclamée, et qu'il ne restât aucune excuse à l'erreur.

La renommée de Solomon amenait à Jérusalem de nombreux étrangers, avides de contempler les merveilles de ce règne glorieux. Une reine d'Arabie se rendit en grande pompe à Jérusalem, et retourna dans ses Etats, ravie de ce qu'elle avait vu.

Mais le roi d'Israël devait être une preuve nouvelle de la fragilité humaine. L'orgueil, ce mal originel qui coule avec le sang dans les veines des fils d'Adam, finit par enivrer Salomon ; la dernière partie de son règne montra combien il est difficile de résister aux séductions du pouvoir. A force d'entendre chanter ses louanges, le monarque hébreu se crut plus qu'un mortel ; il se plaça au-dessus des lois religieuses et civiles, peupla son harem de femmes étrangères, au mépris des défenses mosaïques, prodigua ses trésors pour satisfaire ses concubines, souilla la terre d'Israël en élevant des autels et des temples aux idoles de ses concubines et appesantit sur ses sujets un joug accablant.

Les avertissements ne manquèrent point au prince prévaricateur qui déshonorait sa vieillesse et démentait ses belles années ; il fut averti miraculeusement que dix tribus échapperaient à la domination de ses successeurs ; mais on ignore s'il tint compte de ces redoutables menaces. Cependant on pourrait présumer avec quelque raison, d'après l'Ecriture, qu'il reconnut ses fautes, la vanité des choses de la vie, et qu'il déplora les folles années où il avait abusé si grièvement du souverain pouvoir. Salomon mourut vers l'an 962 avant Jésus-Christ, à l'âge de soixante ans environ, laissant le trône à son fils Roboam, qui en avait quarante.

Les semences de défection, favorisées par l'indolence et le mauvais gouvernement du dernier prince, ne tardèrent pas à porter leurs fruits. A son avènement, Roboam eut à compter avec trois ennemis redoutables : Hadad, roi d'Edom, Rézon, qui s'était établi à Damas, et Jéroboam, un jeune Ephraïmite plein d'audace et d'intelligence, réfugié en Egypte à la mort de Salomon.

Ce fut Jéroboam qui provoqua les calamités destinées à troubler le règne de Roboam. A peine Salomon avait-il expiré, qu'il accourut d'Egypte pour épier l'occasion favorable d'exécuter ses desseins. Le prophète Ahias lui avait annoncé qu'il commanderait aux dix tribus, et il s'était vraisemblablement concerté avec le roi d'Edom pour réaliser cette promesse.

Bientôt Roboam, par sa conduite insensée, lui fournit le prétexte qu'il cherchait. Ce prince hautain, élevé dans le luxe d'une cour tout orientale, et n'ayant aucune intelligence du gouvernement, méprisa les conseils des vieillards et s'entoura d'amis aussi incapables que lui.

S'étant rendu, pour inaugurer son règne, dans la plaine de Sichem, il parut devant les tribus assemblées, réclamant l'hommage dû à la royauté ; le peuple refusa de le reconnaître, à moins qu'il ne diminuât les charges publiques. Roboam, de l'avis de ses jeunes courtisans, refusa avec menaces, déclarant insolemment qu'il aggraverait le joug au lieu de le mitiger.

A cette réponse, dix tribus se révoltèrent et décernèrent à Jéroboam le commandement suprême. Seules, les tribus de Juda et de Benjamin restèrent fidèles ; afin de préserver de toute insulte le fils de Salomon, elles l'escortèrent à Jérusalem, où elles se préparèrent à combattre l'usurpateur ; mais une intervention conciliatrice ajourna la lutte.

Jéroboam, profitant de la trêve, s'occupa activement de s'assurer la possession du pouvoir qu'il venait de conquérir. Il se hâta de rebâtir

Sichem et Phanuel, destinant la première de ces places à être le lieu de sa résidence.

Mais l'obligation imposée par la loi aux Israélites de se rendre trois fois l'année au temple de Jérusalem, lui fit craindre que les tribus séparées ne se soumissent de nouveau à la maison de David, et il résolut de sacrifier la religion à la politique. Dans ce but, il érigea deux veaux d'or, l'un à Dan, l'autre à Bethel, c'est-à-dire aux deux extrémités de ses États, et prescrivit au peuple de se rendre en ces villes pour y adorer Dieu. Il fit bâtir également des temples et des autels sur les montagnes, et comme les Lévites étaient restés fidèles à Roboam, il créa des prêtres choisis dans les autres tribus.

Des signes divins condamnèrent avec éclat le crime de Jéroboam, mais ce chef persista opiniâtrément dans le plan qu'il avait adopté.

Tandis que le roi d'Israël se fortifiait à Sichem, Roboam faisait de même à Jérusalem. Il construisit ou mit en état de défense un grand nombre de places dans les tribus de Juda et de Benjamin.

Dans le même temps, la tribu de Lévi indignée de la conduite de Jéroboam, se réfugia à Jérusalem, et beaucoup d'autres Israélites les imitèrent pour ne point participer aux infâmies de l'idolâtrie.

Mais Roboam, au bout de trois ans de règne, se livra à son tour aux plus honteuses superstitions, effaçant par ses désordres ceux des tribus révoltées. Le châtiment du triste monarque ne se fit pas attendre. Scheschouk, roi d'Egypte, envahit son royaume, prit plusieurs villes, et obligea les plus riches habitants de Juda à chercher un asile dans Jérusalem. Le pharaon les y suivit, dépouilla le temple et les palais royaux, et retourna sur les bords du Nil avec un immense butin.

C'était la cinquième année de Roboam. Les douze années qui suivirent s'écoulèrent dans une paix relative, troublée de temps à autre par quelques hostilités avec le roi d'Israël. Roboam mourut en 946, et eut pour successeur son fils Abia.

Le premier soin du nouveau roi fut d'appeler sous les armes quatre cent mille hommes pour engager enfin une lutte décise avec Jéroboam. Il alla camper sur la montagne de Tsémaraïm, vers les confins d'Ephraïm, où l'armée des tribus séparées, bien plus considérable que la sienne, marcha à sa rencontre. Une terrible bataille se livra entre les deux rivaux ; Jéroboam fut vaincu, dépossédé de plusieurs places importantes, et singulièrement affaibli.

Abia, aussi dépravé que son père, mourut après deux ans de règne, léguant la couronne à son fils Asa.

La deuxième année d'Asa, Jéroboam termina sa vie criminelle, et fut remplacé par son fils Nadab.

Les dix premières années du petit-fils de Roboam s'écoulèrent dans une profonde paix ; il les employa en partie à purger son royaume des abominations païennes introduites par ses prédécesseurs. Son zèle pour rétablir le culte véritable fut tel qu'il n'épargna pas même sa propre mère, vouée aux pratiques de l'idolâtrie, et il la priva des honneurs de la royauté. Il s'appliqua aussi à rendre son royaume inexpugnable par l'entretien d'une puissante armée et la restauration des places fortes. Il remplit ses trésors au moyen d'une rigoureuse économie, et put remplacer les vases d'or enlevés du temple sous Roboam par le pharaon égyptien.

Pendant qu'Asa régnait avec sagesse à Jérusalem, Nadab, le successeur de Jéroboam, périssait au bout de deux ans au siège de Gibbethon, sous les coups de Bahasa, de la tribu d'Issachar, qui s'empara du trône et extermina toute la famille du prince assassiné.

Asa exerçait le pouvoir depuis quinze ans, quand il fut attaqué par une armée immense d'Ethiopiens, sous les ordres de Zarah. Le roi de Juda, comptant sur la protection divine, marcha contre les envahisseurs, leur infligea une terrible défaite à Mareshah, et rentra dans Jérusalem chargé de leurs dépouilles, dont il consacra la meilleure part au service du temple.

A la nouvelle de ce triomphe éclatant, un grand nombre de sujets de Bahasa se soumirent à lui.

De nouvelles défections obligèrent le roi d'Israël à bâtir une forteresse à Rama, pour empêcher toute communication entre les deux États. De plus, Bahasa s'allia avec Ben-Hadad, roi de Syrie. Mais Asa, ayant réussi à détacher le prince syrien de Bahasa, fit démolir la place forte, dont les matériaux servirent à mettre hors d'insulte les places de Géba et de Masphah.

Le roi de Juda mourut après quarante ans de règne (904).

Asa avait vu périr cinq rois d'Israël, qui ne firent que passer sur le trône souillé de Jéroboam. Bahasa, qui s'était conduit en despote cruel, était mort en 919, laissant le pouvoir à son fils Elah. Ce prince, deux ans plus tard, fut tué par Zamri, qui ceignit sa couronne. La royauté du meurtrier ne dura que sept jours. Hamri, élu par l'armée qu'il commandait, marcha contre Tirsah, où Zamri s'était renfermé. Ce dernier, qui avait déjà exterminé toute la famille de son prédécesseur, se brûla dans son palais.

Toutefois, Hamri n'était point encore en paisible possession du royaume. Tibini, fils de Ginath, proclamé par une portion du peuple, revendiquait de son côté le pouvoir suprême ; mais, bientôt abandonné de ses partisans, il fut tué, et Hamri resta seul maître de la couronne.

Le nouveau monarque résida à Tirsah les six premières années de son règne. A cette époque, ayant acheté à Schamer la montagne de Samarie, il y bâtit une ville qui devint sa capitale; et y vécut encore six ans, aussi impie que ses prédécesseurs.

Après lui (907), son fils Achab occupa le trône ; ce fut le plus méchant des rois d'Israël. Il épousa illégitimement la fameuse Jézabel, fille d'Eth-Baal, roi de Sidon ; cette union fut féconde en crimes et en abominations de tout genre. Par complaisance pour cette femme étrangère, il admit le culte des divinités phéniciennes, à qui on rendait des hommages infâmes et on offrait des sacrifices humains. Un temple magnifique s'éleva dans Samarie en l'honneur de Baal ; Achab eut la lâcheté de le fréquenter, et son exemple infesta graduellement toutes les tribus. En vain le prophète Elie réprimanda le roi et condamna ses actes au nom de Jéhova, rien ne pût l'arrêter.

Pendant qu'Achab et Jézabel pervertissaient Israël et faisaient mettre à mort les hommes héroïques qui osaient leur résister, Josaphat succédait à son père Asa (904). Agé de trente-cinq ans à son avénement, il acheva de ruiner les monuments de l'idolâtrie que son père avait été obligé de laisser subsister, ordonna aux Lévites et aux prêtres de parcourir ses Etats pour instruire le peuple, fortifia les principales places du pays et les pourvut de garnisons. En outre, il entretint une armée plus nombreuse que celle d'aucun des rois précédents. Il parvint à un tel degré de prospérité et de puissance que nul n'osa l'attaquer. Les Philistins et les Arabes lui payaient tribut, et ses alliés le comblaient de présents.

Le royaume d'Israël était loin de jouir d'une félicité pareille. Une famine de trois ans, jointe à la tyrannie d'Achab, plongea les peuples dans une affreuse détresse. Enfin, grâce à l'intervention du prophète Elie, cet homme prodigieux semblable à Moïse, la terre recouvra sa fécondité, les prêtres infâmes de Baal furent immolés, et les tribus éprouvèrent quelque soulagement.

Achab régnait depuis dix-huit ans, quand Ben-Hadad, roi de Syrie, lui déclara la guerre et vint assiéger Samarie. Le roi d'Israël, étant sortie de la ville à la tête d'une poignée de soldats, surprit l'ennemi et le mit en fuite après un affreux carnage. Mais Achab ne sut pas tirer parti de sa victoire ; il traita avec le monarque syrien et le laissa s'éloigner sain et sauf.

Toutefois, la lutte se renouvela trois ans plus tard, au sujet de a ville de Ramoth-Galaad que Ben-Hadad retenait au mépris de ses engagements.

Ce fut à cette époque que le roi d'Israël commit le meurtre de Naboth, crime exécrable dont il se rendit coupable à la sollicitation de Jézabel, afin de s'emparer d'une vigne convoitée par lui avec ardeur. Mais bientôt le prophète Elie lui annonça, au nom de Dieu, qu'en punition de ce forfait, les chiens lécheraient un jour le sang de Jézabel au même endroit où Naboth avait péri, et dévoreraient les misérables restes de la reine impie ; il ajouta que la postérité d'Achab serait anéantie, double prédiction qui s'accomplit à la lettre.

Josaphat, uni au monarque d'Israël par les liens de l'amitié, alla le visiter à Samarie. Achab proposa à son allié de lui prêter secours contre les Syriens, pour reprendre Ramoth-Galaad, et le roi de Juda y consentit.

Les deux princes marchèrent contre Ben-Hadad, et la bataille s'engagea dans les plaines de Galaad. Dès le début de l'action, Achab fut blessé d'une flèche tirée au hasard et expira vers le soir. A la nouvelle de sa mort, ses généraux firent sonner la retraite, et les deux armées se retirèrent avant la nuit (888).

Josaphat, échappé heureusement à l'ennemi, regagna Jérusalem.

Le roi d'Israël eut pour successeur son fils Ochosias, qui marcha sur ces traces criminelles. Ce prince mourut la seconde année de son règne, par suite d'un accident, et fut remplacé par son frère Joram.

Les Moabites s'étant révoltés, le roi d'Israël, appuyé par le roi de Juda, les défit entièrement.

Vers la fin de son règne, Josaphat eut à défendre ses Etats contre une invasion des Ammonites. Le vieux monarque les joignit dans la vallée d'Engaddi et les extermina complétement. Il retourna à Jérusalem, chargé de butin, et fut reçu dans la ville au son des hymnes et des acclamations triomphales. Il y finit ses jours en paix et laissa le trône à son fils Joram.

Le nouveau roi, à peine maître de ses actions, sembla prendre à tâche de détruire l'œuvre de son glorieux prédécesseur. Il avait épousé Athalie, la fille d'Achab et de Jézabel, et il imita les funestes exemples des princes d'Israël. Dès lors la même politique prévalut dans les deux royaumes; l'idolâtrie et les abominations de toute sorte furent favorisées, et la nation se précipita vers une lamentable décadence. Les nombreux enfants de Josaphat ayant été mis à mort par leur détestable frère, celui-ci se livra entièrement aux perfides conseils de sa femme et ne craignit pas de profaner Jérusalem en y introduisant le culte des divinités phéniciennes.

Les Iduméens, profitant du mauvais gouvernement de Joram, se révoltèrent et parvinrent à s'affranchir. Les Philistins et les Arabes envahirent le royaume de Juda, pénétrèrent dans Jérusalem, dépouillèrent la ville et emmenèrent captifs les femmes et les enfants du triste monarque, à l'exception d'Ochosias le plus jeune de tous.

Peu de temps après, Joram fut attaqué d'une maladie incurable dont il mourut au bout de deux ans (876), et Ochosias ceignit sa couronne.

Le jeune prince, guidé dans les voies du crimes par sa mère Athalie, suivit les exemples de son père. Il se ligua avec Joram, le roi d'sraël, contre les Syriens, qui avaient maintenant pour monarque Hazaël, le meurtrier de Ben Hadad. Ils assiégerent ensemble la ville de Ramoth Galaad et la prirent; mais Joram, blessé pendant l'assaut, laissa l'armée aux ordres de Jéhu et retourna à Jezraël pour s'y faire guérir, et Ochosias l'accompagna.

Jéhu, qu'un prophète avait sacré roi d'Israël, fut proclamé par ses troupes et partit sur-le-champ pour Jezraël.

Joram, informé de l'approche de Jéhu, sortit au-devant de lui avec le roi de Juda, et le rencontra près de la vigne de Naboth. Ayant interrogé le chef sur ses dispositions, ce dernier répondit en lui perçant le cœur d'une flèche et en ordonnant de jeter son corps dans le champ de Naboth. Ochosias, effrayé, prit la fuite; les gens de Jéhu le poursuivirent, le blessèrent mortellement, et il rendit l'âme en arrivant à Mageddo.

Cependant Jéhu se dirigeait vers le palais de Jezraël. La reine-mère, Jézabel, ayant appris la mort de son fils, parut à une fenêtre et se mit à invectiver Jéhu. Le nouveau roi, dédaignant de répondre, ordonna aux eunuques qui entouraient la princesse de la précipiter sur le sol. Ils obéirent, et les chiens dévorèrent le cadavre de la femme impie d'Achab, vérifiant ainsi la parole du prophète Élie.

Achab, outre Joram, son successeur, avait laissé soixante-dix fils qu'on élevait à Samarie. A la nouvelle des événements de Jezraël et sur l'ordre de Jéhu, les magistrats de la ville envoyèrent au vainqueur les têtes des jeunes princes.

Aussitôt le nouveau roi prit la route de Samarie. Ayant rencontré en chemin quarante-deux frères d'Ochosias, il ordonna de les mettre à mort.

Arrivé dans la capitale du royaume d'Israël, il feignit un grand zèle pour le culte de Baal, et convoqua les prêtres du dieu phénicien dans le temple qu'Achab avait construit. Dès qu'ils y furent rassemblés, Jéhu les fit tuer tous et ruina l'édifice. Il purgea également le reste de ses États de l'idolâtrie qui les infectait.

En récompense de ces actes énergiques, il lui fut annoncé que la couronne resterait dans sa maison jusqu'à la quatrième génération. Néanmoins il conserva les autels érigés à Dan et à Béthel par Jéroboam, persistant, sur ce point, dans la politique de ses prédécesseurs.

Mais Jéhu fut puni de sa coupable conduite par des revers multipliés. Hazraël, roi de Syrie, lui enleva bientôt plusieurs villes au-delà du Jourdain, ainsi que plusieurs places frontières en deçà, et ravagea diverses provinces dont il extermina les habitants. Jéhu mourut en 848, après un règne de vingt-huit ans.

Pendant que le roi d'Israël s'occupait d'abolir le culte de Baal, Athalie, la mère impie d'Ochosias, roi de Juda, s'efforçait de détruire jusqu'au souvenir du vrai Dieu à Jérusalem. Animée d'une haine mortelle pour la race de David, elle commanda d'égorger tous les enfants de son fils; mais Josabeth, femme du grand-prêtre Joïada et sœur d'Ochosias, réussit à soustraire Joas, l'un d'eux, âgé d'un an seulement, aux coups des meurtriers. Le jeune prince, transporté secrètement dans le temple, fut élevé à l'ombre du sanctuaire, par les soins du pontife.

Durant six ans, Athalie inonda Jérusalem du sang des fidèles hébreux qui refusaient d'adopter le culte de Baal. Las de cette orgie de meurtres et de tyrannie, Joïada résolut enfin d'y mettre un terme. Ayant réuni secrètement quelques chefs de la tribu de Juda, dont les sentiments lui inspiraient toute confiance, il réclama leur serment, puis leur révéla l'existence de Joas, les exhortant à défendre avec leur monarque légitime, la religion et la liberté.

Des transports de joie accueillirent la communication du grand-prêtre, et les initiés jurèrent de proclamer le jeune prince.

Les chefs se répandirent immédiatement dans la ville, afin de rassembler autant d'hommes qu'ils le pourraient. De son côté, le pontife arma les prêtres et les Lévites qui se fortifièrent dans le temple.

Au jour marqué, Joas apparut dans le vestibule du sanctuaire, au milieu des Lévites sous les armes. Là, le grand-prêtre le sacra avec l'huile sainte, lui plaça la couronne sur la tête, et le premier lui prêta le serment ordinaire sur le livre de la Loi. Le jeune prince monta au trône préparé pour l'inauguration solennelle et reçut les hommages royaux.

Athalie, attirée dans le temple par les acclamations répétées qui saluaient Joas, pénétra hardiment dans le vestibule des prêtres, interdit à son sexe. La reine, furieuse, proférait de terribles menaces, quand elle aperçut le jeune roi sur son trône, entouré de l'appareil de la souveraineté. A cette vue, elle déchira ses vêtements et se jeta, désespérée, au milieu des Lévites armés. Joïada, craignant que le sang de la fille de Jézabel ne souillât le parvis sacré, ordonna de la traîner hors du temple et de la mettre à mort, ce qui fut exécuté.

L'heureuse révolution accomplie, Joas fut conduit au palais des rois et reconnu de tout le royaume. Joïada gouverna sous le nouveau monarque et détruisit le culte infâme de Baal.

Le pontife termina sa vie dans la cent-trentième année de son âge et fut enseveli dans le sépulcre royal. A la mort de Joïada se termina la prospérité du règne de Joas. Le fils d'Ochosias, délivré de la sage tutelle du grand-prêtre, se laissa corrompre par les flatteries des courtisans. L'idolâtrie fut rétablie et le temple, abandonné. En vain le pontife Zacharie, fils de Joïada, s'éleva-t-il contre cette défection criminelle, le peuple, sur l'ordre du roi, le lapida dans le parvis du temple.

Un an plus tard, Hazaël, roi de Syrie, marcha contre Joas, s'empara de la ville de Geth, et pénétra jusqu'à Jérusalem où il fit un grand carnage. Joas, traité par l'ennemi avec le dernier mépris, tomba dans une extrême langueur. Ses serviteurs, bientôt, le tuèrent dans son lit, vengeant de la sorte le sang du pontife injustement répandu. Son fils Amasias régna à sa place (831).

Joachaz, fils de Jéhu, renouvela les prévarications des rois d'Israël. Vaincu par Hazaël et son fils Ben-Hadad, roi de Syrie, il fut réduit à une telle impuissance qu'il ne lui resta pour toute armée que cinquante cavaliers, dix chars et dix mille fantassins. Tout le reste avait été tué par l'ennemi, selon la prédiction d'Élisée. Mais son fils Joas, associé par lui au pouvoir, brisa le joug étranger et délivra le royaume. Joachaz mourut en 832.

Au commencement de son règne, Joas enleva aux Syriens les villes israélites conquises par Hazaël, et remporta trois grandes victoires.

Amasias, parvenu au trône de Juda à l'âge de vingt-cinq ans, montra d'abord de la piété et de l'attachement pour le culte véritable. Il punit les meurtriers de son père, fit le dénombrement des hommes capables de porter les armes, et enrôla cent mille soldats israélites parmi ses troupes ; mais, sur les remontrances d'un prophète, il licencia ces mercenaires. Il marcha ensuite contre les Iduméens qu'il vainquit et dont il finit par adorer les idoles.

Enivré de ses succès, Amasias provoqua le roi d'Israël, et une grande bataille se livra entre les deux monarques, à Bethsamès. Amasias fut vaincu et pris. Joas le ramena à Jérusalem, abattit les murailles de la ville, dépouilla le temple et le palais, et emmena des otages à Samarie. Le roi d'Israël mourut l'année suivante (817).

Amasias lui survécut quinze ans, et périt assassiné à Lakis, où il s'était enfui pour échapper à une conspiration.

Joas, roi d'Israël, avait eu pour successeur son fils Jéroboam II. Ce prince, le plus vaillant de tous ceux qui avaient régné sur les dix tribus, dompta les Syriens et reprit les villes de Damas et d'Emath. Les prophètes Jonas, fils d'Amathi, et Osée, fils de Béeri, ses contemporains, lui avaient annoncé ces brillants succès. Il étendit ses conquêtes jusqu'à la mer Morte, et mourut dans la quarante-unième année de son règne. Cette glorieuse période fut malheureusement souillée par les pratiques de l'idolâtrie, que Jéroboam ne répudia pas plus que ses prédécesseurs (778).

L'an 27 de Jéroboam II, Ozias, nommé aussi Azarias, monta sur le trône de David. Le nouveau roi, fils d'Amasias, n'avait que seize ans. Toutefois, guidé par les conseils d'hommes sages, il ramena Juda au culte de Jéhova, sans cependant détruire les hauts lieux où le peuple sacrifiait. Il reprit Elath aux Iduméens, vainquit les Philistins, ruina les remparts des villes ennemies de Geth, Jabin et Azot, triompha de diverses tribus d'Arabes, assujettit les Ammonites et se rendit redoutable jusqu'aux frontières de l'Egypte. Son armée comptait trois cent mille cinq cents hommes, et les chefs de famille, commandants-nés de leurs tribus, montaient à deux mille six cents. Il fortifia Jérusalem de tours et de boulevards, bâtit des forts dans le désert pour protéger les territoires nouvellement défrichés où il faisait creuser des puits planter des vignes et élever des troupeaux.

Ebloui par une telle prospérité, Ozias céda aux séductions de l'orgueil et voulut usurper les fonctions du sacerdoce. Mais le grand-prêtre Azarias le réprimanda publiquement pour cet acte sacrilège. Le roi, irrité, menaça le pontife. Aussitôt, raconte la Bible, la terre trembla, la lèpre parut au front du monarque téméraire, et les prêtres le chassèrent honteusement du temple. Effrayé lui-même de ce châtiment soudain, il reconnut sa faute et s'enfuit dans une maison solitaire où il passa le reste de sa vie.

Joatham, son fils, occupa le palais et gouverna le royaume, car la lèpre, suivant la loi, excluait son père des fonctions publiques. Ozias mourut au bout de cinquante-deux ans de règne (752).

Zacharias, fils et successeur de Jéroboam II, régnait depuis six mois, à peine, quand il fut assassiné par Sellum, un de ses officiers, qui s'empara de la couronne et périt lui-même dans Samarie, au bout de trente jours, sous le fer de Manahem, général de Zacharias.

Manahem, ayant usurpé le pouvoir suprême, se rendit à Tirsah pour y établir sa résidence. Il entra dans cette ville de vive force et y commit d'horribles cruautés.

Phul, roi d'Assyrie, se préparait à attaquer le nouveau monarque d'Israël; mais Manahem le désarma en lui payant un énorme tribut; et, moyennant la protection du prince étranger, il put se soutenir dix ans sur le trône de Jéroboam, qu'il laissa à son fils Pekaïah.

Celui-ci ne dura que deux ans, et fut tué par Pékah, dit de Roméliah (753).

Dans le royaume de Juda, Joatham avait remplacé son père Ozias. Il gouverna sagement; fidèle au culte de Jéhova, il bâtit des villes dans les montagnes, des forteresses et des tours dans les bois, triompha des Ammonites et les soumit au tribut. Il devint très-puissant et mourut après seize ans de règne (737). Il eut pour contemporain le prophète Michée.

Son fils Achaz lui succéda. Ce prince déshonora sa vie par le dérèglement de ses mœurs et son impiété. Il établit le culte de Baal.

Pékah, roi d'Israël, se vit enlever une vaste province par les Assyriens; il passa ses dernières années dans l'anarchie et les troubles de tout genre. En 726, il fut tué par Osée, fils d'Elah, qui s'empara de la couronne. De concert avec le roi de Syrie, le nouveau roi d'Israël attaqua Achaz; mais l'expédition échoua misérablement.

Osée, ayant refusé de payer le tribut aux Assyriens, fut vaincu par Salmanasar, roi de Ninive, et conclut une alliance avec le pharaon d'Egypte. Attaqué une seconde fois par Salmanasar, il fut fait prisonnier et envoyé captif à Babylone (718). Le vainqueur emmena avec lui la plus grande partie des Israélites, parmi lesquels Tobie et le prophète Nahum, et les dispersa dans l'intérieur de son empire. Des colons étrangers repeuplèrent cette partie de la Palestine. Le royaume d'Israël fut anéanti, deux siècles et demi après la séparation des tribus.

§ V.

Décadence du royaume de Juda. — Ézéchias. — Manassé. — Josias. — Destruction de Jérusalem et captivivé de tous les peuples.

Achaz, le roi impie de Juda, était mort cinq ans avant la ruine du royaume d'Israël. Ce prince en avait régné seize et n'en avait régné que trente-six lorsqu'il termina sa misérable vie.

Il eut pour successeur son fils Ezéchias, qui monta au trône à vingt ans, environ. Le nouveau monarque, animé de sentiments meilleurs que son père, se hâta de rouvrir le temple et de rétablir le culte divin. Il déploya le plus grand zèle pour purifier ses Etats de l'idolâtrie. Bientôt sa piété fut récompensée par une éclatante prospérité; il s'affranchit du tribut qu'Achaz payait aux Assyriens, guerroya contre les Philistins, leur enleva leurs conquêtes précédentes et fit respecter de toutes parts ses frontières.

Sennakhérib, roi d'Assyrie et successeur de Salmanasar, irrité de l'indépendance qu'affectait Ezéchias, envahit la Judée à la tête d'une armée formidable, et mit le siége devant Jérusalem. Mais un prodige délivra la ville, et le prince assyrien regagna ses Etats en toute hâte.

Le roi de Juda, étant tombé malade peu de temps après, fut guéri miraculeusement, et obtint quinze années de vie. A peine était-il rétabli que le roi de Babylone lui députa des ambassadeurs pour le féliciter de son retour à la santé et de sa victoire sur les Assyriens. Ezéchias, enrichi par les dépouilles ravies à l'ennemi, se plut à étaler ses trésors aux yeux des envoyés chaldéens. Cet acte d'orgueil et d'imprudence lui valut de graves reproches de la part d'Isaïe; le prophète lui annonça de plus que les Babyloniens ne tarderaient pas à détruire l'opulence de Jérusa'em et à emmener captifs ses habitants.

Ezéchias entreprit divers travaux d'utilité publique, favorisa l'agriculture et posséda lui-même de nombreux troupeaux. Il mourut au bout de vingt-neuf ans de règne. On lui fit des funérailles magnifiques, non-seulement à Jérusalem, mais encore dans les provinces.

Son fils Manassé prit possession de son trône à l'âge de douze ans. Ce prince surpassa ses prédécesseurs en méchanceté, en tyrannie et en impiété. Sous lui, le temple fut souillé comme il ne l'avait jamais été par les abominations les plus révoltantes. Jérusalem devint le théâtre des plus horribles cruautés, et le jeune roi condamna Isaïe à être scié en deux sans égard pour l'origine royale, et les hautes vertus et le grand caractère du prophète.

Les Assyriens, profitant de la désaffection et de la haine que le jeune roi avait excitées contre lui, accoururent de nouveau, attaquèrent Jérusalem et mirent en fuite Manassé. Ils le découvrirent, caché dans des halliers, l'emmenèrent à Babylone, et le plongèrent dans un cachot.

Le monarque captif reconnut dans les chaînes et déplora ses crimes. Ayant enfin recouvré la liberté, il purifia le sanctuaire et rendit au temple son antique splendeur. Il mourut après un règne de cinquante-cinq ans (640), laissant la couronne à son fils Amon. Ce fut sous lui qu'eut lieu le siège de Béthulie et l'héroïque dévouement de Judith.

Amon, jeune prince de vingt-deux ans ne sut imiter que les dérèglements de son père; mais, au bout de deux ans, ses principaux officiers conspirèrent contre lui et l'assassinèrent dans son palais.

Son fils Josias, âgé de huit ans seulement, fut proclamé à sa place.

Le royaume était dans un affreux état de corruption; la licence débordait de toutes parts, et la décadence s'accomplissait rapidement.

Josias, marié à quinze ans, eut un fils, l'année suivante, Eliakim. Alors, prenant d'une main ferme et résolue les rênes du gouvernement, il entreprit une réforme radicale. Les idoles et les monuments de l'idolâtrie furent détruits par ses soins, les hauts lieux abolis et le service du temple réorganisé.

Josias avait vingt-six ans quand il prescrivit de réparer le temple. Sur ces entrefaites, le grand prêtre avertit le roi qu'on avait retrouvé un exemplaire de la loi écrit de la main même de Moïse. Le prince, instruit par la lecture des préceptes divins des volontés de Jéhovah, convoqua au temple les chefs du peuple pour la célébration des grandes fêtes et les exhorta à remplir les devoirs imposés par la religion.

Le règne de Josias s'écoula au milieu de ces œuvres pieuses. Il occupait le trône depuis trente-un ans, sans que la paix eût été interrompue, quand le pharaon Néchao engagea la guerre contre les Babyloniens et pénétra jusqu'à Circésium, ville située sur l'Euphrate. Le roi, allié au monarque de Babylone, refusa d'entrer dans les vues du prince égyptien et de violer les traités. Il interdit au pharaon le passage sur ses terres et vint camper avec une puissante armée dans la vallée de Majeddo. Néchao essaya une dernière fois, mais inutilement, de détacher le roi de Juda des Babyloniens; il lui fit même déclarer par ses ambassadeurs qu'il n'en voulait aucunement à son pays.

Josias, ayant repoussé toutes ces avances, se déguisa et voulut pénétrer dans le camp égyptien, afin, sans doute, de décider la querelle par un combat singulier avec le pharaon et d'éviter ainsi l'effusion du sang de ses soldats. Mais, blessé mortellement avant d'avoir atteint son ennemi, on le plaça sur un autre chariot qui l'emporta hors du champ de bataille. Il mourut en arrivant à Jérusalem, dans la trente-neuvième année de son âge (609). On suppose que le prophète Jérémie, son contemporain, composa en cette circonstance la sublime élégie connue sous le nom de *Lamentations*.

Josias eut pour successeur son fils Joachaz, que le peuple plaça sur le trône non par droit de naissance, puisqu'il était le plus jeune des fils du roi défunt, mais par esprit de faction. Le nouveau prince inaugura son règne en répudiant les vertueux exemples de son père; mais il n'eut pas le temps d'exercer la tyrannie que ses débuts annonçaient. Il avait ceint la couronne depuis trois mois seulement, quand le pharaon Néchao, de retour de son expédition contre les Assyriens, attaqua Jérusalem, la prit et détrôna Joachaz. Il lui substitua son frère aîné Eliakim, qu'il nomma Joakim et rendit tributaire. Puis, ayant chargé de chaînes le monarque déchu, il l'emmena en Égypte où Joachaz finit bientôt ses jours.

Joakim, au mépris des leçons que lui offrait la catastrophe terrible de son prédécesseur, se déshonora par des crimes multipliés. Jérémie et le prophète Baruch lui firent entendre de redoutables menaces au nom de Jéhova ; il n'en tint aucun compte et sévit contre les messagers du Ciel.

Enfin Jérémie annonça au tyran les derniers malheurs ; il lui prédit qu'il serait livré aux mains de Nabou-cadr-atzer, roi de Babylone, qu'il périrait misérablement et que son cadavre pourrirait, privé de la sépulture.

La quatrième année de Joakim, Nabou-cadr-atzer, envoyé contre le roi d'Égypte, par son père Nabou-pal-atzer, défit complétement le pharaon à Circésium ou Carkémis dont il s'empara ; il massacra la garnison et obligea les troupes égyptiennes venues pour la secourir à s'enfuir en toute hâte.

Le vainqueur, sans perdre de temps, marcha sur Jérusalem, entra de vive force dans la ville, dépouilla le temple de ses plus précieux ornements, emmena les princes de la maison royale, et envoya captifs à Babylone la fleur de la jeunesse hébraïque. Daniel et ses trois compagnons, Ananias, Misaël et Azarias, furent du nombre des prisonniers.

Quant à Joakim, chargé de chaînes d'abord et destiné à être transporté en Assyrie, il promit de payer un tribut annuel et fut, à ce prix, laissé à Jérusalem comme vice-roi. Mais pendant que Nabou-cadr-atzer poursuivait le cours de ses conquêtes, le prince amnistié osa secouer le joug et resta trois années sans payer de tribut.

Sa rebellion devait lui coûter cher. Le chef babylonien dirigea sur la Judée une armée composée de Syriens, de Chaldéens, d'Ammonites et de Moabites, qui ravagèrent tout le royaume, emmenèrent de nombreux captifs, prirent et tuèrent Joakim, laissant son corps sans sépulture hors des portes de la ville, conformément à la prédiction de Jérémie (598).

Il fut remplacé au trône croulant de Juda par son fils Jéchonias, âgé seulement de dix-huit ans. Celui-ci n'avait pas régné trois mois encore, quand Nabou-cadr-atzer marcha contre lui. Jéchonias, accompagné de sa mère et de toute sa cour, alla au-devant du monarque babylonien, espérant le fléchir à force de soumission ; mais il le trouva inexorable. Le roi, enchaîné, fut envoyé avec les siens à Babylone, où il mourut, sans avoir revu la terre natale.

La ville, le palais, le trésor et le temple furent livrés une seconde fois au pillage : les ornements précieux et les vases sacrés furent enlevés ; les habitants les plus distingués durent abandonner leur pays pour être dispersés dans les provinces assyriennes ; en un mot, Nabou-cadr-atzer n'épargna que la lie du peuple. Parmi les principaux captifs on comptait, selon l'opinion commune, le prophète Ezéchiel.

Avant de quitter le royaume de Juda, le monarque babylonien intronisa Mathanias, fils de Josias et oncle de Jéchonias ; il exigea de lui le serment de fidélité et changea son nom en celui de Sédécias (597).

Parvenu à la couronne à l'âge de vingt et un ans, Sédécias imita les plus pervers de ses prédécesseurs ; cependant il resta fidèle quelques années au roi de Babylone. Bientôt, à la sollicitation des princes d'Ammon, de Moab, d'Edom, de Tyr et de Sidon, tous tributaires, comme lui, de Nabou-cadr-atzer, il entra dans une ligue contre les Assyriens ; malgré les sages avertissements du prophète Jérémie, il résolut de secouer le joug babylonien. C'était la neuvième année de son règne.

A la nouvelle de ces tentatives d'indépendance, Nabou-cadr-atzer entra dans la Judée à la tête d'une puissante armée, désola les provinces qu'il traversa, se rendit maître des forteresses et investit Jérusalem avant que Sédécias n'eût pris ses mesures soit pour la défendre, soit pour la fuite.

Les choses en étaient là, quand le pharaon d'Égypte vint aves des troupes nombreuses, attaquer les assiégeants, et dégager le roi de Juda, son allié.

Nabou-cadr-atzer n'attendit pas les Egyptiens. Ayant levé le siége, il alla à leur rencontre, leur livra bataille, les vainquit complétement et ne tarda pas à reparaître devant Jérusalem. Il poussa le siége avec tant de vigueur qu'en peu de temps les habitants furent réduits aux dernières extrémités.

Sédécias, comprenant qu'il était perdu sans ressources, essaya d'échapper à la captivité par la fuite. Il sortit de Jérusalem à la faveur de la nuit, avec quelques seigneurs de sa cour et ses gardes. Les Babyloniens, informés de l'évasion du roi, le poursuivirent et l'amenèrent aux pieds de Naboucadr-atzer. Le monarque, irrité, se vengea cruellement : il fit massacrer les enfants de Sédécias sous les yeux de leur père, et il ordonna d'aveugler immédiatement après le malheureux prince, afin que l'image de cette effroyable scène ne s'effaçât jamais de son souvenir. Sédécias fut ensuite envoyé à Babylone, où il mourut en prison (587).

Devenus maîtres des villes, les Babyloniens pillèrent le temple, les palais et les demeures des grands. Par les ordres du chef à qui Nabou cadr-atzer avait confié le commandement, lors de son départ, on brisa les deux colonnes d'airain qui s'élevaient dans le parvis du temple et dépouilla entièrement le sanctuaire. Le troisième jour, il prescrivit d'incendier le temple, les palais et toute la ville. Ensuite on démolit les murailles, les tours et les autres fortifications. Les habitants, un petit nombre excepté, furent conduits, captifs en Assyrie.

Seul, Jérémie demeura libre, en vertu des ordres de Nabou-cadr-atzer ; il se retira auprès de Godoliah, un chef hébreu laissé dans le pays par le vainqueur pour gouverner 'es misérables restes de la nation.

Ainsi finit la monarchie hébraïque, 468 ans après David, 388 ans après le schisme des dix tribus, et 130 ans après la ruine du royaume de Jéroboam.

Les Hébreux, laissés en Judée ne furent point exempts de calamités. Quand le général babylonien se fut retiré, Godoliah fut en butte à la jalousie d'un de ses compatriotes, nommé Ismaël. Ce scélérat, réfugié chez les Ammonites, voyait avec peine l'influence dont jouissait le chef hébreu.

Excité par le roi des Moabites, il se rendit à Masphah avec dix hommes, dans l'intention d'assassiner Godoliah. Ce dernier, averti du complot, refusa d'y croire ; il reçut amicalement le traître, qui le tua avec les Babyloniens qui l'entouraient. Ismaël ayant atteint son but, regagna le pays des Ammonites, mais non sans péril de tomber aux mains des amis de Godoliah qui le poursuivirent.

Les débris de la population judaïque, craignant la vengeance des Babyloniens, s'enfuirent en Égypte, malgré les exhortations de Jérémie, qui dut céder à l'entraînement général. Ces malheureux périrent presque tous dans la terre des pharaons, par les armes de Nabou-cadr-atzer, qui triompha de ce royaume.

Les Hébreux, traités d'abord avec douceur par leurs maîtres assyriens, reçurent des terres à cultiver et conservèrent le libre exercice de leur culte. Mais bientôt Nabou cadr-atzer voulut les forcer à sacrifier aux idoles. Daniel et ses compagnons donnèrent l'exemple d'une résistance héroïque ; jetés dans une fournaise ardente, ils en sortirent vivants (586). Le monarque babylonien, frappé de ce prodige, leur donna des charges importantes dans son empire.

Nabou-cadr-atzer, enflé de ses victoires et de sa puissance immense, fut dans la suite atteint de folie, et on l'éloigna de son palais. Durant sa démence, Daniel, selon toutes les probabilités, prit part au gouvernement de l'État avec la reine Nitocris (571-564).

Le conquérant mourut en 562, et son fils Evilmerodach-Balthasar lui succéda. Ce prince continua de traiter Daniel et ses compatriotes avec bienveillance. Le prophète, ayant démasqué la fourberie des prêtres de Bel, fut jeté dans la fosse aux lions ; les bêtes féroces l'épargnèrent, et il devint plus puissant que jamais.

Evilmerodach-Balthasar étant mort sous le fer des conjurés, conduits par son beau-frère Nériglissor, dans cette nuit fameuse où tandis qu'il profanait les vases sacrés, des signes menaçants étaient apparus sur la muraille de la salle du festin, Daniel quitta la cour.

L'an 535, Babylone et l'empire assyrien tombèrent aux mains de Cyrus, roi des Perses, et les Hébreux n'eurent qu'à se féliciter de leurs nouveaux maîtres.

Bientôt le monarque persan leur permit de retourner dans leur patrie. Mais beaucoup d'entre eux, ayant acquis des propriétés au-delà de l'Euphrate, ne voulurent pas changer les plaines fertiles de la Mésopotamie pour les landes dévastées de la Palestine; ils restèrent donc, tout en offrant à leurs frères qui partaient de quoi reconstruire leur foyer sur la terre des patriarches. Voilà pourquoi, postérieurement à cette époque, on trouve les Hébreux répandus dans la Syrie, dans la Chaldée, dans la Perse, en plus grand nombre que dans la Palestine. En outre, l'émigration avait dispersé des colonies judaïques en Égypte, en Grèce, dans l'Hindoustan et jusqu'en Chine. En Amérique même, on a cru reconnaître de nos jours la trace des enfants d'Abraham.

Évidemment, ce peuple avait une mission civilisatrice. Dès qu'un empire obtient la prépondérance et s'impose au reste de l'univers, les Hébreux, de gré ou de force, sont mis en contact avec lui, mêlés aux nations de mœurs les plus diverses et appelés dans les conseils des princes. Dépositaires des notions religieuses les plus pures et de la loi politique la plus parfaite que le monde ait jamais vues, ils exercent partout où les jette l'exil une influence considérable. Par eux, les règles de la justice et la vérité se conservent, se propagent et s'implantent jusqu'aux extrémités de l'univers. Les conquérants, qui ne semblent agir qu'au profit de leur ambition ou de leur passion, accomplissent en réalité un ministère supérieur : ils mélangent la famille hébraïque avec les autres races chez lesquelles on la voit se perpétuer avec ses institutions, ses croyances et ses mœurs. Des hommes inspirés, issus du sang israélite, font entendre une parole qui retentit au loin, et dont les siècles répercutent les échos puissants.

La nation hébraïque, soit qu'elle se groupe au foyer national, soit qu'elle erre à travers les autres peuples, apparaît donc comme un flambeau lumineux éclairant l'humanité. En vain les ténèbres de l'erreur, de la superstition, de l'idolâtrie, obscurcissent le firmament; des lueurs vives et continuelles sillonneront les nuages amoncelés et rappelleront aux hommes les enseignements primitifs; les sages de la Chaldée, de la Perse, de la Chine, de la Grèce et de Rome s'instruiront auprès des enfants d'Israël. Bien plus, tous les chefs des nations qui dominent successivement la terre, accompliront le pèlerinage de Jérusalem, à la tête de leurs armées, obéissant à un mystérieux décret qui les force à puiser directement aux sources mêmes de la religion.

La suite de l'histoire des Hébreux confirme les observations qui précèdent. Parmi les étrangers, les captifs d'Israël ne répudient point leur vieille organisation qui devait nécessairement frapper les esprits. Ceux qui restent en Assyrie continuent à vivre d'après leurs lois nationales, soumis à un chef assisté d'un conseil suprême; sur les rives étrangères, ils célèbrent leurs fêtes religieuses aux époques déterminées.

En vertu de l'édit de Cyrus, quarante-deux mille trois-cent-soixante personnes des tribus de Juda, Benjamin et Lévi, retournèrent à Jérusalem, sous la conduite du grand-prêtre Josué et de Zorobabel, issu des anciens rois hébreux. La prospérité de la nouvelle colonie fut entravée par les Cuthéens, les Mèdes et les Perses, transportés jadis dans le pays, au temps de Salmanasar, et qui, mêlés aux indigènes, formaient la population dite samaritaine; celle-ci différait sur plusieurs points, relativement au culte, avec les exilés revenus dans la patrie.

Les Samaritains, qui avaient élevé un temple particulier sur le mont Garizim, s'opposèrent avec acharnement à la reconstruction du sanctuaire de Jérusalem. Néanmoins, sous le règne de Darius fils de Gustasp, ce grand travail fut terminé (520), et l'autel consacré solennellement.

Plus tard, d'autres Hébreux retournèrent successivement à Jérusalem. Un grand nombre y vinrent avec Esdras (467), descendant d'Aaron. Ce prêtre illustre apportait à ses frères les offrandes recueillies au pays de la captivité; il s'occupa de faire revivre la loi de Moïse, tombée en désuétude, et fut aidé dans cette œuvre importante par les prophètes Aggée, Zacharie et

Malachie. Il recueillit de la bouche des vieillards et au moyen des copies subsistant encore les fragments du code sacré, qu'il transcrivit en substituant à l'ancien caractère hébreu les lettres chaldéennes, plus belles et plus commodes. Il écrivit enfin l'histoire des événements de son temps.

Treize ans après, Esdras fut remplacé par Néhémie, qui amena d'autres Israélites en Palestine et entoura de murailles Jérusalem, où il réunit la population, éparse auparavant dans la campagne.

Durant cette période dont l'histoire est pauvre de faits, la nation hébraïque se rétablit graduellement; relevant d'abord des satrapes de Syrie, elle réussit à relâcher le lien qui l'inféodait à l'étranger, et les grands-prêtres, acquérant une autorité chaque jour plus grande, finirent par revendiquer le pouvoir suprême.

Les Hébreux, reconnaissants pour la liberté que les Perses leur avaient accordée, leur demeurèrent fidèles jusqu'à la chute de la monarchie des Achéménides. Alexandre, lors du siège de Tyr, leur ayant demandé des subsides, ils refusèrent, et le conquérant, irrité, marcha sur Jérusalem. Mais le grand-prêtre Jaddus étant allé à sa rencontre dans la pompe de son costume pontifical, le roi macédonien, frappé de la majesté du descendant d'Aaron, s'inclina devant lui, fit offrir des sacrifices dans le temple, et autorisa les Hébreux à se gouverner par leurs propres lois. Beaucoup d'Israélites s'enrôlèrent dans son armée, et il en établit un grand nombre dans sa nouvelle ville d'Alexandrie (332).

A la mort d'Alexandre, la Palestine partagea la destinée de la Phénicie et de la Cœlésyrie, tombées sous la domination des rois de Syrie. Ptolémée Soter, roi d'Égypte, assiégea Jérusalem, la prit, et transporta cent mille Hébreux à Alexandrie. Quelques-uns pénétrèrent plus avant en Afrique, jusqu'à Cyrène et dans l'Éthiopie (286).

Ptolémée Philadelphe, fils de Ptolémée Soter, voulant enrichir sa bibliothèque des livres sacrés d'Israël, dont lui avait parlé Démétrius de Phalère, s'adressa, pour la traduction, au grand-prêtre Éléazar (280). Le pontife, accédant à la requête du monarque égyptien, lui envoya une copie en lettres d'or des Ecritures saintes avec soixante-douze savants qui connaissaient parfaitement le grec et l'hébreu. Ce fut ainsi que les livres sacrés furent traduits dans la langue parlée alors presque dans tout l'univers et chez les peuples les plus civilisés. La Providence veillait à la diffusion du dogme véritable.

Au retour de la captivité, la loi mosaïque, altérée en divers points, ne tarda pas à être différemment interprétée. De là des sectes religieuses. Sadoc, disciple de Socus, président de la synagogue, enseigna qu'il n'y avait ni peines, ni récompenses au-delà de cette vie; il nia l'existence des anges et la résurrection des corps. Cette doctrine fut embrassée par les Hébreux les plus riches, et ses adhérents reçurent le nom de *Sadocéens* ou *Saducéens* (248).

Les *Assidéens* ou religieux protestèrent contre cette interprétation. Ils se divisèrent en Esséniens et en Pharisiens. Les premiers menaient la vie commune, pratiquaient le célibat et habitaient d'austères solitudes. Les seconds admettaient, outre la loi écrite, une loi orale transmise par un ange à Josué, prétendaient-il. Leur symbole était: *soyez lents à juger, multipliez le nombre des disciples, entourez la loi d'une haie*. Dans ce but, ils parcouraient la terre et les mers pour faire des prosélytes.

Sous les premiers Ptolémées, les Hébreux, tout en relevant des monarques égyptiens, étaient gouvernés par leurs grands-prêtres, appelés ethnarques, et assistés d'un sanhédrin ou sénat. Le temple, entretenu par une contribution générale, devint très-riche, et les trésors accumulés dans le sanctuaire excitèrent à la fois les convoitises des rois de Syrie et la brigue pour les fonctions du pontificat.

Au nombre des souverains sacrificateurs les plus célèbres de cette époque, on doit compter Simon le Juste, puis l'avare et imprudent Onias II. Ce dernier, par le refus d'un tribut annuel à Ptolémée Evergète, mit la Judée dans le plus grand péril; la nation fut sauvée par l'habileté de Joseph, neveu du grand-prêtre.

Néanmoins, en diverses circonstances, les rois d'Égypte maltraitèrent les

Hébreux dont ils provoquèrent de la sorte la désaffection. Aussi, quand Antiochus le Grand déclara la guerre aux Ptolémées, les Juifs se soumirent volontairement au roi de Syrie, qu'ils aidèrent même à repousser les troupes égyptiennes. Antiochus les récompensa de ce service en confirmant leurs franchises, en délivrant ceux qui étaient esclaves dans ses États et en promettant des sommes d'argent pour l'achèvement du temple (198).

Mais les trésors du sanctuaire de Jérusalem tentèrent les successeurs du monarque séleucide. Le Benjamite Simon, l'administrateur du temple, irrité contre le grand-prêtre Onias II, informa Séleucus Philopator des richesses considérables que renfermait le sanctuaire. Le roi syrien envoya aussitôt Héliodore, un de ses officiers, pour les enlever (172) ; mais au moment où le sacrilège voulut pénétrer dans le parvis sacré, il fut repoussé par un guerrier miraculeux. Néanmoins, Onias fut dépouillé de sa dignité en faveur de son frère Josué, qui prit servilement le nom grec de Jason, et acheta la protection d'Antiochus Epiphane, successeur de Séleucus. Ce prince méditait d'introduire chez les Hébreux les mœurs de la Grèce et de soumettre le pays à sa domination despotique.

Josué ne posséda pas longtemps le pontificat suprême ; il fut chassé par son jeune frère Ménélas, qui abjura la religion de ses pères, ordonna le meurtre d'Onias et ne cessa de faire la guerre à Josué (170).

Enhardi par ces discordes intestines, Antiochus s'empara de Jérusalem, massacra quarante mille citoyens et vendit comme esclaves un pareil nombre d'habitants. Il profana le temple, le dépouilla, brûla la ville, éleva une forteresse sur les ruines de la citadelle de David, consacra un temple à Jupiter, abolit l'ancien culte et lui substitua l'idolâtrie des gentils.

Il y eut de nombreuses défections, surtout parmi les Samaritains ; mais on vit aussi d'héroïques résistances ; beaucoup de familles s'enfuirent au désert ; une mère préféra mourir avec ses sept fils, plutôt que de renier la religion véritable.

Enfin, le prêtre Mathathias, entouré de ses cinq fils ; Jean, Simon, Judas Machabée, Jonathas et Éléazar, appela aux armes tous les Israélites fidèles, abattit les autels païens dans Modim, tua les prévaricateurs et se réfugia dans les montagnes, avec les Assidéens, pour y préparer l'affranchissement de sa patrie (168).

L'auguste vieillard, résolu de revendiquer la liberté de la nation ou de périr, saisit d'une main ferme le pouvoir suprême ; il circoncit les enfants, institua des juges selon les rites mosaïques et commença la terrible lutte. A son lit de mort, il exhorta ses fils à continuer son œuvre, et désigna Judas pour le commandement.

Le nouveau chef déploya une activité et une valeur extraordinaires ; il défit les généraux envoyés contre lui par Antiochus, délivra Jérusalem et purifia le temple des abominations dont l'avait souillé le roi de Syrie (164).

Après la mort d'Antiochus Epiphane, les Hébreux profitèrent de la minorité de son fils Antiochus Eupator pour assurer les succès obtenus ; ils conclurent avec Lysias, général syrien, une paix qui reconnut la liberté de leur culte. Poursuivant les conséquences de cette situation nouvelle, ils firent alliance avec les Romains.

La guerre ne tarda pas à se rallumer, plus violente que jamais, entre les Machabées et Antiochus Eupator auquel s'était associé le grand-prêtre Alcime, investi par l'intrigue de la suprême sacrificature et exerçant comme un vassal de l'étranger cette charge éminente.

Eupator étant mort (161), Démétrius Nicator, son successeur, défit Judas, qui périt généreusement dans la bataille, les armes à la main. L'illustre chef des Hébreux avait fourni une glorieuse carrière : outre ses victoires éclatantes sur les Syriens, il en avait remporté plusieurs sur les Arabes, les Iduméens et autres voisins.

Jonathas, frère de Judas, le remplaça dans le commandement, et à la mort d'Alcime, fut revêtu du souverain pontificat (160). Il devint le chef de la nation tout entière, qui ne releva plus des rois de Syrie que par le paiement d'un tribut annuel. La guerre ayant éclaté entre Démétruis et Alexandre Bala pour la succession au trône de Syrie, les deux compétiteurs recherchèrent l'amitié de Jonathas, qui favorisa Bala. Après la déchéance de ce prince,

Jonathas resta en bons rapports avec Démétrius qu'il secourut même lors de la révolte d'Antioche (146).

Mais Démétrius ayant violé ses promesses, le chef hébreu l'abandonna pour s'unir à Antiochus Théos, fils de Bala ; il vainquit Démétrius, renouvela l'alliance avec les Romains, et s'occupa de fortifier Jérusalem. Tryphon, gouverneur d'Antioche, s'étant emparé traîtreusement de Jonathas, lui donna la mort (143).

Son frère Simon hérita de sa dignité. Reconnu par les Romains et par Démétrius, il affranchit la nation de tout tribut. Il eut à soutenir, comme ses prédécesseurs, plusieurs luttes contre les rois de Syrie, mais il triompha comme eux et affermit l'indépendance de son peuple.

Simon fut assassiné en 136 par son gendre Plotémée, qui espérait s'emparer du pouvoir ; mais le meurtrier ne bénéficia point de son crime, ce fut Jean Hyrcan, fils de Simon, que les Hébreux appelèrent au rang suprême. Hyrcan, d'abord tributaire d'Antiochus Sidétès, secoua le joug quand ce monarque fut tombé aux mains des Parthes. Profitant de la décadence du royaume de Syrie, déchiré par des discordes intestines, et de l'alliance des Romains, il accrut son territoire en triomphant des Iduméens et des Samaritains (129).

Hyrcan vécut respecté au dehors, mais resta aux prises avec de graves difficultés intérieures, causées par les divisions entre les Pharisiens et les Saducéens. Le chef asmonéen mourut en l'année 107, laissant le pontificat à son fils Aristobule.

Le nouveau prince partagea d'abord l'autorité avec son frère Antigone qu'il écarta bientôt violemment. Il retint ses autres frères prisonniers, fit mourir sa mère de faim, et prit le titre et les ornements royaux.

Son frère Antigone, envoyé par lui contre l'Iturée hostile, la subjugua et revint à Jérusalem le jour de la fête des Tabernacles. Empressé de se rendre au temple, il négligea de déposer ses armes et de congédier ses compagnons. Le roi Aristobule, jaloux déjà d'Antigone, feignit de voir dans cette conduite une tentative de rébellion et ordonna sa mort ; mais cet acte cruel fut pour lui une source d'amers regrets qui abrégèrent sa vie (106).

Alexandra, sa veuve, la Salomé des Grecs et l'instigatrice de ses crimes, réussit à faire proclamer un autre de ses frères, Alexandre Jannée. Ce roi, ayant tué l'un de ses frères et réduit l'autre à la vie privée, défendit ses États contre Ptolémée Lathyre et étendit au loin sa domination. Mais il avait provoqué la haine des Pharisiens qui, malgré une terrible répression et de nouvelles victoires de Jannée, engagèrent avec lui une lutte acharnée. Il recoururent enfin à Démétrius Euchère, de Syrie, qui envahit la Judée et vainquit Alexandre. Toutefois, celui-ci, s'étant relevé de cet échec, exerça sur ses ennemis de cruelles vengeances (89).

Jannée, ayant ramené la tranquillité à force de terreur, fit de nouvelles conquêtes, au milieu desquelles il mourut, plongé dans la débauche (79).

D'après ses conseils suprêmes, sa femme Alexandra se réconcilia avec les Pharisiens, qui la soutinrent et lui assurèrent le gouvernement au détriment de ses fils, Hyrcan et Aristobule, l'un d'un esprit faible, l'autre d'un caractère violent.

Cette femme énergique et sans scrupule régna neuf ans de la sorte. A sa mort (69), le trône fut disputé par ses deux fils. Hyrcan II, proclamé par les Pharisiens, dut bientôt céder le pouvoir à son frère Aristobule que le peuple favorisait.

Ce dernier ne jouit que cinq ans de la royauté. Hyrcan II, à l'instigation d'Antipater, gouverneur de l'Idumée, invoqua le secours de Pompée qui venait de réduire la Syrie en province romaine, et l'appela en Judée.

Le général romain chargea de fers Aristobule et installa Hyrcan à Jérusalem comme gouverneur, sous la dépendance de Rome (63).

La Judée relevait des proconsuls romains de la Syrie. Hyrcan II, abandonnant l'exercice d'un pouvoir plutôt nominal que réel à l'Iduméen Antipater, se renferma exclusivement dans ses fonctions de grand-prêtre. Cependant Antipater ne put ni maintenir la tranquillité que troublait sans cesse Alexandre, fils d'Aristobule et neveu d'Hyrcan, ni défendre le temple contre l'avarice de Crassus, qui le dépouilla lors de son expédition contre les Parthes. Mais il fut plus heureux auprès de Jules César, qui l'investit de l'autorité suprême dans la Judée, sous la dépendance immédiate du sénat romain, avec le titre de procurateur. Phasaël, l'aîné de ses deux fils, fut nommé commandant de Jérusalem, et le second, Hérode, gouverneur de la Galilée (47).

Hyrcan II, qui n'avait pas su empêcher l'empoisonnement d'Antipater par un de ses favoris, consentit au mariage de sa petite-fille Marianne avec Hérode, pour échapper à la vengeance de l'ambitieux Iduméen (42).

Antigone, après la mort de son père Aristobule et de son frère Alexandre, avait cherché un asile chez les Parthes, ennemis mortels des Romains. Ce peuple puissant lui promit son appui, moyennant un tribut annuel, et envoya une armée qui prit Jérusalem. Phasaël, tombé entre les mains du vainqueur, se tua en prison.

Les Parthes emmenèrent captif Hyrcan II, pour assurer le pouvoir à Antigone, qui s'attribua le titre de roi.

Mais Hérode, plus heureux que son frère, s'était enfui à Rome. Ayant obtenu la faveur d'Antoine et d'Octave, alors maîtres de la République, il reçut d'eux la couronne de Judée. Avec le secours des légions romaines, il s'empara de Jérusalem et ordonna la mort d'Antigone (37).

Le règne de l'Iduméen parvenu violemment au trône de David fut une série continuelle de forfaits, de cruautés et de bassesses. Il fit égorger d'abord son beau-frère Aristobule, ainsi qu'Hyrcan, vieillard de quatre-vingts ans, qu'il avait lui-même rappelé à Jérusalem ; puis sa fureur se tourna contre sa femme Marianne et sa belle-mère Alexandra, qui périrent également par ses ordres.

La famille des Machabées était complétement éteinte (30), et les Hébreux allaient être effacés de la liste des nations.

HISTOIRE DE TOUS LES PEUPLES

CHAPITRE V.

LES CHINOIS.

Les dynasties chinoises. — Anciens philosophes.

L'immense pays que nous appelons la Chine est presque entièrement isolé par la nature : des chaînes de montagnes inaccessibles et de vastes déserts couvrent ses frontières septentrionales, et une mer orageuse en baigne les côtes au sud et à l'est. Deux grands fleuves, le Kiang et le Hoangho traversent la Chine de l'ouest à l'est, reçoivent dans leur long cours les eaux de nombreuses rivières, et se jettent dans la mer Orientale.

On trouve en Chine toutes les variétés de climat de la zone tempérée, et en partie celles des zones glaciale et torride. Le nord de l'empire possède des rennes; le midi, des éléphants. Le sol, très-propre à l'agriculture, est d'une grande fertilité; il produit surtout le blé, le riz, le coton et le thé.

Des hommes puissants par la science et le génie ont présidé à la formation du peuple chinois, car il s'est distingué dès la plus haute antiquité par sa forte organisation, son respect pour les traditions et ses pures doctrines religieuses. Quelques-uns de ses livres sacrés remontent, paraît-il, à une époque voisine de la dispersion, et renferment dans leur ensemble des enseignements admirables.

Cependant le début de leur histoire est enveloppé de ténèbres difficiles à dissiper. La nation a dégénéré de son antique sagesse, et les lettres modernes ont amassé des fables autour des origines.

Ce qui semble établi, c'est que vers l'an 2200 avant Jésus-Christ, une colonie de cent familles, mélange des trois races chamique, japhétique et sémite, se fixa dans la province du Chen-si, sous la conduite de Fo-hi. Sous ce chef, la colonie se développa rapidement ; le nombre des habitants se multiplia de telle façon, qu'ils commencèrent à peupler les plaines profondes, le long des fleuves.

Dschinnung, successeur de Fo-hi, introduisit l'agriculture qui devint la principale occupation des Chinois. La cérémonie annuelle du labourage, qui est encore en pratique, remonterait jusqu'à lui, selon la croyance générale. Il mourut dans un combat livré à un usurpateur.

Hoang-ti, qui le remplaça, créa une armée et la disciplina lui-même. Ensuite il favorisa l'art d'extraire et de travailler les métaux, ouvrit des mines, frappa en cuivre les premières monnaies, et découvrit l'aiguille aimantée. Il triompha des rebelles qui avaient troublé le règne précédent et mit leur chef à mort. Il s'occupa également de la littérature, réforma l'alphabet et fit écrire les actions les plus remarquables accomplies de son temps.

Après avoir rendu le repos à ses peuples, Hoang-ti divisa l'empire en districts et en provinces, régla les nombres, poids et mesures, et introduisit la manière de compter par périodes de 60 ans, laquelle est encore aujourd'hui en usage. Ce prince perfectionna aussi les instruments de musique et fondit douze cloches. Son épouse, rivalisant avec lui, enseigna la façon de nourrir les vers à soie et de tisser de magnifiques vêtements.

Schao-hao, successeur de Hoang-ti, se livra à la paresse, vécut commodément dans son palais, et permit l'altération de la religion primitive.

Dschaen-hio hérita jeune encore du pouvoir suprême. Il s'efforça de rétablir la pureté du culte religieux, s'occupa beaucoup d'astronomie et maintint la paix dans l'empire.

A sa mort, Tiko le Noir, renommé pour sa vertu, fut élevé au premier rang et prit le nom de Kaosin. Malgré ses luttes continuelles contre les révoltes de ses sujets et les invasions étrangères, ce chef cultivait la musique avec passion et veillait attentivement à l'instruction de la jeunesse. Il laissa plusieurs fils dont le plus jeune, Hien-tsi, fut la tige de la dynastie des Tschen, parvenue au trône l'an 2122 avant Jésus-Christ.

Tischi, fils et successeur de Tiko, gouverna en insensé. Les grands, dont il méprisait les conseils, le déposèrent et lui substituèrent Yao, un de ses frères. Les historiens chinois représentent ce prince comme un modèle de sagesse. Il ordonna de gigantesques travaux, qui furent exécutés avec le concours de deux ministres intelligents, Schun et Yu. Les forêts furent brûlées, les marais desséchés; on creusa des canaux pour le libre écoulement des fleuves et on dégagea les embouchures obstruées des rivières.

Les rôles des impôts établis par Yao existent encore. Ce prince gouverna avec beaucoup de sévérité, protégeant le pauvre contre les exactions et aimant à se rendre compte par lui-même, au moyen de fréquents voyages, de l'état de l'empire.

Sentant approcher la vieillesse, il associa Schun au pouvoir. L'habile ministre, qui était noir de visage et haut de six pieds, régna seul après la mort de Yao. Il diminua les impôts, se montra impitoyable pour les fonctionnaires prévaricateurs, et fit exécuter les lois avec inflexibilité. Outre les tribunaux ordinaires, il institua un tribunal suprême des mœurs et des usages, pour veiller à la décence extérieure et inculquer au peuple les règles de la politesse. Bientôt il appela son ancien collègue Yu à partager le gouvernement.

Schun étant mort quelques années plus tard, Yu resta seul maître de l'empire. Jusque-là, la Chine avait eu une sorte de gouvernement patriarcal, dont le chef était désigné par l'élection ou par le choix du prince régnant. Avec Yu commence la monarchie héréditaire. Il fut la souche de la dynastie des Hia, qui compta dix-sept souverains.

Yu, qui détestait la guerre, donna tous ses soins à l'agriculture. Payant lui-même de sa personne, il avait un corps de fer, insensible aux variations des saisons. Il fouilla les contrées les plus impraticables, et pénétra jusqu'à la crête la plus élevée des montagnes de Kuenlun. Décidé à éviter la guerre, d'où découlent presque tous les maux des peuples, il rasa les forteresses et consacra toute son activité aux améliorations intérieures.

Ki, son fils et son successeur, n'imita pas sa conduite; il rechercha la gloire guerrière, et réprima par la violence diverses tentatives de révolte.

L'hérédité du pouvoir suprême produisit ses conséquences naturelles sous les princes de la dynastie des Hia : l'incapacité de plusieurs souverains, la prodigalité, la corruption des mœurs, les révoltes des gouverneurs, l'oppression du peuple, firent de cette période une ère de calamités pour l'empire. Il faut y joindre les invasions des hordes du Nord et des Touraniens du désert.

Sous Dschung-Kang, second successeur de Ki, deux gouverneurs se révoltèrent, et ne purent être soumis qu'après une guerre civile longue et sanglante.

Li-Kié ou Kié, dernier prince de la maison des Hia, fut un homme perdu de mœurs. Dominé par une femme, l'odieuse Meihi, qui joignait à une éclatante beauté les vices les plus abjects, il fit de son palais un lieu de débauches. Kié faisait emplir un étang d'eau-de-vie, et quand ses invités avaient perdu la raison à boire, il les y faisait précipiter et noyer pour amuser Meihi. Parfois, il ordonnait d'entasser une immense quantité de vivres aux bords d'un lac, et ses convives devaient manger jusqu'à ne pouvoir plus marcher.

Des joyaux innombrables ornaient les appartements de l'impératrice, qui jugeait les étoffes les plus magnifiques à peine dignes de toucher ses pieds.

Pour suffire à ces folles dépenses, Kié dut accabler ses sujets d'impôts et ruiner le pays. Aussi, bientôt, l'opinion publique se souleva et porta au trône Chang, un gouverneur de province renommé pour son habileté administrative. Kié, vaincu par le chef rebelle, s'embarqua avec ses concubines et se réfugia dans une retraite éloignée, où il ne tarda pas à mourir misérablement (1765 avant Jésus-Christ).

Chang fonda la dynastie des Chang, qui devait régner environ six cents ans, et prit le nom de Ching-Tang. Ce prince ne négligea rien pour raffermir le principe d'autorité ébranlé par sa révolte. Les annales chinoises rapportent qu'il fut le plus pieux des monarques chinois qui occupèrent le trône. Au début de son règne, il survint une famine qui dura sept ans. Ching-Tang s'accusa devant le peuple d'être cause de cette calamité, parce qu'il avait commis six péchés : s'étant retiré dans un bosquet de mûriers, il confessa ses fautes et demanda pardon au Très-Haut. Aussitôt, une forte pluie tomba, rafraîchit la terre altérée et lui rendit la fécondité.

Le ministre Yin qui, sous Kié, avait été investi d'une charge importante et avait contribué à l'élévation de Ching-Tang, conserva une grande influence sous le nouvel empereur et ses premiers successeurs, Taï-Kia et Wu-Ting ; il en usa pour la prospérité du pays. Mais, après sa mort, l'empire souffrit les mêmes maux que du temps de la dynastie précédente.

Wu-yi un des derniers princes de la dynastie des Chang, se signala par son impiété ; il adora des idoles, brava le ciel en lançant des flèches en l'air, et fut écrasé par la foudre, un jour qu'il était à la chasse.

Mais le plus méchant des souverains de cette maison fut sans contredit Cheou-Sin, le dernier empereur de cette race. Railleusement atroce, d'une taille gigantesque et d'une force prodigieuse, il avait les passions du tigre et vivait sous la domination d'une femme perverse. Dans un parc magnifique où il nourrissait quantité de bêtes féroces, il se livrait aux plus infâmes excès, sous les yeux de l'impératrice. Celle-ci, se voyant l'objet de l'exécration universelle, pria son mari d'aggraver la rigueur des châtiments ordinaires, et le tyran inventa de nouveaux instruments de supplice. Il fit construire une colonne d'airain creuse, qu'on recouvrait de graisse au dehors et qu'on chauffait à l'intérieur ; puis, les malheureux accusés étaient contraint de l'embrasser et périssaient ainsi d'une mort affreuse.

La cruauté du monstre allait toujours croissant. Un jour d'hiver, par un froid extrême, voyant des gens traverser la glace, il ordonna de leur couper les pieds, afin de s'assurer par ses propres yeux de l'action que le froid exerçait sur la moëlle renfermée dans les os. Il faisait massacrer les paysans qui se plaignaient du ravage que ses chasses causaient dans leurs champs.

Le ministre Pi-Kan, ne pouvant supporter ces horreurs, adressa des reproches au despote. Cheou-Sin répondit :

— Tu as vraiment parlé en homme sage ; on dit que les sages ont sept ouvertures au cœur, voyons si cela est vrai.

Et il commanda de l'éventrer.

Une foule d'habitants de la Chine, poussés au désespoir par cette impitoyable tyrannie, émigrèrent dans les îles du Japon.

Pendant que Cheou-Sin s'abandonnait sans frein à ses fureurs, Wen-Wang, prince vassal, gagnait tous les cœurs par l'excellente administration des provinces soumises à son autorité. L'empereur, par crainte sans doute, n'exerça contre lui aucune vexation. Wen-Wang lui demanda de supprimer la colonne brûlante ; mais Cheou-Sin fit jeter le prince en prison. Toutefois, il n'osa pas le livrer à la mort, à cause de sa puissance. Wen-Wang ne tarda pas à recouvrer la liberté, grâce à son fils Wou-Wang, qui le racheta moyennant un présent extraordinaire offert à l'empereur.

Une fois de retour dans son gouvernement, Wen-Wang réunit autour de lui une multitude de mécontents, et une partie se détacha de Cheou-Sin. Néanmoins, Wen-Wang hésitait à porter le dernier coup au monarque détesté. Mais son fils Wou-Wang marcha contre la capitale à la tête d'une armée. Cheou-Sin, abandonné de ses soldats, mit le feu à son palais pour s'y brûler avec ses femmes. L'incendie ayant été éteint par les rebelles, ils saisirent le tyran à demi-mort, et la populace l'acheva sans pitié (1122).

Wou-Wang, appelé au trône, fonda la troisième dynastie. Le nouveau prince fut un grand homme ; il changea le calendrier et les couleurs nationales ; il remit en vigueur les bonnes lois anciennes, abrogea les mauvaises, et attacha sept historiographes à sa cour. Les grands qui l'avaient secondé reçurent de lui un fief, de petites souverainetés, et organisa de la sorte une monarchie féodale.

Wou-Wang mourut en 1515, laissant un fils encore mineur, nommé Ching-Wang. Un oncle de cet enfant, Cheou-Kung, fut chargé de la régence. On le présente comme un des plus grands sages qu'ait possédé l'empire. Le mécontentement continuant à fermenter dans le pays, Cheou-Kung apaisa ces germes de rebellion et consacra toute son activité aux affaires de l'Etat. Sa réputation se répandit au loin, et la Cochinchine lui envoya des ambassadeurs chargés de lui offrir l'hommage de ce peuple. Comme ces députés s'étaient égarés plusieurs fois en route, Cheou-Kung leur donna des boîtes contenant une aiguille constamment dirigée vers le nord, nouvelle preuve que la boussole était connue dans l'histoire ancienne de la Chine.

Le deuxième successeur de Wou-Wang gouverna également le pays avec sagesse. Mais parmi les princes qui vinrent ensuite, plusieurs négligèrent les devoirs de la souveraineté, et la fidélité de la noblesse s'altéra. En vain Y-Wang, jeune prince parvenu au pouvoir en 894, chercha par des prévenances amicales à se concilier les grands. Lors de la cérémonie de l'hommage, dérogeant à la coutume toujours observée, il descendit du trône et vint saluer les vassaux ; cette déférence ne lui servit de rien. Les plus puissants d'entre les princes lui refusèrent l'obéissance, et se rendirent à peu près indépendants.

Li-Wang, successeur d'Y-Wang, tenta de réduire les grands qui le bravaient ; il échoua complètement, et le peuple même s'affranchit du paiement de l'impôt. Le monarque voulut sévir, mais une révolte terrible éclata, e Li-Wang, chassé de son palais, s'enfuit pour ne plus reparaître (827).

Les ministres se chargèrent alors du gouvernement, au nom de Siounen-Wang, le plus jeune fils de Li-Wang. Les Barbares du Nord ayant fait invasion dans l'empire, Siounen-Wang les combattit avec succès et gagna, par là, l'affection du peuple. Mais ce prince, comptant sur les sympathies publiques, et ayant entrepris de rétablir l'autorité royale sur ses vassaux, la fortune l'abandonna. En proie à un sombre chargrin et au dégoût de la vie, il négligea le soin des affaires et omit même la cérémonie annuelle du labourage, que tous ses prédécesseurs avaient observée. Il mourut en 781.

Sous son fils You-Wang, deuxième prince de cette dynastie, les Tatars firent en Chine une invasion plus terrible que toutes les précédentes. You-Wang, captivé par les charmes d'une femme nommée Pao, resta dans une complète inaction. Des divisions dans la maison royale se joignirent aux maux de la guerre. Un parti, qui haïssait la favorite et accordait ses sympathies à un fils né d'un autre mariage, appela de nouveau les Barbares. Les Tatars accoururent, marchèrent sur la capitale, massacrèrent You et Pao, élevèrent sur le trône le prince héréditaire Ping-Wang (770), demandèrent, en récompense de leur intervention, la moitié du royaume. Ping-Wang réussit à éluder cette réclamation exorbitante.

Kien-Wang monta ensuite sur le trône, essaya de mettre de l'ordre dans ses Etats et n'obtint que peu de succès.

Après lui régna Ling-Wang (571). Ce fut sous ce prince que naquit Koung-fou-tseu (Confucius) le *prince de la science*, comme l'appellent les Chinois (551).

Ce grand homme était un petit fonctionnaire de la pricipauté de Lou. Il perdit son père de bonne heure et dut alors pourvoir à ses besoins. A l'âge de dix-sept ans, il fut nommé commis à l'intendance des grains. Un peu plus tard, il obtint un emploi dans l'administration des forêts. Assuré d'un revenu suffisant, il contracta mariage, et sa femme lui donna un fils; alors, s'étant séparé de sa jeune compagne, pour vaquer à des études utiles à ses semblables, il étudia les traditions de son pays, réunit des disciples, et enseigna une doctrine si pure qu'elle appelle encore aujourd'hui notre admiration. Sur Dieu et sur les destinées de l'homme, il émit des idées si remarquables qu'on serait tenté de croire à l'initiation du philosophe chinois aux livres sacrés des Hébreux. Cette conjecture acquiert d'autant plus de probabilité que, de son temps, des colonies israélites étaient certainement établies dans l'empire.

Il rendit visite au célèbre penseur Lao-tseu, mais ces deux sages ne purent s'accorder.

Quoique la doctrine de Koung-fou-tseu n'ait point reçu, du vivant de son auteur, un accueil empressé, elle a cependant triomphé ; et, depuis vingt-deux siècles, elle est associée à la législation du peuple chinois.

Lorsqu'il sentit approcher sa fin, Koung-fou-tseu assembla ses plus chers disciples, les conduisit sur la cime d'un mont révéré, et leur commanda d'y dresser un autel, sur lequel il déposa les cinq *King*, ou livres canoniques qu'il avait rédigés.

Ensuite, s'étant mis à genoux, le visage tourné vers le nord, il adora la Divinité, en lui offrant le fruit de ses travaux. Sa mort précéda de neuf ans la naissance de Socrate (479.)

Un des plus célèbres disciples de Koug-fou-tseu, Meng-tseu (Mencius), bien qu'il ne soit venu qu'un siècle après le maître, a pris place immédiatement après lui dans la vénération nationale. Les Chinois admirent la clarté de ses controverses et la vivacité naturelle de son dialogue. Lorsqu'ils veulent recommander un ouvrage d'un bon style, ils disent : *lisez Meng-tseu (1)*.

Nous ne dirons rien de ces derniers princes de la race de Wou-Wang dont les règnes entraînèrent la décadence momentanée de l'empire chinois. A l'époque où cette dynastie disparut de la scène, elle ne possédait plus que son titre.

En 256 avant Jésus-Christ, le dernier prince de cette maison fut chassé du trône par un puissant vassal, Chaou-Siang, qui fonda la quatrième dynas-

---

(1) D'après Gutzlatt, A. Fr. Gfroerer et Cantu.

tie. Celle-ci ne compta que trois monarques qui régnèrent le l'an 255 à l'an 206. L'un d'eux, Chi-hoanh-ti, s'efforça de reconstituer l'unité de l'empire fortement ébranlée et réussit. Sous son administration fut édifiée la fameuse muraille surnommée la huitième merveille du monde et longue de mille lieues. Ce monument construit, il y a 2,000 ans, est encore debout à l'extrémité orientale de la province de Tsin qui, grâce à ce rempart, se trouvait à l'abri des invasions des Barbares connus plus tard sous le nom de Huns.

C'est sous ce souverain, qui avait si bien mérité le nom de Chi-Hoang-ti (premier prince élevé ou empereur) que des émigrants chinois parvinrent, croit-on, à atteindre les rives américaines. Comme le fait observer M. Gützlaff, cette supposition ne paraît pas invraisemblable lorsque l'on en rapproche le fait suivant :

Il y a vingt ans environ, quelques jonques japonaises sans mât ni gouvernail ont été poussées jusque sur les côtes du Nouveau-Monde. Nous sommes de l'avis de M. le docteur Gfrœrer, professeur de l'Université de Fribourg, qui penche pour l'affirmative en posant cette interrogation à la suite du fait que nous venons de rapporter : « Pourquoi la même chose n'aurait-elle pas pu arriver il y a 2,000 ans? »

Chi-hoang-ti avait vaincu tous ses ennemis intérieurs. Il avait établi la sécurité des frontières de son empire, et réduit à néant les prétentions de ses vassaux victimes de la force ou de la ruse. Comme tous les hommes de guerre, le prince de la dynastie des Tsin favorisa la classe des militaires et tint en petite estime les lettrés et les savants. Il fut même jusqu'à ordonner qu'on brûlât les livres où était contenue sur des tablettes de bambou la doctrine Koung-fou-tse. Un édit du premier ministre prononça la peine de mort contre qui refuserait de livrer les ouvrages condamnés ou avouerait sa sympathie pour les idées émises par le philosophe.

Cette persécution coûta la vie à un grand nombre de personnes.

Il n'est donc guère étonnant que les opprimés aient protesté contre les ordres barbares de leur maître en transmettant à la postérité le récit peut-être exagéré des atrocités commises par Chi-hoang-ti, qui mourut en 210 avant Jésus-Christ.

Le plus jeune des deux fils de cet empereur fut élevé au trône, et les ministres gouvernèrent sous son nom. Cette régence fut désastreuse aux intérêts de la Chine ; les généraux, las d'obéir à des intriguants, serviteurs d'un jeune prince incapable, à cause de son âge, de faire prévaloir son autorité, se soulevèrent, et, comme les lieutenants d'Alexandre de Macédoine, ils se disputèrent l'héritage de Chi-hoang-ti. La guerre civile ensanglanta le pays et fut favorable à Lieu-Pang qui fonda, l'an 206 avant l'ère chrétienne, la maison des Han. Sa dynastie conserva le pouvoir jusqu'en 263 après Jésus-Christ, soit quatre cent cinquante ans.

Lieu-Pang, autrefois administrateur d'un petit village, ayant par malheur laissé échapper un prisonnier qu'il devait expédier plus loin, s'était sauvé dans le désert pour échapper à son châtiment. Là, après s'être d'abord associé avec des brigands, il était devenu soldat, et, s'étant élevé de grade en grade dans la rude carrière de la milice, il avait fini par conquérir le titre de général. Elevé à l'école de l'adversité, il ne fut pour cela ni plus humain, ni plus honnête que certains de ses prédécesseurs. Néanmoins, il eut l'habileté de comprendre qu'on ne viole pas impunément les droits de la pensée, et de céder aux avis des disciples de Koung-fou-ste qui se plaignaient de ce que les places de l'Etat étaient envahies par des militaires. Lieu-Pang arrêta les persécutions contre les philosophes, et créa une académie composée des savants les plus instruits des provinces. Revenant aussi aux anciennes traditions, il rétablit les rites de l'ancien cérémonial et ne négligea pas, lui, l'humble parvenu, de donner quelque satisfaction à la noblesse qui revint à la cour. On eût dit qu'on se trouvait encore à l'époque où les Wang régnaient sur la Chine. L'an 195 avant Jésus-Christ, Lieu-Pang mourut, et reçut le nom historique placé au bas du portrait que nous reproduisons. On l'appela Han-Kao-Tsou, c'est-à-dire sublime chef de race.

Nous ne trouvons à relever dans le règne des héritiers de Lieu-Pang que le développement des lettres et des arts qui se manifesta avec une certaine faveur.

C'est à Wou-ti, le troisième prince de la maison des Han, que remonte l'invention de la fabrication du papier et l'usage des pinceaux fins à l'aide desquels on écrivait avec de l'encre de Chine. La découverte de l'imprimerie chinoise avec caractères mobiles n'eut lieu qu'un siècle plus tard.

En 140, Wou-ti prit possession du trône. Il régna cinquante trois ans avec honneur. Ce cinquième descendant de Lieu-Pang donna à la Chine ses limites actuelles, la Cochinchine, la Corée et la région des montagnes qui s'étend jusqu'à l'Himalaya.

Le règne de Wou-ti fut remarquable par la culture des lettres et des arts. Un grand nombre de personnages distingués dans toutes les branches du savoir humain jetèrent sur cette époque un éclat considérable. A peine sur le trône, Wou-ti appela les savants dans sa capitale. Parmi ceux qui se présentèrent on trouve Thoung-fan-tsou, dont l'esprit, les bons mots et les saillies conquirent la faveur du prince qui l'éleva aux plus hautes dignités et le fit son ministre.

Wou-ti eut aussi pour ministre un autre personnage célèbre, Toung-Tchoung-Chou. Ce dernier s'appliqua tellement à l'étude dans sa jeunesse qu'il resta trois années de suite sans sortir de sa chambre, sans même jeter les yeux, dit-on, dans la cour de sa maison. Ayant obtenu par son mérite la première charge de l'Etat, il ne profita de sa haute situation que pour éclairer l'empereur sur les meilleurs moyens de gouverner dans l'intérêt du peuple. Wou-ti, plein de confiance dans ses lumières, l'engagea à écrire sur l'art de gouverner, et le ministre, dit le P. Amiot, s'empressa de répondre au vœu du souverain pour mettre dans tout son jour la doctrine des premiers empereurs et des anciens sages. Il avait à sa disposition la plupart des monuments antiques échappés au vandalisme de Chi-Hoang-ti. Il en avait copié pour son propre usage tout ce qui lui avait paru mériter d'être conservé, il avait fouillé dans toutes les bibliothèques, dans tous les cabinets où l'on déposait les vieux livres, et il en donna des extraits détaillés qui pouvaient remplacer les ouvrages mêmes. Il consigna le résultat de ses études dans trois discours adressés à l'empereur Wou-ti, sur l'art de gouverner.

Mais l'homme qui se distingua le plus sous ce règne, est l'historien Tse-ma-tsian, qu'Abel Rémusat a nommé l'*Hérodote de la Chine*. Né à Lou-men, dans le Chen-si, après de fortes et brillantes études, il voulut visiter les contrées et les peuples dont il se proposait d'écrire les annales. Désirant connaître par lui-même ce qui subsistait encore de son temps, des travaux d'Yu, il parcourut les neuf principales montagnes sur lesquelles les anciens empereurs offraient des sacrifices. Il vit les provinces du sud et du nord de la Chine, recueillant avec soin les traditions, examinant le cours des fleuves et des principales rivières.

Vers l'an 104 avant Jésus-Christ, il rédigea ses *Mémoires historiques*, au milieu de ses fonctions de grand historiographe de l'empire, auxquelles il avait été appelé après la mort de son père, qui les remplissait lui-même. Nous possédons en Europe l'ouvrage de Tse-ma-tsian, qui est pour la Chine le premier traité historique complet.

L'empereur Wou-ti institua un tribunal académique pour recueillir les livres et les conserver à la postérité dans des salles construites à cet effet.

Le successeur de Wou-ti fut un prince animé de bonnes intentions pour le bien public. Il ordonna de prélever sur les riches un emprunt forcé en grains pour soulager les classes pauvres ; il conclut une paix avec les Tatars. Il mourut à la fleur de son âge, laissant le trône à un oncle indigne du pouvoir, qui fut bientôt dépossédé par les grands (73).

Siouen-ti le remplaça. Elevé dans une prison où sa mère avait été enfermée par ordre de Wou-ti, il profita des leçons du malheur. Doux et compatissant, il se consacra tout entier au bien public et se montra sévère pour les fonctionnaires.

Sa renommée s'étendit jusqu'aux frontières les plus éloignées de la Chine. Des tribus tatares lui envoyèrent des ambassadeurs pour lui offrir des présents et reconnaître sa souveraineté (48).

Mais sous Youan-ti, son successeur, les prodigalités de la cour et l'insolence des grands soulevèrent de graves mécontentements. Les remontrances des sages furent méprisées. Deux eunuques de la cour s'emparèrent tellement de l'esprit du prince qu'ils firent périr son précepteur, un homme vertueux et plein de talent. L'un de ces misérables, devenu le favori du maître, exerça sous son nom la plus cruelle tyrannie.

Tching-ti, qui succéda à Youan-ti (32), régna vingt-six-ans, complétement adonné au vin et à la débauche. Il mourut subitement, huit ans avant notre ère. Sous ses successeurs, la dynastie des Han continua à dégénérer.

CHAPITRE VI

LES HINDOUS.

Antiquité des peuples de la presqu'île hindoustanique. — Incertitude de leur histoire. — État du pays au temps d'Alexandre-le-Grand.

Environ un demi-siècle après la dispersion du genre humain dans les plaines de Sennaar, quelques tribus, mélange des trois races issues des fils de Noé, mais parmi lesquelles dominait l'élément japhétique, pénétrèrent d'abord dans les contrées montagneuses du nord de l'Hindoustan, et descendirent de là dans les plaines, en suivant le cours de l'Indus et du Gange.

Le midi de la péninsule hindoustanique paraît avoir été peuplé par des Kushites ou Éthiopiens. Les tribus septentrionales se distinguaient des autres par le nom d'Aryas ou *honorables*.

D'épaisses ténèbres enveloppent l'histoire des Hindous, et la science ne parviendra probablement jamais à les percer, car ce peuple s'est appliqué, on le dirait, à effacer les traces du passé dans son histoire. Un seul point reste acquis, c'est que, dans l'origine, les tribus établies dans ces vastes contrées obéissaient à des chefs héréditaires et vivaient indépendantes les unes des autres. D'après certaines données, on peut conjecturer qu'il suffisait de la réunion de quelques familles pour former un tout politique. Le chef d'un groupe s'appelait *Vic pati*. Dans de telles conditions, il était impossible de fonder un royaume régulier.

Cette situation se modifia plus tard quand la population eut augmenté et se fut répandue dans les plaines immenses arrosées par le Gange. Là, les Aryas rencontrèrent les tribus chamites, et une lutte terrible s'engagea entre les deux races.

Il semble que la guerre se prolongea plusieurs siècles. A la fin, les Aryas triomphèrent et étendirent leur domination vers le Dekan ou la partie méridionale de la péninsule.

Alors seulement commença vraisemblablement la culture intellectuelle dans l'Hindoustan septentrional. Aucun fait historique bien établi ne remonte au-delà du xive siècle avant Jésus-Christ.

Vers l'an 1000 avant notre ère, un commerce actif s'établit entre les Hindous et les peuples asiatiques du littoral méditerranéen. Les Phéniciens et les Israélites recherchèrent les riches produits de ces lointaines régions. Ni les grands conquérants d'Assyrie et de Babylone, ni Cyrus, le fondateur de la monarchie persane, ne pénétrèrent dans la presqu'île. Darius, fils de Gustasp, entreprit, il est vrai, une expédition contre l'Hindoustan, vers l'an 50 avant Jésus-Christ, mais il s'arrêta sur la rive droite de l'Indus, et ce fleuve forma dès lors la frontière orientale de la monarchie des Perses.

Alexandre de Macédoine, ayant renversé l'empire des Achéménides (327), poussa jusqu'aux bords de l'Indus, et fit alliance avec Taxile, roi de Caboul. Il combattit ensuite Abisarès, roi de Kachmyr, Porus, qui régnait de l'Hydaspe au Gange, et les Prasiens, qui occupaient les deux rives du fleuve.

Cependant la domination grecque sur l'Hindoustan ne fut que passagère.

A' la mort du conquérant, les Hindous reprirent leur indépendance. Sandracottus fonda un puissant royaume dans les contrées situées entre l'Indus et le Gange. Sous Azoca, petit-fils de ce prince, le boudhisme envahit presque toute la péninsule.

Cet État disparut un siècle plus tard, sous les coups des tribus scythiques. De là des guerres intestines et la décadence du pays.

Pour retrouver une date certaine, il faut aller jusqu'à l'invasion musulmane. Nous nous arrêtons ici, jugeant inutile de rapporter toutes les fables consignées dans les annales plus que suspectes des Hindous.

CHAPITRE VII

LES GRECS.

§ I.

Origine des Grecs. — Colonies égypto-phéniciennes. — Affranchissement des Hellènes. — La guerre de Troie.

La Grèce, une des trois presqu'îles européennes baignées par la Méditerranée, s'avance jusqu'au centre de cette mer. Située à une distance à peu près égale de l'Asie-Mineure à l'est, et de l'Italie à l'ouest, elle relie l'Orient et l'Occident, participant du climat et des productions de ces deux parties du monde. Ce pays jouit d'un climat sain et tempéré ; il ne souffre ni du froid rigoureux des contrées septentrionales, ni de la chaleur excessive des tropiques. Son sol montueux, le voisinage de la mer qui l'entoure de trois côtés, lui assurent de grands avantages. Couverte au nord par de hautes montagnes, abritée contre les vents froids et humides de la Thrace, la Grèce possède une variété de vallées fertiles, de champs labourables, de prairies et de monts boisés. A l'exception de deux ou trois larges fleuves, les rivières qui l'arrosent se distinguent plutôt par leurs méandres gracieux et la beauté des sites qui décorent leurs bords, que par la largeur ou la profondeur de leurs lits ou par l'abondance de leurs eaux.

Ce fut dans ces contrées privilégiées que s'établirent, après la dispersion, les enfants de Javan, fils de Japhet. Le nom de Javan ou Jovan, qu'on peut prononcer également en hébreu Ion, indique par lui-même le pays qu'occupa sa postérité désignée primitivement par l'appellation d'Ioniens.

Javan eut quatre fils : É'isa, Tharsis, Cethim et Dodanim.

Élisa donna som à l'Élide, qui resta à la presqu'île de Morée jusqu'aux temps héroïques. Tharsis peupla d'abord vraisemblablement la Cilicie, où l'on trouve la ville de Tarse, et une partie de l'Italie. Cethim occupa la Macédoine. Dodanim eut en partage le pays de Dodone.

Les Grecs ou Ioniens, partis de l'Asie-Mineure, s'étendirent peu à peu sur le rivage de la mer Égée, se répandirent dans les îles voisines, dans la Grèce, et poussèrent leurs colonies jusqu'en Syrie, s'il est vrai, comme l'affirme plusieurs historiens, que la ville de Gaza portait autrefois le nom de Ion.

La race de Javan ne conserva pas de longs siècles la paisible possession de son héritage. L'Égypte, devenue puissante, envahit le territoire de la Grèce. Les conquérants se fixèrent d'abord dans l'île de Crète, appelée Caphtor par les Sémites; ensuite les pharaons s'emparèrent du nord-est du Péloponèse. Les constructions cyclopéennes de Tyrinthe, dont une ruine est encore debout, attestent le passage des Égyptiens.

Ramessès, le frère de Sethi Ier, chassé de la terre de Misraïm, se réfugia dans la région où s'élevaient jadis Mycènes et Sparte. Les restes des monuments antiques encore existants portent l'empreinte de l'Égypte. Des tours, des portes, des murailles d'une structure puissante, remontent à ces âges reculés. Le canal souterrain, qui, sur un espace de trente stades, conduisait à la mer d'Eubée, à travers les rochers des montagnes, les eaux surabondantes du lac Copaïs et assainissait la Béotie, avait changé cette contrée en un jardin fertile. Ce dernier ouvrage, dont la hardiesse étonne ne peut être comparé qu'aux travaux hydrauliques des pharaons.

La liaison des pierres et le style architectural des murs cyclopéens révèlen évidemment l'art égyptien. Ils ont été exécutés, on n'en saurait douter sous la direction des lieutenants des pharaons, par les Hellènes réduits en servitude.

Dépossédés de leurs biens et de leur liberté, les Grecs, misérables et opprimés, reçurent le nom de Pélasges, de *peleg* (errants ou dispersés).

Plus tard, les Égyptiens ayant conquis la Phénicie, on voit apparaître Kadmus *(Kedem* ou l'*oriental)* en Béotie. Pendant plusieurs siècles, l'élément égypto-phénicien domina en Grèce, et la Crète devint la métropole religieuse et politique des maîtres étrangers.

De là le culte d'*Athéné*, la déesse *Neith* de Memphis, substitué dans l'Attique à celui de Zeus, le Dieu **unique**; de là encore le Minautaure de Crète, qui dévorait les enfants, et qui n'était autre que le Melkart, Moloch ou Arcol des Chananéens.

D'Archol, dieu du soleil, les Grecs ont fait probablement Héraclès ou Hercule, et les dominateurs égypto-phéniciens du Péloponèse ont fait remonter leur origine jusqu'à cette divinité nationale : d'où la famille célèbre des Héraclides qui s'empara du pouvoir dans le Péloponèse.

Avec la sortie des Israélites d'Égypte, sous Nephta, fils de Ramessès-Méïamoun, semble coïncider l'affaiblissement de la puissance des conquérants dans la Grèce ; du moins le lien qui rattachait les colons à la mère-patrie se relâcha continuellement.

Ce fut en Crète que le premier coup fut porté à la domination égyptienne; les étrangers furent chassés, et un chef d'origine grecque commanda dans l'île. Le libérateur, connu sous le nom de Minos, créa une marine indigène et assura l'indépendance du pays. Ces événements durent s'accomplir vers le quatorzième siècle avant Jésus-Christ.

Dans le même temps, l'Attique fut affranchie et expulsa ses maîtres venus d'Égypte avec Cécrops. Thésée, un chef ionien, abolit la division des castes et la remplaça par une autre organisation.

Les deux autres colonies étrangères du continent hellénique, celle de Mycènes et celle de Thèbes, subirent également des révolutions fécondes en résultats. La discorde éclata d'une manière épouvantable dans la famille de Ramessès ou Danaüs, et dans celle de Cadmus. Des frères se révoltèrent contre leurs frères, des oncles contre leurs neveux qui avaient droit au trône. Les horreurs de la maison des Danaïdes, à Mycènes, et de la maison cadméenne d'Œdipe, à Thèbes, devinrent, sous la plume des poètes, une suite de drames admirables.

Pélops, un prince ionien de Lydie, selon toute apparence, ayant été chassé de son pays par Ilus, roi des Troyens, pénétra en Grèce avec d'immenses trésors. Il prit des guerriers à sa solde dans l'Æmonie, passa dans la presqu'île des Danaïdes, qui devait recevoir de lui le nom de Péloponèse, et fonda un petit royaume sur le territoire d'Olympie. Ses descendants se fortifièrent rapidement, chassèrent les Danaïdes affaiblis par leurs divisions, conquirent le Péloponèse et obtinrent la prépondérance sur la Grèce entière sous Agamemnon, fils d'Atrée et petit-fils de Pélops.

Outre les quatre grandes colonies que les pharaons avaient fondées sur le sol grec, ils en avaient établi une autre dans la Colchide. Or, les relations que les Égyptiens continuaient d'avoir par mer, avec ce pays, constituaient une menace perpétuelle pour l'indépendance hellénique ; pour écarter le danger, une flotte, connue sous le nom d'*Argos*, fut équipée et cingla vers la Colchide. Guidés par Jason, les navires grecs s'emparèrent de Colchos et pillèrent les richesses des vaincus. La Fable nous a transmis le souvenir de cette expédition dans le récit de la conquête de la Toison d'or par les Argonautes.

En 1292, la puissance de la famille des Pélopides parvint à son comble sous les deux fils d'Atrée, Agamemnon, roi de Mycènes, et Ménélas, devenu roi de Sparte après la mort de son beau-père Tyndare. Les Pélopides songèrent alors à se venger des Troyens qui avaient jadis expulsé leur aïeul de ses possessions asiatiques. Ils réussirent à s'associer la plupart des autres princes grecs pour cette entreprise, connue sous le nom de *guerre de Troie*.

Agamemnon et Ménélas réunirent cinquante-sept chefs et rassemblèrent ainsi une armée de cent mille hommes. Les princes les plus distingués étaient : Achille, roi des Pthiotes ; Ajax, le vieux roi des Locriens ; Ajax, fils de Télamon, roi de Salamine ; Ulysse, roi d'Ithaque ; Nestor, roi de Pylos ; Diomède, roi d'Argos ; Idoménée, roi de Crète, et le célèbre archer Philoctète.

Les Grecs s'embarquèrent dans le port d'Aulis, en Béotie. Une flotte de douze cents vaisseaux les transporta sur les rives de la Troade. Mais Priam, roi des Troyens, ayant appelé à son secours la plupart des princes de l'Asie-Mineure et même le monarque d'Assyrie, confia le commandement de l'armée à son fils Hector et opposa une vive résistance aux Grecs. Au bout de dix ans de guerre, Hector fut tué par Achille ; les Troyens, privés de leur chef, succombèrent et leur ville fut détruite de fond en comble.

§ 11.

Puissance et déclin des Pélopides. — Retour des Héraclides. — État de l'Attique. — Colonies grecques. — Lycurgue. — Guerres de Messénie. — Ligue du Péloponèse.

Pendant le siècle qui suivit la guerre de Troie, des discordes civiles éclatèrent dans plusieurs États de la Grèce. Les anciennes dynasties furent renversées et remplacées par de nouvelles.

Agamemnon, tué, à son retour de Troie, par sa femme Clytemnestre, eut pour successeur au trône son fils Oreste. Ce prince régna également sur Argos dont le roi Diomède, expulsé s'était enfui en Italie. Plus tard, il ajouta encore à ses États le royaume de Sparte, après la mort de son oncle Ménélas qui lui avait donné en mariage sa fille Hermione. Il étendit en outre sa domination sur Corinthe, Sicyone, l'Arcadie, et transmit son pouvoir à son fils Tisamène.

Mais bientôt la prépondérance des Pélopides provoqua des mécontentements. Les Héraclides, ces descendants des conquérants égypto-phéniciens, avaient réussi à se concilier les tribus doriennes au milieu desquelles ils s'étaient réfugiés, lors de leur bannissement. Une peuplade d'origine grecque, les Béotiens, s'étant établie à Thèbes, les Doriens, qui habitaient ces contrées et formaient une autre branche de la race de Javan, traversèrent la Grèce centrale, sous la conduite des Héraclides, s'embarquèrent à Naupacte et abordèrent dans le nord du Péloponèse (1180). Trois frères, Aristodème, Témène et Cresphonte, issus des colons égypto-phéniciens, marchaient à leur tête. Oxylos, chef d'une tribu étolienne, rameau de la famille grecque, se joignit à eux. Tisamène, le fils d'Oreste, se porta à leur rencontre pour les combattre ; mais il fut vaincu et périt dans la lutte.

Les envahisseurs, devenus maîtres de Sicyone, d'Argos et de plusieurs autres villes, continuèrent la guerre contre l'ancienne population du pays qui leur opposa une résistance énergique. Néanmoins les nouveaux venus gagnèrent du terrain et fondèrent cinq États, savoir : le royaume d'Argos sous Témène, ceux de Sicyone et de Corinthe sous les deux fils de ce prince, celui de Messénie sous Cresphonte, et celui de Lacédémone sous Eurysthène et Proclès, fils d'Aristodème. Les Etoliens se fixèrent dans l'Élide sous l'autorité d'Oxylos.

Cette révolution amena de grands changements dans la Grèce. Les anciens habitants durent se soumettre aux vainqueurs ou s'expatrier. Un certain nombre furent réduits en esclavage en punition de leur résistance prolongée. Une tribu grecque, établie depuis longtemps dans l'Argolide et connue sous le nom d'Achéens, s'exila plutôt que de subir le joug, et s'empara de l'Egialée, pays qui s'appela dès lors Achaïe.

La Mégaride, incapable de repousser les Doriens de Corinthe, fut forcée de recevoir un chef choisi parmi les conquérants. L'Attique, gouvernée par son roi Codrus, accueillit les exilés Messéniens et les Ioniens de l'Egialée, et arrêta les Doriens dans un combat où périt héroïquement le prince Athénien (1132).

Les Doriens, sous la conduite d'Aristodème, s'étaient établis dans la vallée de l'Eurotas. S'étant emparés de la ville de Sparte, ils en firent la capitale de leur royaume, qui fut désigné sous le nom de Lacédémone. Élos, cité riche et florissante, ayant osé revendiquer son indépendance, fut détruite de fond en comble, et ses habitants, condamnés à la plus dure servitude, partagèrent avec les autres esclaves de Sparte le nom d'*Ilotes*.

Toutefois, il fallut trois siècles aux conquérants pour achever de réduire la Laconie. Leur État ne fut définitivement constitué que par Lycurgue.

Dans l'Argolide, les villes de Mycènes, Tyrinthe, Épidaure, Trézène, restèrent debout et jouirent d'une certaine liberté sous le gouvernement de la dynastie de Témène, qui résidait à Argos. Ce royaume ne se maintint pas longtemps : il fut renversé de fond en comble vers l'an 988 avant Jésus-Christ. Les grandes cités formèrent autant d'États indépendants, sous la direction de l'aristocratie.

A Corinthe, les descendants d'Alétès, fils de Témène, conservèrent le trône jusqu'au huitième siècle, époque où ils furent expulsés par la noblesse qui agissait sous l'influence de la puissante famille des Bacchiades.

En Messénie, sous le sceptre de Cresphonte et de ses successeurs, une rapide fusion s'accomplit entre les envahisseurs et les anciens habitants.

Les Étoliens, en possession de l'Élide, surent se faire accepter par la population du pays. Iphitus, un des successeurs d'Oxylos, se rendit célèbre par l'organisation des jeux olympiques, au temps de Lycurgue (878). Un siècle plus tard, la victoire d'un certain Cobète ouvrit l'ère fameuse des *Olympiades*.

Les Athéniens et les habitants de l'Attique, guidés par leur roi Codrus, avaient repoussé victorieusement l'invasion dorienne et maintenu l'indépendance de la race ionienne. Après la mort de Codrus, qui s'était sacrifié pour le salut de sa patrie, les nobles ou *Eupatrides* profitèrent des contestations survenues entre les fils du prince défunt pour abolir la royauté. Médon, le second des enfants de Codrus, fut élu chef responsable de l'État sous le titre d'archonte. Nélée, son frère aîné, abandonna l'Attique et fonda de nouvelles colonies sur les côtes de la Lydie. Pendant près de quatre siècles, des archontes à vie, appartenant tous à la famille de Codrus, gouvernèrent Athènes. Leur administration n'a laissé aucune trace remarquable dans l'histoire.

Au commencement de la période qui comprend les trois siècles écoulés depuis l'invasion des Héraclides jusqu'à Lycurgue, les divers peuples, ainsi que les différents États de la Grèce centrale et de la Thessalie, étaient unis par une grande fédération, appelée l'*Amphyctionie de Delphes*. Mais le lien fédéral se relâcha graduellement, et cette institution perdit toute son importance. La Mégaride, soumise d'abord à Corinthe, finit par tomber sous la dépendance de Sparte. La Phocide conserva une certaine influence, à cause de l'oracle de Delphes, devenu le centre religieux de la Grèce. Le royaume fondé à Thèbes par les Béotiens ne se soutint pas longtemps : l'abolition de la royauté rendit leur indépendance aux principales villes.

Durant l'époque dont nous traçons l'histoire à grands traits, le génie grec manifesta une force d'expansion prodigieuse, préludant ainsi à l'empire du monde qu'il devait obtenir plus tard. De nombreuses colonies allèrent porter la première civilisation hellénique dans l'Asie-Mineure et les îles de la mer Égée. Elles donnèrent son nom à l'Éolide, sur les côtes de la Mysie, au nord; à l'Ionie, sur les côtes de la Lydie, au centre ; à la Doride, sur les côtes de la Carie, au sud.

Les Éoliens fondèrent un grand nombre de villes, les unes sur le continent, les autres dans les îles de Lesbos et de Ténédos : Mytilène, Métymne, Cumes, Temnos, Egé et Smyrne leur doivent leur origine.

Les Ioniens, établis dans l'Asie-Mineure, élevèrent douze grandes villes dont les principales étaient Samos, Chios, Milet, Nyus, Éphèse, Colophon, Clazomène, Phocée et Priène. Ces cités formèrent entre elles l'Union *ionienne*.

Quelque temps après la conquête du Péloponèse par les Doriens, des colonies, parties de l'Argolide, se fixèrent dans les îles de Crète, de Cos, de Rhodes et sur les côtes de la Carie.

Tel était à peu près l'état de la race grecque, lorsque Lycurgue entreprit de réformer la législation de Sparte, vers l'an 880 avant Jésus-Christ. Issu de la famille royale des Proclides, il gouverna d'abord au nom de son neveu Charilaüs, fils posthume de son frère Polydecte. Invité par le peuple à donner des lois nouvelles, il se fit confirmer dans cette mission par l'oracle de Delphes et s'inspira des traditions de la tribu dorienne. Il maintint trois classes de personnes en Laconie : les Spartiates ou conquérants, constituant une aristocratie maîtresse du pouvoir; les Lacédémoniens ou anciens habitants; les Ilotes ou esclaves.

La législation de Lycurgue concerne presque uniquement les Spartiates, sauf quelques dispositions en faveur des Lacédémoniens; elle laissait les esclaves sans protection. Les jeunes citoyens étaient autorisés à donner la chasse à ces malheureux, quand leur nombre devenait menaçant pour leurs maîtres.

Lycurgue sacrifia la famille à l'Etat, condamna à périr les enfants frêles ou contrefaits, établit la communauté des biens, érigea le vol en institution, il se joua de la morale en favorisant la plus infâme corruption, et décréta que la chasse et la guerre seraient la seule occupation des Spartiates.

Une nation établie sur de pareilles bases ressemble fort à une société de bandits. La culture des lettres et des beaux arts était proscrite à Sparte.

La royauté resta héréditaire dans les deux familles royales des Proclides et des Agides. Les rois, grands-prêtres de Zeus, veillaient à l'exécution des lois et commandaient les armées en temps de guerre. Ils présidaient le conseil des anciens composé de vingt-huit vieillards âgés de soixante au moins et élus à vie par le peuple. Ce sénat formait la haute cour de justice criminelle, et élaborait les projets de lois à soumettre à l'assemblée du peuple.

Celle-ci comprenait tous les Spartiates ayant atteint trente ans. Elle choisissait les anciens, prononçait sur leurs propositions et décidait de la paix ou de la guerre. Elle nommait également chaque année les éphores, magistrats inspecteurs. Ces fonctionnaires, au nombre de cinq, chargés d'abord de la police de la ville, augmentèrent peu à peu leurs attributions, devinrent les chefs du peuple, et leur autorité s'imposa même aux rois. Tous les Spartiates en état de porter les armes faisaient partie de l'armée. Les Lacédémoniens et les esclaves servaient comme troupes légères. Trois cents jeunes hommes entouraient le roi. Avant la bataille, les guerriers, couronnés de fleurs comme pour une fête, assistaient à un repas et offraient des sacrifices aux dieux. Il était rigoureusement interdit à chacun de quitter son poste, pendant le combat; toutes les manœuvres s'exécutaient en cadence, au son d'une musique militaire.

En 743, une guerre terrible éclata entre les Spartiates et leurs voisins, les Messéniens. Une querelle entre les pâtres des deux nations en fut le prétexte : les Spartiates, qui convoitaient le riche territoire de Messène, trouvèrent chez leurs ennemis une résistance énergique : deux batailles successives laissèrent la victoire incertaine. Euphraès, roi des Messéniens, ayant péri dans un troisième engagement, ses sujets appelèrent au trône, à sa place, Aristodème, qui avait immolé sa propre fille pour obtenir le secours des dieux. Le prince remporta d'abord quelques succès sur les Spartiates. Mais ceux-ci, ayant formé une seconde armée, le forcèrent à se renfermer dans la forteresse d'Ithome, où ils l'assiégèrent. Aristodème, désespérant du succès de la défense, se donna la mort. Les Messéniens, réduits à subir le joug des vainqueurs, durent leur payer le tribut annuel de la moitié de chaque récolte (724).

Il y avait trente-neuf ans que les Messéniens étaient sous la dure domination de Sparte, quand Aristomène, descendant de l'ancienne famille royale réfugiée en Arcadie, rentra dans son pays à la tête des exilés et appela ses compatriotes aux armes. Le peuple entier se leva, chassa les tyrans et proclama son indépendance. Une guerre de dix-sept ans commença. Secouru par ses alliés, Aristomène réussit d'abord à repousser les attaques des Spartiates, qui allaient renoncer à subjuguer les révoltés, lorsque le poète Tyrtée ranima leur courage par ses chants guerriers. Aristomène, trahi par Aristocrate, roi d'Ochomène, qui l'avait soutenu jusque-là, perdit une bataille décisive et se retira avec les restes de son armée dans le château-fort d'Ira. Il se maintint onze ans dans ce dernier asile de l'indépendance messénienne. Enfin les Spartiates triomphèrent, et le prince vaincu passa en Arcadie avec une partie des Messéniens. Les fugitifs s'embarquèrent ensuite vers l'Italie, d'où ils allèrent s'établir en Sicile, dans la ville de Zanclé, qui reçut d'eux le nom de Messine (668). Ceux qui n'avaient pu les suivre furent assimilés aux Ilotes, et les Lacédémoniens se partagèrent le sol fertile de la Messénie.

A cette époque, dans un grand nombre d'Etats grecs, des tyrans exerçaient heureusement le pouvoir suprême. Sous les Cypsélides, Corinthe brillait par ses richesses, son luxe, son commerce et ses colonies. Mais les Spartiates, fortifiés par la conquête de la Messénie, s'occupèrent de ruiner ses influences rivales. Après des luttes prolongées, ils réussirent à imposer leur suprématie à tout le Péloponèse. Ils se placèrent à la tête d'une ligue dans laquelle entrèrent Corinthe, Sicyome, les principales villes de l'Élide et de l'Arcadie, Mégare et l'île d'Egine. Chacun des Etats confédérés devait fournir son contingent de troupes, dont les Spartiates se réservaient le commandement (500).

§ III.

Législateurs d'Athènes. — Tyrannie de Pisistrate. — Régime démocratique. — Premières luttes des Grecs avec les Perses.

Vers l'an 754, après la mort d'Alcméon, les Eupatrides, devenus tout puissants dans Athènes, abolirent l'archontat perpétuel et restreignirent à dix ans la durée de la suprême magistrature. Cependant les quatre premiers archontes décennaux furent encore choisis dans l'ancienne famille royale. Mais, en 714, l'archontat devint accessible à toutes les familles nobles; puis, en 684, on supprima l'archontat unique et décennal, et on mit à la tête du gouvernement neuf archontes annuels, élus par les Eupatrides et pris dans leur sein.

Ce système purement aristocratique déplut aux classes inférieures, deshéritées de toute influence sur les affaires publiques. En outre, Athènes n'ayant pas de lois écrites, le peuple accusa la noblesse de se prévaloir de cette situation pour gouverner arbitrairement. Afin d'apaiser les mécontentements, les Eupatrides chargèrent l'archonte Dracon, renommé pour sa science et sa sagesse, de réunir en un code précis les lois du pays. Mais la constitution donnée par l'illustre Athénien, laissant intacts les privilèges de l'aristocratie et punissant d'une manière terrible jusqu'aux simples délits, n'était pas propre à terminer les discordes intestines.

Cylon, soutenu par son beau-père Théogène, tyran de Mégare, s'empara avec ses partisans de la citadelle d'Athènes (612). Le peuple, qu'il s'était concilié d'abord, se tourna contre lui. Assiégé par l'archonte Mégaclès, chef de la famille des Alcméonides, il réussit à s'enfuir. Mégaclès, ayant abusé de sa victoire en massacrant les fauteurs du soulèvement, provoqua une réaction par suite de laquelle il dut s'exiler avec ses partisans.

La guerre civile allait recommencer plus ardente que jamais, quand Solon, descendant de Codrus, fut nommé premier archonte (594). Le mérite incontesté de ce magistrat lui fit décerner le pouvoir de réformer la législation.

Investi de cette haute et difficile mission, Solon commença par accorder une amnistie générale. Ensuite il allégea notablement la condition des débiteurs insolvables en protégeant leur liberté contre les créanciers impitoyables. Il divisa tous les citoyens d'Athènes en quatre classes, d'après leurs revenus annuels, et décida que les trois premières seules paieraient l'impôt, en retour de quoi ils auraient le droit exclusif de parvenir aux fonctions publiques.

Les archontes et les membres de l'aréopage, le conseil suprême, ne pouvaient être choisis que dans la première classe. D'un autre côté, les citoyens appelés aux dignités publiques, ne jouissaient d'aucun traitement et devaient faire le service militaire à leurs propres frais. Les citoyens de la quatrième classe, exclus des magistratures et affranchis du service militaire, n'avaient accès qu'à l'assemblée du peuple et aux tribunaux.

Le législateur institua trois pouvoirs dans l'Etat : 1° Le sénat ou conseil des quatre-cents, ainsi nommé parce qu'il se composait de quatre-cents membres, élus annuellement parmi les citoyens imposables et âgés au moins de trente ans. Ce corps administrait l'État, réglait le budget et préparait les projets de lois destinés à être présentés à l'assemblée populaire. — 2° L'Assemblée du peuple, renfermant tous les citoyens à partir de vingt ans; elle décidait de la paix et de la guerre, votait les impôts et prononçait sur les propositions du sénat, choisissait les archontes et les autres magistrats qui, plus tard, furent élus par la voie du sort. Les archontes présidaient l'État. — 3° L'Aréopage, comprenant les archontes jugés irréprochables par l'assemblée du peuple ; ils étaient nommés à vie, exerçaient une autorité suprême sur tous les magistrats et veillaient à l'observation des lois et au maintien des mœurs. Ils jugeaient en dernier ressort les causes criminelles

Les esclaves, qui comptaient pour les trois quarts dans la population d'Athènes, furent protégés par les lois nouvelles : il était interdit de mettre à mort un esclave qui n'avait pas été jugé et condamné par un tribunal. Pour échapper à la cruauté de son maître, l'esclave pouvait se réfugier dans le temple de Thésée et même obtenir d'être vendu à un autre maître.

Le peuple accepta cette législation qui marquait un progrès considérable sur les précédentes. Puis, afin d'échapper aux obsessions des partis politiques, Solon s'éloigna d'Athènes et visita l'Egypte, la Crète, l'Asie-Mineure. Bientôt des troubles civils éclatèrent dans la ville. L'ancienne noblesse murmurait contre la récente constitution. Le peuple revendiquait l'égalité des droits et l'admission de tous les citoyens aux charges publiques. Pisistrate, descendant de Codrus ainsi que Solon, et doué d'une grande habileté, soutint les réclamations du parti populaire, tandis que Mégaclès, chef de la puissante famille des Alcméomides, prit fait et cause pour l'aristocratie.

Solon, de retour dans sa patrie, s'efforça de rétablir la paix intérieure ; mais il échoua contre les stratagèmes de Pisistrate qui, prétextant le mauvais vouloir de ses adversaires, obtint une garde pour sa défense personnelle. Alors, levant le masque, il s'empara de l'acropole, la citadelle d'Athènes, se proclama tyran et garda deux ans le souverain pouvoir (561).

A la mort de Solon (559), Mégaclès et Lycurgue, à la tête de la noblesse, renversèrent Pisistrate, qui s'enfuit et demeura exilé jusqu'en 554.

La discorde ne tarda pas à naître entre les vainqueurs du tyran : Mégaclès, pour triompher de Lycurgue, son rival, rappela Pisistrate, lui donna sa fille en mariage, puis se brouilla avec lui et le força de quitter Athènes une seconde fois (552).

Le gouvernement de l'aristocratie ayant encore excité le mécontentement du peuple, Pisistrate qui épiait l'occasion de ressaisir l'autorité, rentra dans sa patrie à la tête de troupes mercenaires, vainquit ses ennemis, expulsa les Alcméonides et un grand nombre de familles nobles, et reconquit une troisième fois la tyrannie qu'il devait conserver quinze ans (541).

Pisistrate réussit, à force de prudence, à se concilier l'affection du peuple. Il maintint la législation de Solon, tout en s'attribuant le souverain pouvoir. Il créa une flotte, établit la domination athénienne sur la mer Égée, soumit les îles de Delos, de Naxos et la ville de Sigée, sur l'Hellespont. En favorisant le commerce et l'agriculture, et en distribuant des terres à une partie de la population pauvre d'Athènes, il augmenta notablement la prospérité de sa patrie. Par ses soins, la ville s'embellit de monuments, les beaux-arts commencèrent à fleurir ; les lettres, encouragées, furent cultivées avec ardeur. Pisistrate fit recueillir les chants d'Homère et fonda une bibliothèque publique.

Il mourut dans un âge avancé (527), laissant le pouvoir affermi à ses fils, dont les deux aînés, Hippias et Hipparque, prirent en main le gouvernement, tandis que leur frère cadet, Thessalus, recevait le commandement d'une garde à cheval composée de mercenaires étrangers.

Sous les nouveaux tyrans, la culture intellectuelle se perfectionna dans Athènes, des pierres ornées de sentences morales, bordaient les chemins; à la cour brillaient des esprits d'élite, parmi lesquels Simonide et Anacréon. La contribution du dixième, payée jusque-la par les cultivateurs, fut réduite au vingtième, et le temple de Jupiter s'achevait.

Néanmoins les vieilles haines n'étaient pas éteintes. Les Alcméonides, réfugiés en Macédoine, groupaient autour d'eux les mécontents. Hippias et Hipparque, livrés à une vie licencieuse, corrompaient la morale publique par leurs exemples. Harmodius, outragé dans la personne d'une sœur, ourdit une conspiration avec Aristogiton et plusieurs autres citoyens. Ayant assailli les deux tyrans, ils tuèrent Hipparque, mais ne purent atteindre Hippias qui survécut à son frère pour le venger. Le peuple en fureur massacra Harmodius. Aristogiton, mis à la torture, dénonça comme ses complices les meilleurs amis d'Hippias, lesquels, sur cette accusation, subirent le dernier supplice. Ensuite, interrogé par le tyran s'il existait encore des traîtres, Aristogiton répondit :

— Maintenant, je ne connais plus que toi qui mérite la mort.

Léæna, maîtresse du meurtrier, se coupa la langue au milieu des tourments de peur de prononcer quelque nom (514).

Cette tentative hardie réveilla dans l'âme des Athéniens l'amour assoupi de la liberté. Ils dressèrent des statues en l'honneur d'Harmodius, d'Aristogiton, de Léæna, et composèrent à leur louange un hymne qui devint le chant national. Hippias, en proie aux soupçons et au désir de la vengeance, aggrava le joug de ses concitoyens. Les Alcméonides, secondés par les Spartiates et les oracles de la Pythie, marchèrent sur Athènes, y entrèrent de vive force, rétablirent le gouvernement républicain et contraignirent le tyran à s'enfuir chez les Perses (510).

Le retour des bannis ranima la lutte entre la noblesse et le parti populaire. Clisthène, chef des Alcméonides, abandonna l'aristocratie pour se mettre à la tête du peuple avec le secours duquel il renversa son rival Isagoras, que les Eu patrides avaient choisi à sa place. Afin de briser la puissance que procuraient aux nobles leurs richesses et s'attacher davantage les classes pauvres, Clisthène modifia notablement la Constitution de Solon.

Isagoras et ses partisans opposèrent une résistance à ses innovations ; ils s'adressèrent à Cléomène, roi de Sparte, qui accourut une seconde fois à Athènes avec un corps de troupes et força Clisthène et les Alcméonides à la fuite. Le peuple, quand il put se reconnaître et remarquer le petit nombre des Spartiates, prit les armes, chassa les étrangers et rappela les exilés.

Cléomène tenta de venger sa défaite, mais l'expédition échoua et Clisthène compléta ses réformes (506).

Ce chef divisa le peuple athénien en dix tribus, et porta le nombre des membres du Sénat à cinq cents; chaque tribu en désignait cinquante au moyen du sort, parmi les citoyens imposables. Ensuite Clisthène enleva aux archontes la présidence, qu'il dévolut à une section du Sénat, et dès-lors, ce fut le sort qui désigna ces magistrats. De plus, il établit l'ostracisme, par lequel on pouvait éloigner de sa patrie tout citoyen réputé dangereux, sans procès ni condamnation. Enfin il augmenta le nombre des citoyens en accordant le droit de cité à beaucoup d'étrangers domiciliés dans l'Attique.

Toutefois, le peuple ne tarda pas à réclamer de nouvelles concessions, qu'il finit par obtenir, et le gouvernement d'Athènes devint purement démocratique ; c'est-à-dire que le quart des habitants du pays furent admis à jouir de toutes les prérogatives de la liberté, tandis que le reste de la population gémissait dans le plus dur esclavage.

Quand on parle des sociétés antiques, il ne faut jamais oublier que les privilèges étaient l'apanage du plus petit nombre. Les hommes libres seuls commandaient, formaient une sorte d'oligarchie impitoyable. Il n'y avait pour l'esclave ni lois, ni famille, ni droit de propriété.

Les institutions nouvelles augmentèrent l'opposition qui régnait entre Athènes et Sparte. Cette dernière ville, placée à la tête de la ligue du Péloponèse, l'emportait en puissance sur les autres Etats de la Grèce

Cependant les Athéniens qui possédaient une flotte, étendaient leur domination sur une partie de l'Eubée et sur quelques îles de la mer Egée. Une alliance étroite les unissait à Platée. La ligne béotienne qui venait de se former sous l'influence de Thèbes, résistait déjà à l'oppression de Sparte. Le lien de l'amphyctionie rattachait à la race ionienne les autres contrées de la Grèce centrale, ainsi que les peuplades thessaliennes.

Ce fut dans ces circonstances qu'éclata l'insurrection des Grecs asiastiques contre les Perses (504). Aristagoras, tyran de Millet, sollicita le secours des Grecs d'Europe et se rendit d'abord à Sparte; mais le roi Cléomène refusa de soutenir les colonnies ioniennes. Les Athéniens accueillirent plus favorablement le tyran de Millet; ils dépêchèrent en Asie une flotte de vingt navires, qui rallia cinq vaisseaux érétiens. Fortifiés par ces auxiliaires, les Ioniens marchèrent sur Sardes et réduisirent en cendres une grande partie de cette ville.

Les Perses et les Lydiens, irrités, s'avancèrent contre les Grecs sous le commandement du satrape Artapherne, les arrêtèrent dans leur retraite et les défirent sous les murs d'Ephèse.

Les Athéniens se rembarquèrent pour l'Attique, et les Grecs d'Asie, abandonnés, retombèrent sous le joug de leurs maîtres. Millet fut prise et détruite, et Darius, le roi des Perses, songea dès-lors à châtier les Athéniens (495).

§ IV.

Première invasion des Perses. — Bataille de Marathon. — Mort de Miltiade. — Aristide et Thémistocle. — Invasion de la Grèce par Xerxès. — Bataille des Thermopyles. — Bataille de Salamine. — Victoire de Platée et de Mycale.

Darius, profondément irrité du désastre de Sardes, avait voué une haine mortelle aux Athéniens; et un courtisan devait, chaque matin, le faire souvenir de détruire leur ville. Hippias, réfugié auprès de lui, prenait soin de ranimer le feu de sa colère ; le tyran, ne connaissant, comme tous ses pareils, que l'amour de la domination, représentait sans cesse au monarque asiatique la conquête de sa patrie comme une entreprise facile et glorieuse, espérant, avec le secours de l'étranger, ressaisir le pouvoir.

En l'année 491, le roi de Perse chargea son gendre Mardonius d'exécuter le projet qui lui tenait tant au cœur. Ce général partit à la tête d'une flotte considérable et d'une armée nombreuse. Mais une tempête détruisit la moitié des navires perses en les jetant contre les rochers du mont Athos, et les peuplades belliqueuses de la Thrace firent subir aux troupes d'invasion des pertes notables. Mardonius, renonçant à l'expédition, ramena les débris de son armée dans l'Asie-Mineure sans avoir touché le sol de la Grèce.

Néanmoins Darius, persistant dans ses desseins, enjoignit aux Grecs, par deux hérauts, de lui donner la terre et l'eau, symbole de soumission absolue. Sparte et Athènes mirent à mort les envoyés persans, et la lutte devint inévitable. Toutefois, les îles et beaucoup de villes de la terre ferme, parmi lesquelles Egine, voisine d'Athènes, se hâtèrent d'accepter le joug étranger.

Sparte et Athènes, dont la résolution grandissait avec le péril, déclarèrent la guerre à Darius et se préparèrent à la formidable lutte dont leur dépendance était l'enjeu.

Alors le roi de Perse lança sur la Grèce une armée de cent vingt mille hommes, sous le commandement de Datis et d'Artapherne. Les envahisseurs, embarqués dans un des ports de la Cilicie, ravagèrent en route l'île de Naxos, alliée des Athéniens, et ruinèrent la ville d'Érétrie, dans l'île d'Eubée : puis, guidés par le traître Hippias, ils abordèrent à la côte orientale de l'Attique et campèrent près du village de Marathon.

Athènes, que le danger menaçait la première, avait envoyé demander du secours à ses alliés ; mais, intimidés la plupart, ils n'osèrent répondre à cet appel. Les Spartiates promirent des troupes à la pleine lune, la superstition ne leur permettant de rien entreprendre auparavant. Seule, Platée arma mille hommes. Malgré ces défections, Athènes n'hésita pas un instant. Encouragée par Miltiade, le plus habile de ses généraux et qui connaissait la tactique des Perses, ils résolurent d'accepter le combat.

Dix mille soldats et quelques esclaves enrolés avec eux, marchèrent héroïquement au-devant de l'armée asiatique au moins dix fois supérieure en nombre.

Miltiade avait pour collègues neuf généraux commandant tour à tour. L'illustre Athénien, fort de sa vieille expérience et de son génie, choisit le jour où la direction lui échut pour engager la bataille. Grâce à leur discipline, à leur bravoure, à leur impétuosité irrésistible, les Grecs remportèrent une brillante victoire, tuèrent une multitude de Perses, s'emparèrent de leur camp et les poursuivirent jusqu'à la mer. Hippias laissa la vie aux champs de Marathon.

Le lendemain arrivèrent deux mille Spartiates à qui la nouvelle lune avait enfin permis de se mettre en route (490).

Les Perses, qui se croyaient sûrs de triompher, avaient apporté des cordes pour enchaîner leurs prisonniers, et un bloc de marbre destiné à l'érection d'un monument. Phidias s'empara du marbre ennemi dont il fit une Némésis ; on éleva des tombeaux aux citoyens tombés pour l'indépendance, et le pinceau d'un artiste représenta la victoire dans l'un des portiques d'Athènes. Pour unique récompense, Miltiade obtint la faveur d'être peint à la tête des autres généraux, exhortant les troupes au combat. Dans l'assemblée du peuple, il avait demandé une couronne de laurier, mais Socharès lui répondit :

— Tu auras seul les honneurs quand tu vaincras seul.

Bientôt Miltiade dirigea une flotte de soixante navires contre les îles de la mer Egée pour les punir d'avoir pactisé avec l'étranger. Mais l'expédition échoua à Paros, et son chef, accusé de trahison, fut condamné à supporter les dépenses de l'armement. Comme il était trop pauvre pour payer, on le jeta en prison où il mourut. Tel fut le sort de l'homme qui, dans la Chersonèse, avait refusé la tyrannie, et qui venait, à Marathon, de sauver la Grèce

Le peuple, jaloux de sa liberté reconquise, prenait facilement ombrage et craignait toujours de nouveaux Pisistrates.

Athènes pouvait remplacer son glorieux capitaine ; elle possédait deux citoyens promis aussi à l'immortalité. Le premier, Aristide, fils de Lysimaque, se distinguait par son patriotisme désintéressé autant que par sa probité. Dénué d'ambition, il voulait sa patrie grande et prospère, mais en n'employant que des moyens justes et honnêtes. Le second, Thémistocle, fils de Néoclès, issu d'une famille obscure, partageait le désintéressement et les vues d'Aristide. Doué d'un vaste génie, il l'emportait sur son rival par la profondeur des conceptions politiques. Poursuivant avec opiniâtreté la grandeur d'Athènes, il ne reculait devant aucune mesure pour atteindre son but. Par ses soins, le Pirée devint le premier port de l'Attique. Il proposa de faire servir toutes les ressources de l'Etat, et notamment les revenus des mines d'argent de Laurium, à la construction d'une flotte. Aristide, qui conseillait d'augmenter le trésor pubic par une sage économie, s'y opposa. Mais Thémistocle, ayant fait condamner son adversaire à l'ostracisme, poursuivit activement ses plans et parvint à créer une forte marine. Les événements ne tardèrent pas à lui donner raison,

Deux cents navires furent construits dans le port d'Athènes. A la tête d'une partie de ces forces redoutables, Thémistocle résolut d'assurer à sa patrie l'empire de la mer. Il attaqua Egine, dont les pirates infestaient le littoral de l'Afrique, et la vainquit ; puis, il se porta contre Corcyre, qu'il soumit également. Alors il parcourut en maître la mer Egée, enrichit le peuple en lui livrant le butin conquis, et invita la Grèce à s'unir pour défendre de nouveau son indépendance.

En effet, Xerxès, qui avait succédé à son père en 485, méditait de laver la honte de Marathon. A la nouvelle que l'Asie s'ébranlait une troisième fois pour écraser la Grèce, un congrès se réunit à Corinthe. Thémistocle, l'âme de l'assemblée, réussit à unir Athènes et Sparte dans une ligue contre l'ennemi commun ; tous les Etats du centre et de la Thessalie furent invités à s'y adjoindre (481).

Cependant les Perses, au nombre de six cent mille hommes, s'avançaient en trois corps ; l'un suivait la côte, tandis que les deux autres pénétraient dans l'intérieur du pays ; leur flotte fournissait abondamment aux besoins de cette immense multitude. Sur leur passage, les Grecs qui n'avaient osé entrer ou rester dans la confédération, accouraient offrir leur soumission. Les Thessaliens, qui avaient d'abord imité ces lâches démarches, se ravisèrent ensuite et résolurent de défendre les défilés de leurs montagnes. Thémistocle et Evénète accoururent pour les soutenir, à la tête de dix mille soldats ; mais, avertis que la Macédoine ouvrait à l'ennemi une route plus facile, et ne pouvant occuper les deux positions en même temps, ils se retirèrent. Les Thessaliens, abandonnés à eux-mêmes, furent contraints de recevoir le joug.

Loin de s'effrayer en présence des flots de l'invasion et des mécomptes qu'il subissait, Thémistocle semblait se multiplier à mesure que le péril devenait plus pressant. Héroïque et habile, il déploya toutes les ressources de son génie. Son âme, exaltée par l'enthousiasme de la liberté, sut trouver des inspirations sublimes : déposant tous ses ressentiments, il demanda le rappel des bannis, et Aristide rentra dans Athènes pour la formidable lutte.

Convaincu que la flotte athénienne serait le plus sûr rempart de la Grèce, Thémistocle fit décider l'abandon d'Athènes. Les femmes, les enfants, les objets précieux, furent transportés en sûreté à Trézènes, à Égine et à Salamine ; le reste du peuple s'embarqua sur trois cents navires fournis par les Athéniens et les alliés.

Alors Thémistocle, fidèle à son plan, dirigea la flotte vers le nord de l'Eubée, et prit position près du cap Artémisium. Là recommencèrent les rivalités au sujet de la dignité de généralissime. Les confédérés, appelés à trancher la question par leur vote, désignèrent Eurybiade de Sparte. Thémistocle, toujours grand, se soumit à cette décision, quoique nul plus que lui ne fût capable de guider les Grecs ; il continua même de suggérer les mesures qu'il croyait les meilleures. Un jour, dans une assemblée de chefs, la discussion s'irrita au point qu'Eurybiade leva son bâton de commandement sur l'illustre Athénien. Mais, lui, sans s'émouvoir :

— Frappe, dit-il, mais écoute.

Le Spartiate, ému d'admiration, céda aux vues de son incomparable rival.

Le passage intercepté par mer, les Grecs songèrent à le fermer par terre. Les Thermopyles, un défilé qui s'allonge entre la Thessalie et la Locride, offrait à l'ennemi la seule porte par où il pût pénétrer dans l'Attique. Bordé, d'un côté, par d'affreux précipices et les rochers du mont Œla, au levant par des marais, il est tellement étroit en certains endroits que deux charriots n'y pourraient marcher de front. Léonidas, roi de Sparte, reçut la mission de défendre ce passage. Il ne voulut emmener avec lui que trois cents soldats qui, avant de quitter la ville, célébrèrent par des jeux solennels leurs propres funérailles. Au moment où Léonidas prenait congé de sa femme, celle-ci lui demanda :

— Quel souvenir me laisses-tu?

— Je te laisse, répondit-il, la recommandation d'épouser un homme digne de moi, qui te rende mère de fils dignes de tous deux.

Sept mille Grecs, environ, se joignirent à cette poignée de braves.

Xerxès, ayant appris que les Spartiates l'attendaient, leur manda de rendre leurs armes.

— Viens les prendre ! répliqua Léonidas.

Le monarque persan, incapable de comprendre l'héroïsme qui animait les Spartiates, leur fixa un délai de quatre jours pour se soumettre. Le cinquième jour, les sentinelles crièrent dans le camp lacédémonien :

— Voici les Perses !

— Eh bien ! marchons sur eux, repartit Léonidas.

— Mais, reprit un émissaire, ils sont si nombreux que leurs flèches obscurcissent le soleil.

— Tant mieux ! fit Dionécès, nous combattrons à l'ombre.

La lutte s'engagea et les Grecs triomphèrent. Mais un traître, Éphialtès, indiqua au roi des Perses un autre passage, par lequel il prit les Spartiates à dos. La loi ordonnait aux troupes lacédémoniennes de mourir plutôt que d'abandonner leur poste, et elles obéirent.

Léonidas, avant de combattre, donna un repas suprême à ses trois cents héros ; et, quand il l'eut terminé, il leur dit :

— Je vous invite ce soir à souper chez Pluton.

La nuit venue, le roi, se mettant à la tête de ses braves, fondit sur le camp des Perses et marcha droit à la tente de Xerxès. Le monarque asiatique faillit périr ; beaucoup de seigneurs de sa cour et une multitude de ses soldats tombèrent sous le fer des Grecs ; mais ceux-ci, trahis par les Thébains et par le lever de l'aurore, succombèrent tous, à l'exception d'un seul.

Plus tard, une inscription marqua la place de leur glorieux trépas, avec ce vers de Simonide :

Passant, va dire à Sparte que nous sommes morts ici pour obéir à ses saintes lois.

L'admirable dévouement de Léonidas et de ses compagnons produisit deux résultats importants : il apprit aux Perses la supériorité des hommes libres sur des troupes d'esclaves, et il révéla plus complétement aux Grecs leur force.

A la nouvelle que l'armée de Xerxès, après avoir franchi les Thermopyles, s'avançait sur l'Attique, les Grecs, craignant que leur flotte ne fût enveloppée par celle des Perses, résolurent de se porter entre Athènes et Salamine. Mais avant de s'éloigner, Thémistocle avait fait graver sur les rochers du rivage, où les alliés des envahisseurs devaient s'approvisionner d'eau, d'immenses inscriptions rappelant aux Ioniens la communauté d'origine, les secours reçus de leurs frères pour recouvrer la liberté, et les exhortant à secouer le joug honteux de l'étranger.

Ces paroles portèrent bientôt leurs fruits. Xerxès, aveuglé par un orgueil sans mesure, poursuivait sa marche, dévastant les temples des dieux. Il pénétra dans Athènes sans coup férir, et la réduisit en cendres.

L'incendie de la première ville de l'Hellade terrifia les Grecs, et leur flotte allait se disperser, sans une ruse de Thémistocle. Afin de retenir de force ses compatriotes dans le détroit de Salamine, l'habile chef avertit le roi de Perse que les Grecs songeaient à se séparer.

« Si vous leur donnez le temps d'exécuter leur dessein, manda-t-il au
» monarque, il vous faudra de longs et pénibles efforts pour détruire tant
» de flottilles, tandis que vous pouvez les anéantir d'un seul coup, mainte-
» nant qu'elles sont réunies. »

Xerxès donna dans le piége. Avec ses douze cents voiles, il vint attaquer, à Salamine, les trois cent vingt navires des Grecs, et fut vaincu. Dès qu'il fut certain de son désastre, il prit la fuite et se hâta de traverser l'Hellespont. Thémistocle, enivré par le succès, voulait couper le pont établi sur le Bosphore, retenir en Europe l'Asie prisonnière, et terminer la terrible lutte par la ruine entière de l'ennemi ; mais l'avis contraire prévalut, et les débris de l'armée perse de Salamine furent sauvés. Les vainqueurs firent un incalculable butin et envoyèrent au temple de Delphes les objets les plus précieux (480).

Quelques mois plus tard, on célébra les jeux solennels d'Olympie. Quand Thémistocle parut au milieu des Grecs assemblés, tous se levèrent avec des transports frénétiques, proclamant que la victoire était due à sa sagesse et à son héroïque résolution (479).

Toutefois, la guerre n'était point achevée. En se retirant, Xerxès avait laissé à Mardonius trois cent mille hommes, l'élite de son armée. Les Grecs, pleins de confiance désormais dans le succès, marchèrent au combat. Commandés par le Spartiate Pausanias et l'Athénien Aristide, ils défirent complétement les Perses, aux portes de Platée, et leur tuèrent quarante mille hommes, parmi lesquels Mardonius (22 septembre 479).

Avant la bataille, tous les guerriers avaient juré de mourir plutôt que de subir le joug, et de donner la sépulture aux soldats morts les armes à la main. Le premier serment, celui des braves, était accompli ; pour exécuter l'autre, inspiré par la piété, ils élevèrent des tombeaux aux nobles victimes tombées pour la patrie. Chaque année, on renouvelait autour de ces glorieux monuments la solennité des funérailles en l'honneur de ceux dont le sang avait cimenté la liberté de la Grèce.

Le jour même où les Grecs triomphaient à Platée, ils remportaient une autre victoire non moins décisive à Mycale. Près du promontoire du même nom, dans l'Asie-Mineure, en face de Samos, la flotte perse s'était réunie, forte de quatre cents voiles. Les navires ayant été tirés à terre et entourés d'une muraille, les hommes qui la montaient se disposèrent à se défendre contre les Grecs, soutenus par les Ioniens. L'Athénien Xantippe et le Spartiate Léotychide attaquèrent vigoureusement l'ennemi, commandé par Tigrane, et lui tuèrent beaucoup de monde. De plus, ils parvinrent à incendier la flotte asiatique.

§ V.

Grandeur et suprématie d'Athènes. — Reconstruction de la ville malgré les Spartiates. — Pausanias. — Exil de Thémistocle. — Mort d'Aristide. — Exploits de Cimon. — Troisième guerre de Messénie. — Périclès. — Divisions sanglantes entre les Grecs. — Intervention de Cimon.

Les talents guerriers, le génie politique, l'éclat de la culture intellectuelle plaçaient incontestablement Athènes à la tête de la Grèce. Eschyle, le plus grand de ses poètes, avait combattu à Marathon; Sophocle chantait des hymnes aux dieux pour leur rendre grâces de la victoire de Salamine; Euripide naissait le jour même de ce triomphe glorieux qu'Hérodote se préparait à éterniser par sa plume et Phidias par le ciseau.

Toutefois, outre l'esclavage qui déshonorait la civilisation grecque et déterminait la mesure égoïste de l'amour de la liberté chez le peuple qui avait repoussé les hordes asiatiques, bien des actes honteux se mêlèrent aux efforts héroïques accomplis pour l'indépendance nationale. Dans les temples, un tableau représentait des processions de courtisanes, avec cette inscription de Simonide : *Elles ont prié la déesse Vénus, qui, pour l'amour d'elles, a sauvé la Grèce.* Le jour même où les Perses succombaient à Salamine, trois prisonniers, des plus jeunes et des plus beaux, furent immolés sur le navire de Thémistocle, en l'honneur de Bacchus. Devant ces faits, racontés sans embarras par les écrivains grecs eux-mêmes, l'historien se demande si les mœurs des vainqueurs valaient mieux que celles des hommes de l'Asie. Les millions d'esclaves qui composaient les trois quarts de la population de la Grèce, continuèrent de gémir dans les fers, hors la loi de l'humanité. Si leurs maîtres avaient aimé la liberté pour elle-même, et non par les jouissances qu'elle procure, ils eussent affranchi cette multitude de victimes d'une odieuse oppression. Mais non : ces prétendues démocraties d'autrefois, on ne saurait trop le répéter, n'étaient que l'organisation savante d'une oligarchie puissante, impitoyable, exploitant la la sueur et le sang d'une foule de créatures humaines au profit de son orgueil et de ses voluptés.

Les Grecs, divisés avant la guerre, recommencèrent leurs discordes quand ils ne craignirent plus rien de l'Asie. Sparte, jalouse de conserver la suprématie, s'opposa de toutes ses forces à la reconstruction d'Athènes, prétextant qu'il était dangereux de relever, hors du Péloponèse, une ville facilement accessible à l'ennemi. Mais ses habitants, revenus aux lieux où naguère étaient leurs foyers, travaillèrent activement à les relever, en dépit des réclamations de Lacédémone. Ils entreprirent même de rétablir leurs murailles, tandis que Thémistocle trompait leurs rivaux en multipliant les parjures. Grâce à son habileté dénuée de scrupules, le port de Pirée, vaste et commode, remplaça celui de Phalère, vieux et misérable, et deux longues murailles le réunirent à la ville. Attirés par les brillantes promesses du héros de Salamine, les étrangers et les artisans affluaient à Athènes, dont la flotte, chaque année, s'augmenta de vingt galères.

Constamment préoccupé de la pensée d'obtenir pour sa patrie la suprématie sur le reste de la Grèce, Thémistocle combattait opiniâtrement l'influence de Sparte. Les Lacédémoniens ayant proposé d'exclure de l'amphictyonie les peuples qui n'avaient pas combattu contre les Perses, il fit repousser cette motion, alléguant que cette mesure mettrait la Grèce à la merci de deux ou trois cités. Cette sage et politique décision maintint pour quelque temps l'union des Grecs. Ils purent consolider leur autorité en Italie, étendre leur domination de Chypre au Bosphore de Thrace et sur les îles de la mer Egée, s'établir en Thrace, en Macédoine, sur les côtes de l'Euxin, depuis le Pont jusqu'à la Chersonèse Taurique (la Crimée), et protéger efficacement les Ioniens.

Du promontoire de Mycale, la flotte grecque se dirigea d'abord contre Chypre et Bysance, pour en chasser les Perses. Aristide et Cimon, fils de Miltiade, commandaient les Athéniens, et Pausanias, oncle et tuteur de Plistarque, fils de l'illustre Léonidas, guidait les Spartiates (479). Les Grecs délivrèrent l'île de Chypre, s'emparèrent de Bysance, mirent les Perses en fuite et firent prisonniers plusieurs parents de Xerxès. Pausanias, dont l'orgueil ne connaissait plus de bornes depuis la victoire de Platée, aspirait au pouvoir suprême dans sa patrie, malgré la loi d'hérédité, et il résolut de profiter de la captivité des seigneurs asiatiques pour se frayer le chemin au trône. Il les renvoya sans rançon au roi de Perse, avec mission de lui dire que s'il consentait à donner sa fille en mariage à Pausanias, ce dernier le rendrait maître de la Grèce. Xerxès ne manqua pas de flatter l'ambition du traître, qui, se croyant près d'arriver au comble de ses vœux, ne craignit plus d'affecter les mœurs des Perses. Les Ioniens et les autres confédérés, blessés par ces façons d'agir, abandonnèrent Lacédémone et s'attachèrent à Athènes, qui, avec leur concours, redevint la maîtresse des mers.

Pausanias ne tarda pas à recevoir le châtiment de son crime. Accusé une première fois de trahison, il se fit absoudre à prix d'argent. Mais, toujours imprudent, il reprit aussitôt ses trames coupables, cherchant à se faire des partisans, surtout parmi les Ilotes et les Messéniens. Les Ephores, ayant réuni contre lui des preuves irrécusables, obtinrent un arrêt de mort. Pausanias, pour échapper à la sentence, se réfugia dans le temple de Minerve, asile qu'il n'était pas permis de violer. On éluda la défense religieuse en murant les issues de l'édifice, et la mère du condamné, reniant l'homme qui trahissait son pays, apporta la première pierre (477).

Les Spartiates accusèrent Thémistocle d'avoir trempé dans la conspiration. Immensément riche et faisant vaniteusement étalage de son opulence, parlant sans cesse des services qu'il avait rendus à la Grèce, il semblait provoquer à plaisir les ombrages populaires. Les îles de la mer Égée, rançonnées par lui, firent entendre des plaintes, et les Athéniens l'appelèrent en jugement. Thémistocle prit la fuite, et se retira auprès d'Admète, roi des Molosses.

Poursuivi dans ce refuge par la haine de Lacédémone, le grand Athénien passa en Macédoine, d'où il s'embarqua pour l'Ionie. La tempête l'ayant poussé sur la côte d'Asie, il osa se présenter au roi de Perse, Artaxerxès. Avait-il réellement des intelligences avec les ennemis de la Grèce, ou bien, avec son habileté ordinaire, se prévalut-il seulement des perfides conseils qu'il avait donnés jadis à Xerxès, dans le détroit de Salamine? C'est ce que l'histoire ne saurait éclaircir (465). Quoiqu'il en soit, le monarque persan l'accueillit avec honneur, lui assigna le revenu de trois villes, et lui fit contracter un illustre mariage. On ignore l'époque et les circonstances de sa mort.

Après le bannissement de Thémistocle, Aristide et Cimon arrivèrent successivement au pouvoir dans Athènes.

Aristide, dévoué au parti populaire, fit passer une loi qui modifia profondément la constitution de Solon : elle supprimait le cens, quant aux droits politiques, et le maintenait pour les impôts et le service militaire, qui pesèrent exclusivement sur les riches; toutes les magistratures, y compris l'archontat, devinrent accessibles à tous les citoyens. Aristide conserva jusqu'à la fin sa noble pauvreté ; bien qu'il eût entre les mains le trésor de la

Grèce, il mourut dans une telle indigence que la République dut pourvoir à ses funérailles et à l'éducation de ses enfants (467).

Cimon, fils de Miltiade, qu'Aristide avait arraché aux erreurs d'une jeunesse irréfléchie, recueillit l'héritage politique de son illustre conseiller. Brave comme son père, aussi prudent que Thémistocle, il les surpassait tous deux en loyauté.

Aristide put assister aux débuts glorieux de Cimon. Chargé de continuer la guerre contre les Perses, il marcha vers la Thrace, conquit Amphipolis et Eione, et acheva de ruiner la domination asiatique en Europe. Puis, à la tête de trois cents voiles, il poursuivit l'ennemi en Carie et en Lycie, appela sur sa route les colonies grecques à la liberté, et purgea l'île de Scyros des corsaires qui infestaient ces parages.

Les troubles qui avaient suivi la mort de Xerxès s'étant apaisés, les Perses se préparèrent à repousser l'invasion. Une belle flotte, rassemblée sur les rives de l'Eurymédon, menaçait l'île de Chypre. Cimon, qui observait attentivement les mouvements de l'ennemi, attaqua les vaisseaux perses, les prit, fit monter dessus ses soldats vêtus à la mode asiatique, et les débarqua, ainsi déguisés, dans le voisinage des troupes de terre. Il livra bataille immédiatement à l'armée perse, la tailla en pièces, et remporta le même jour deux victoires non moins brillantes que celles de Salamine et de Platée. Une part du butin fut consacrée aux dieux, l'autre servit à fortifier Athènes, et Cimon employa celle qui lui revint à établir dans la ville des rues, des portiques, des jardins. L'année suivante, le jeune vainqueur s'empara de la Chersonèse (469).

Les alliés d'Athènes se plaignant de ces expéditions continuelles, Cimon consentit à les licencier, à la condition qu'au lieu de soldats ils fourniraient des navires et de l'argent. Ils acceptèrent la convention, qui fut pour eux une cause d'affaiblissement. L'Eubée, Naxos, Thasos, qui n'avaient point accédé à cet arrangement, durent céder à la force.

La grandeur d'Athènes excita la colère de Sparte, qui lui déclara la guerre ;

mais des révoltes intérieures suspendirent les préparatifs. Un tremblement de terre ayant jeté sur la ville une cime du Taygète, qui ensevelit vingt mille personnes, les Messéniens et les Ilotes, à la faveur de ce désastre, brisèrent leurs fers et coururent aux armes. Les premiers, relevant les ruines d'Ithome, soutinrent la guerre pendant dix ans. Cimon, craignant que l'exemple du soulèvement des esclaves ne devînt contagieux, fit offrir des secours aux Lacédémoniens, qui les refusèrent (465). Cette démarche rendit suspect au peuple le fils de Miltiade; on l'accusa d'avoir tenté de rabaisser Athènes en voulant prêter main-forte à Sparte, et il fut condamné à subir l'ostracisme (461).

La fortune de l'illustre Athénien succombait sous l'influence naissante d'un homme qui devait retenir de longues années, dans ses mains habiles, la direction des affaires publiques. Périclès, élève des philosophes Zénon d'Elée et Anaxagore, et issu de l'une des plus nobles familles d'Athènes, était devenu le rival de Cimon. Doué de tous les dons de l'esprit et du corps, versé dans la connaissance des hommes, il sacrifiait au besoin la justice et la probité à ses vues politiques. Il parvint à se faire de la plèbe qu'il flattait un instrument redoutable contre l'aristocratie; d'un autre côté, il savait contenir la multitude en appelant les soldats à des guerres continuelles, en procurant du travail aux hommes paisibles, et favorisant les arts qui, sous son administration, atteignirent leur apogée. Quatre cents vaisseaux étaient mouillés dans le Pirée, outre ceux que renfermaient les rades de Phalère et de Munichium. Des monuments splendides décorèrent la ville et ses abords. Trente mille spectateurs pouvaient prendre place dans le théâtre de Bacchus. Les Propylées, ce vestibule dorique de la citadelle, dont la construction avait coûté onze millions de francs, étaient remplies des chef-sd'œuvre de Phidias, de Myson et d'Alcamène. Périclès éleva à ses frais le Parthénon, temple fameux dédié à Minerve.

Les alliés d'Athènes, dont les charges s'aggravaient chaque jour accueillaient les suggestions de Sparte, qui soufflait la discorte. Corinthe et Epidaure s'insurgèrent et battirent à Haliœ les troupes athéniennes, qui prirent bientôt leur revanche et occupèrent Egine (460). Un peu plus tard, les Corinthiens furent défaits de nouveau par Myronidas, près de Cymolée (458).

En 456, les Spartiates ayant embrassé la cause des Doriens en querelle avec les Phocéens, la guerre éclata entre Athènes, Lacédémone et la Béotie. Cimon accourut de l'exil, offrant son bras et ses conseils ; mais on lui enjoignit de se retirer. Une bataille s'étant livrée à Tanagra, les Spartiates l'emportèrent. Toutefois, après leur départ, les Athéniens, commandés par Myronidas, pénétrèrent dans la Béotie et forcèrent la plupart des villes de ce pays à entrer dans la ligue hellénique.

Néanmoins, la situation était grave, et Périclès, comprenant la nécessité de concentrer toutes les forces de sa patrie, demanda le rappel de Cimon, banni depuis cinq ans.

Tolmidas, à la tête de la flotte, ravagea les côtes de la Laconie, et Périclès entreprit une expédition dans le Pont-Euxin, où il établit la domination d'Athènes.

A son retour, Cimon trouva donc toute la Grèce en armes. Sparte, qui avait repris Ithome, étouffait dans le sang la troisième guerre de Messénie. Les débris des insurgés se réfugièrent à Naupacte, ville située sur le golfe de Corinthe, que les Athéniens leur cédèrent. Argos avait détruit Mycènes; les Eléens démolissaient Pise; Athènes attaquait le Péloponèse, menacé du côté de la mer par Tolmidas et Périclès (455).

Cimon, affligé de ces luttes intestines et sanglantes qu'il désapprouvait, proposa une trêve qui fut acceptée pour cinq ans, et donna une impulsion plus active à la guerre contre les Perses (450), qui s'étaient emparé de nouveau d'une partie de l'île de Chypre ; il répara le désastre d'une expédition malheureuse des Athéniens en Egypte, et assiégea Salamine.

Artaxerxès, las enfin d'une guerre interminable qui multipliait les désastres de la Perse, demanda la paix et l'obtint. En vertu du traité dicté par Cimon, toutes les colonies grecques en Asie devaient rester libres, les flottes perses se tenir à trois jours de distance de la côte occidentale, et il était interdit à leurs vaisseaux de naviguer sur la mer Egée ou sur la Méditerranée;

de leur côté, les Athéniens s'engageaient à évacuer l'île de Chypre et à ne plus inquiéter les Etats du grand roi.

Cimon ne vit pas la conclusion de cette paix, qui était dans son œuvre et qui porta son nom : il mourut des suites d'une blessure, et sa perte fut un malheur irréparable pour sa patrie (449).

§ VI.

Guerre sacrée. — Athènes en lutte avec ses alliés. — Guerre entre Corinthe et Corcyre. — Siége de Potidée. — Guerre du Péloponèse. — Peste d'Athènes. — Mort de Périclès.

La trève de cinq ans, obtenue par Cimon, durait encore quand une dispute entre les habitants de Delphes et les Phocéens compromit cette paix précaire. Les premiers voulaient enlever aux seconds l'administration du fameux temple d'Apollon. Les deux partis en appelèrent aux principales villes de la Grèce. Sparte appuya par les armes les Delphiens ; Athènes, d'après le conseil de Périclès, soutint les Phocéens (448), et une armée athénienne les mit en possession du temple.

Moins heureux en Béotie, où ils avaient engagé la guerre contre l'avis de Périclès, les Athéniens virent les cités de ce pays se dégager de la ligue hellénique et s'affranchir de leur domination. Vaincus à Coronée (446), où une partie de leurs troupes furent faites prisonnières, ils conclurent la paix avec les Béotiens et reconnurent l'indépendance de leurs villes.

Encouragés par cet exemple, les habitants de l'Eubée et de Mégare tentèrent à leur tour de se délivrer du joug athénien. Ils s'allièrent avec les Spartiates, qui envahirent l'Attique. Mais Périclès, ayant corrompu les généraux de Lacédémone, conclut avec cette ville une trève de trente ans, soumit de nouveau l'île d'Eubée et la força de recevoir des colons athéniens.

Mégare maintint son indépendance, mais rompit toutes relations commerciales avec Athènes (445).

Les brillants succès de Périclès portèrent sa puissance au comble. Il fit exiler Thucydide, son principal adversaire, et devint l'arbitre suprême du gouvernement. En flattant le peuple, il neutralisait l'influence de l'aristocratie.

D'ailleurs, il prenait à tâche de faire triompher la démocratie dans les villes alliées. Ce fut dans ce but que, sollicité par les Milésiens en guerre avec ceux de Samos, il assiégea cette dernière ville, la prit au bout de neuf mois, y remit le gouvernement aux mains du peuple, se fit payer un énorme indemnité de guerre, remplit ainsi le trésor d'Athènes, et affermit la suprématie de sa patrie sur le reste de la Grèce (440).

Afin de constater la prépondance d'Athènes, Périclès convoqua dans cette ville les députés de tous les Etats grecs de l'Europe et de l'Asie, afin de délibérer sur les moyens d'établir la paix intérieure et de repousser les attaques de l'étranger. Les Etats les plus éloignés répondirent à cet appel ; mais les autres, à qui Sparte ne cessait de répéter que, par un tel acte, ils reconnaitraient Athènes pour capitale, se dispensèrent de s'y rendre, et le mécontentement fermenta plus que jamais parmi les Grecs. Les résultats d'une telle situation ne devaient pas se faire attendre.

Corcyre, colonie de Corinthe, fière de ses richesses, cherchait une occasion de proclamer son indépendance de la métropole. Les Corinthiens ayant expédié à Epidamne, colonie de Corcyre, des secours contre les Barbares, les Corcyriens se regardèrent comme insultés par cette intervention ; ils armèrent quarante navires, battirent les Corinthiens près d'Actium, reprirent Epidamne, égorgèrent les Corinthiens qu'ils y trouvèrent, dévastèrent leur territoire et n'épargnèrent même pas leurs alliés (435).

Puis, craignant de succomber sous le poids des armes de Sparte, dont Corinthe pouvait invoquer l'appui, les Corcyriens demandèrent du secours à Athènes. Cette ville leur expédia dix galères qui, réunies aux cent dix vaisseaux de Corcyre, remportèrent une victoire éclatante sur les Corinthiens (432).

Ceux-ci, ne songeant plus qu'à susciter des ennemis aux Athéniens, engagèrent Perdiccas II, roi de Macédoine, à s'affranchir de leur dépendance, et Potidée, la clef de leurs possessions de Thrace, à leur refuser le tribut.

A cette nouvelle, Athènes envoya des troupes contre les Potidéates, qu'elles défirent près d'Olynthe et qui mirent le siége devant la ville.

Corinthe, profitant pour sa vengeance du mécontentement de Mégare qu'Athènes affamait en lui fermant ses ports, des griefs d'Égine réduite en esclavage, et des plaintes de plusieurs autres Etats, les excita à s'adresser à Sparte. Archidamus, roi de Lacédémone, et les hommes prudents répugnaient à une guerre contre Athènes. Mais le parti contraire l'emporta. Les députés de sept républiques du Péloponèse et de neuf États de la Grèce septentrionale se réunirent à Corinthe. L'assemblée décida la lutte contre les Athéniens pour délivrer Potidée.

Au bruit de cette formidable coalition, les Athéniens, effrayés, accusèrent justement Périclès d'avoir attiré sur eux ces périls. Dans le premier moment de colère, ils sévirent contre ses amis, et l'appelèrent lui-même à rendre compte des trésors dont il avait eu l'administration. Il répondit à cette sommation par l'offre de rembourser le prix des monuments publics érigés sous son inspiration, à la condition qu'il y ferait graver son nom. La vanité athénienne repoussa une pareille proposition, la popularité de Périclès s'en accrut, et il put faire décider la guerre.

Les Thébains ouvrirent les hostilités en attaquant Platée, demeurée fidèle aux Athéniens, qui s'empressèrent de la secourir (431). Aussitôt Lacédémone, à la tête des coalisés, se porta comme la protectrice de la liberté grecque, et se mit en campagne. Avec elle marchaient les principaux États de la terre ferme, le Péloponèse, Mégare, la Locride, la Phocide, la Béotie, les villes d'Ambracie et d'Anactorium, outre l'île de Leucade, tous alliés libres et exempts de tribut. De son côté, Athènes avait pour auxiliaires les îles de Chios, de Samos, de Lesbos, et toutes celles de l'Archipel, à l'exception de

Mélos et de Théra, demeurées neutres; Corcyre, Zacynthe, les colonies grecques de l'Asie-Mineure, des côtes de Thrace et de Macédoine; en Grèce, les villes de Naupacte, de Platée et de l'Acarnanie, la plupart ayant accédé de force à ses volontés.

Athènes possédait douze mille soldats et trois cents navires, sans compter les garnisons et les troupes des colonies; l'ennemi lui opposait soixante mille hommes. La sagesse commandait donc aux Athéniens d'éviter la lutte sur terre et de ne combattre que sur mer. Mais Périclès, ne pouvant se résoudre à exposer au pillage la ville qu'il avait faite si splendide, arma seize mille hommes de garde urbaine, et prit diverses mesures pour la défense.

Cependant Archidamus, roi de Sparte, s'avançait à la tête de son armée. Il envahit l'Attique, mit le siège devant Œnoë et dévasta la campagne.

Les Athéniens, de leur côté, ravageaient avec leur flotte les côtes du Péloponèse.

Cette guerre, qui durant vingt-sept ans désola la Grèce et moissonna la fleur de ses guerriers, était provoquée au fond par l'antagonisme de deux principes politiques. Sparte voulait faire prévaloir le régime aristocratique, tandis qu'Athènes s'efforçait d'implanter le système démocratique.

Les habitants de l'Attique, fuyant devant l'ennemi, se réfugièrent dans la ville, qu'ils encombrèrent. De cette affluence, il résulta de cruelles souffrances, des maladies et une grande mortalité. Bientôt la peste mit le comble à tant de calamités. Le terrible fléau sévit sur les Athéniens pendant deux ans. L'armée seule perdit cinq mille soldats.

Périclès, qui avait été malheureux dans quelques entreprises, ayant été accusé d'avoir propagé la peste par ses expéditions, fut destitué et condamné à une amende. Toutefois, il réussit, par son éloquence, à reconquérir la faveur populaire; mais il ne devait pas en jouir longtemps : après avoir vu tous ses fils emportés par l'épidémie, il fut atteint lui-même de la contagion et succomba au moment où sa patrie avait le plus besoin de son expérience et de son habileté (429).

§ VII.

Prise de Mitylène. — Nicias. — Il conclut la paix. — Alcibiade. — Nouvelle guerre. — Destruction de Mélos. — Guerre de Sicile. — Conseil des Quatre-cents. — Rappel d'Alcibiade. — Lysandre. — Bataille des Arginures. — Défaite des Athéniens à Egos Potamos. — Prise de leur ville.

La mort de Périclès, qui vit aussi la chute de Potidée, redoubla la confiance des ennemis d'Athènes. D'ailleurs le gouvernement de cette république, tombé aux mains d'hommes incapables tels que Cléon, un ancien tanneur, lui préparait des catastrophes. Cléon, ayant obtenu l'autorité, se mit à flatter le peuple qu'il poussait à la guerre. Nicias, un habile général influent par ses richesses, manquait d'énergie pour résister à Cléon.

Les Spartiates avaient mis le siége devant Platée. Les habitants, réduits à la dernière extrémité, consentirent à se rendre sous la promesse d'avoir la vie sauve. Mais les vainqueurs, au mépris de leur parole, firent égorger, après un jugement dérisoire, deux cents des principaux citoyens et démolir la ville (427).

De leur côté, les Athéniens assiégeaient Mitylène, une cité florissante de l'île de Lesbos qui s'était soustraite à leur joug. Forcés bientôt de capituler, ils s'en remirent à la générosité de leurs anciens alliés. Mais Cléon persuada au peuple qu'il fallait faire un exemple mémorable, afin de terrifier ceux qui seraient tentés d'imiter les Mityléniens ; il demanda le massacre de tous les hommes valides et l'esclavage des femmes et des enfants. Diodote, inspiré par des sentiments moins cruels, obtint que la vengeance se bornât à un millier de victimes choisies parmi les principaux citoyens. Après cette barbare exécution, la ville fut démantelée, les navires saisis, les terres partagées entre les Athéniens, et le reste des habitants soumis à un tribut (427).

On vit, dans cette guerre odieuse, ce que valait la civilisation tant vantée de la Grèce. De part et d'autre, les belligérants semblaient rivaliser de barbarie. On eût dit des hordes sauvages uniquement animées de la rage de la destruction. Ainsi, en 425, les généraux athéniens, de concert avec les Corcyréens, attirèrent dans un guet-apens de nombreux émigrés de Pylos et les massacrèrent jusqu'au dernier. Bientôt, Corcyre, en proie aux discordes civiles, devient le théâtre d'égorgements multipliés; le peuple, armé contre les riches, les passe au fil de l'épée.

L'année suivante, le Spartiate Brasidas, un des plus célèbres généraux de l'époque, se porta sur la Macédoine, conclut une ligue contre les Athéniens, subjugua plusieurs villes de la Thrace, prit Amphipolis, renommée pour ses bois de construction, et médita d'attaquer Thasos dont le territoire était riche en mines d'or. Cléon partit en toute hâte avec une flotte pour défendre cette place. Ayant livré bataille aux Lacédémoniens, il y périt ainsi que Brasidas, dont les soldats triomphèrent (422).

Nicias, appelé au pouvoir à la place de Cléon, conseilla la paix aux Athéniens découragés. Brave, modeste, de mœurs irréprochables, mais souvent irrésolu, ce chef était l'homme de la circonstance. Le peuple accueillit son avis, et la paix fut conclue pour cinquante ans (421).

Malheureusement ce traité ne détruisait pas les causes de la guerre. Des plaintes s'élevaient de toutes parts, et la situation était à la merci du premier Grec influent qui voudrait la modifier.

L'homme destiné à provoquer le renouvellement des hostilités existait à Athènes; c'était un neveu de Périclès, élevé par ce dernier et instruit par Socrate. Beau, riche, éloquent, brave et initié aux sciences cultivées alors, il unissait aux qualités les plus brillantes un rare génie pour l'intrigue. C'était, en un mot, Alcibiade, fils de Clinias.

A cette époque, vivait à Athènes un personnage singulier, faisant profession de haïr les hommes et appelé Timon. Le Misanthrope, ainsi qu'on le surnommait, se présenta un jour dans l'assemblée du peuple, et monta à la tribune. Aussitôt il se fit un grand silence et l'attention se fixa sur l'étrange orateur.

— Citoyens, s'écria Timon, j'ai dans ma maison un figuier, et j'ai l'intention de l'abattre. Comme beaucoup d'individus se sont déjà pendus à ses rameaux, je viens vous avertir, afin que si l'un d'entre vous désire les imiter, il ait à se hâter.

Timon, pressentant combien Alcibiade serait funeste à son pays, lui faisait bon visage et ne cachait pas qu'il le regardait comme l'auteur futur de la ruine d'Athènes.

En effet, il y avait tout à craindre d'un caractère pareil à celui du neveu de Périclès. Connaissant à fond l'esprit du peuple, il exposait en public un tableau obscène pour détourner l'attention d'un projet qu'il méditait. Ayant appris qu'on murmurait de sa vie licencieuse, il fit couper la queue à un chien magnifique qui lui avait coûté trois mille francs, et on ne parla plus dans Athènes que de cet acte insensé.

Convaincu qu'il n'y avait pas d'autre moyen que la guerre de conserver à sa patrie la primatie d'Athènes sur la Grèce, il provoqua, malgré Nicias, la rupture du traité. Les Spartiates ayant tardé à évacuer Amphipolis, il saisit avidement ce prétexte, et la lutte recommença. Les Athéniens s'allièrent aux Argiens, les Spartiates aux Thébains, aux Corinthiens, aux Mégariens. Toutefois, durant trois ans, la guerre n'eut que des résultats insignifiants. Enfin les Lacédémoniens remportèrent la victoire de Mantinée et déjouèrent les projets d'Alcibiade (415).

Les habitants de l'île de Mélos, sommés par les Athéniens de se prononcer en leur faveur, se déclarèrent pour la neutralité. Attaqués avec fureur, ils succombèrent : tous les hommes furent massacrés, les femmes et les enfants réduits en esclavage. De nouvelles colonies repeuplèrent cette île infortunée devenue déserte après sept cents ans de tranquillité.

Dans Athènes, la lutte devenait plus vive de jour en jour entre Alcibiade que suivaient la jeunesse et le peuple, et Nicias qu'appuyaient les hommes mûrs et les timides. Le premier, pour flatter la multitude, renouvela le projet de Périclès relativement à la conquête de la Sicile. Nicias le combattit en montrant le péril d'une pareille entreprise. Son jeune adversaire l'emporta.

Une flotte de cent trente-quatre voiles fut envoyée dans l'île sous le commandement de Nicias lui-même, de Lamachus et d'Alcibiade. Les troupes athéniennes emportèrent d'abord Catane, et leurs navires se disposaient à attaquer Syracuse, quand Alcibiade reçut l'ordre de revenir à Athènes pour y répondre à une accusation de sacrilége. Au lieu d'obéir, le jeune chef, craignant d'être victime de la haine de ses ennemis, s'enfuit à Argos, puis à Sparte.

Avec Alcibiade, la résolution abandonna les conseils des généraux; leurs hésitations permirent aux Syracusains de se fortifier et d'organiser une vigoureuse résistance. Les Athéniens s'approchèrent enfin des murailles de la ville et formèrent le siége. Ils le poussèrent si énergiquement, que les assiégés songèrent à se rendre et négocièrent la capitulation de la place avec Nicias, que la mort de Lamachus avait investi de la plénitude du commandement (414). Mais, sur ces entrefaites, une flotte spartiate, commandée par Gylippe, arriva dans le port. Elle avait été expédiée d'après les conseils d'Alcibiade qui ne craignait pas, pour se venger, d'en appeler aux armes de l'ennemi. Ce secours inespéré ranima le courage des Syracusains, qui repoussèrent les assaillants dans plusieurs sorties. En vain, sur la demande de Nicias, Démosthène amena d'Athènes de nouvelles forces (413); Gylippe triompha encore, détruisit la flotte de Nicias dans le port, poursuivit ses troupes, les affama et les obligea de se rendre à discrétion.

Les Syracusains, abusant de la victoire, condamnèrent aux mines les prisonniers et mirent à mort Nicias et Démosthène, malgré l'opposition du chef lacédémonien.

Les Athéniens, consternés à la nouvelle de ce désastre et obligés à demeurer inactifs à cause de la perte de leurs navires et de l'épuisement de leurs finances, virent encore, pour comble d'infortune, les villes grecques de l'Asie-Mineure et plusieurs îles de la Méditerranée se détacher de la ligue hellénique. Toutefois, reprenant bientôt courage, ils armèrent une autre flotte et tentèrent de reconquérir l'empire de la mer.

Pendant ces préparatifs, Agis, roi de Sparte, fortifiait Décélie, place très-voisine d'Athènes; Lacédémone construisait une flotte de cent navires et prenait position de Miler (412).

Les Athéniens, de leur côté, voguaient vers Samos, où ils stationnèrent, attaquèrent l'île de Rhodes et soumirent celle de Lesbos (411).

Les Spartiates, furieux des échecs qu'ils venaient de subir, conclurent un traité honteux avec les Perses, promettant de céder à ces éternels ennemis de la Grèce les colonies de l'Asie-Mineure en retour de subsides pour équiper d'autres navires.

Alcibiade, qui, d'abord, avait affecté dans sa vie l'austérité spartiate, se signala bientôt par le dérèglement de ses mœurs. Devenu suspect à ceux qui l'avaient accueilli, il se réfugia auprès de Tissapherne, satrape perse de l'Asie-Mineure, qu'il parvint à détacher de Lacédémone.

Le rusé Athénien préparait ainsi son retour dans sa patrie. Chassé par le peuple, il s'adressa à l'aristocratie. Cette faction, secrètement encouragée par lui, profita de la misère publique et de l'absence d'un grand nombre de citoyens enlevés à leurs foyers par la guerre, pour provoquer une révolution. Ses chefs, s'étant rendus maîtres du pouvoir, abolirent la constitution de Solon, remplacèrent le sénat par le conseil des *Quatre-cents*, et réduisirent l'assemblée du peuple à cinq mille citoyens choisis parmi les plus riches.

Mais l'armée, qui stationnait à Samos, refusa de reconnaître ce gouvernement. Ses chefs, Thrasylle et Thrasybule, déclarèrent nul tout ce qui s'était fait à Athènes et réclamèrent le rétablissement de la démocratie. Puis, sentant qu'il fallait donner un chef illustre aux opposants, et sachant qu'Alcibiade, laissé dans l'exil par l'aristocratie, leur prêterait volontiers son concours, ils allèrent le prendre à Magnésie, le ramenèrent triomphalement au camp de Samos et lui déférèrent le commandement suprême.

Rappelé dans sa patrie, Alcibiade rétablit promptement la fortune des

Athéniens (410). Vainqueur de la flotte lacédémonienne dans plusieurs batailles, il soumit de nouveau les Ioniens de l'Asie-Mineure, reprit Byzance et Chalcédoine, et rentra dans Athènes avec un riche butin (409). Revêtu par le peuple de pouvoirs illimités, il en usa pour rétablir le régime démocratique, et retourna à Samos avec une nouvelle flotte.

Les Spartiates, ayant renoué leur alliance avec les Perses, recevaient de forts subsides de Cyrus, fils de Darius Nothus, que son père avait fait satrape de l'Asie Mineure. En outre, ils avaient placé à la tête de leur armée de terre et de mer Lysandre, général habile, rusé, de mœurs austères et énergique jusqu'à la cruauté. Dans ces conditions, la fortune de la guerre changea. Alcibiade, destitué à la suite d'un combat malheureux engagé en son absence par un lieutenant, laissa le commandement à dix généraux. Ceux-ci, vaincus par les Spartiates, se réfugièrent dans le port de Mitylène où l'ennemi les bloqua (406). Cette flotte, bientôt dégagée par des renforts venus d'Athènes, battit les Lacédémoniens près des îles Arginuses; mais, l'année suivante, Lysandre, à la faveur d'un stratagème, captura presque tous les navires athéniens, dans le voisinage d'Egospotamos, et cingla vers Athènes. La ville, attaquée en même temps par une armée spartiate aux ordres de deux rois, Agis et Pausanias, se rendit après une résistance terrible de quelques mois. Ses fortifications furent démolies, son gouvernement confié à trente membres de l'aristocratie et tous dévoués à Lacédémone (404). Telle fut, après vingt-sept années, la fin de la guerre du Péloponèse.

§ VIII.

Sparte domine la Grèce. — Athènes recouvre sa liberté. — Guerre nouvelle contre les Perses. — Guerre de Corinthe. — Traité d'Antalcidas. — Guerre contre Olynthe.

Afin de consolider leur autorité, les Spartiates s'appliquèrent à briser, dans un grand nombre d'États, les institutions démocratiques. Ils avaient pour système de choisir dix hommes parmi les familles riches, et de les placer à la tête du gouvernement sous la présidence d'un Lacédémonien qui prenait le nom d'*harmoste*. Au besoin, ils imposaient ce régime aristocratique par les armes, comme à Samos, dans l'Elide, à Mantinée, à Phlionte. Ailleurs, ils provoquèrent des révolutions intérieures qui leur permirent d'arriver au même résultat.

Ces mesures tyranniques ne tardèrent pas à déterminer une réaction universelle, et ce fut Athènes qui donna le signal.

Une commission de trente membres avait été nommée, dans cette ville, sous l'influence de Lysandre, pour réformer la constitution. Elle s'empara bientôt du pouvoir, établit un nouveau conseil pour rendre la justice et désigna arbitrairement tous les fonctionnaires publics. Critias, un disciple de Socrate, foulant aux pieds les enseignements de son maître, présidait les trente tyrans.

Ceux-ci, soutenus par une garnison spartiate, commencèrent à persécuter tous ceux qui refusaient de plier sous le joug. Théramène, un des commissaires, saisi de remords, essaya de contenir ses collègues. Condamné par eux à périr, il subit la mort avec un courage tranquille qui fit oublier ses fautes.

Cependant les exilés, se ralliant autour de Thrasybule, s'emparèrent de la forteresse de Phylé, d'où ils nouèrent des intelligences secrètes avec les mécontents d'Athènes.

Enfin une révolte éclata dans la ville, et Thrasybule avec ses amis pénétra dans le Pirée. Les trente tyrans, réfugiés à Eleusis, appelèrent les Spartiates à leur secours. Ces derniers envoyèrent contre Athènes deux armées, l'une commandée par Lysandre, l'autre sous les ordres de Pausanias.

Le second chef lacédémonien, qui jalousait Lysandre, traita avec le parti populaire et consentit au rétablissement de la constitution de Solon. On publia une amnistie, et Euclide fut élu premier archonte (404-400).

Pendant que cette révolution s'accomplissait, Alcibiade, poursuivi par la haine des trente tyrans, se voyait contraint de se donner la mort chez les Perses, qui, à l'instigation de Lysandre, voulaient attenter à sa liberté.

Bientôt, de grands événements accomplis en Asie engagèrent les Spartiates dans une guerre contre les Perses. Le roi Artaxerxès Mnémon, après avoir triomphé de son frère Cyrus à la bataille de Cunaxa, ordonna à Tissapherne, satrape de Lydie et de Carie, d'attaquer les colonies grecques de l'Asie-Mineure qui avaient fourni au rebelle de nombreux mercenaires.

Ces villes, ayant appelé les Spartiates à leur secours, Thibron, envoyé par Lacédémone avec une armée, rallia les restes de l'armée des dix-mille, que l'Athénien Xénophon avait ramenés du champ de bataille de Cunaxa jusqu'en Asie-Mineure. Mais ce chef inhabile dut être rappelé presque aussitôt.

Dercyllidas, qui le remplaça, parvint à délivrer toutes les villes grecques de la domination des Perses. Toutefois, les satrapes de l'Asie-Mineure ayant demandé des renforts, il fut obligé de conclure un armistice.

Alors Sparte donna le commandement au roi Agésilas, général distingué autant qu'ambitieux. Le nouveau chef, constamment heureux, remporta une dernière grande victoire sur les Perses, près du Pactocle, après laquelle il se préparait à marcher sur leur capitale lorsqu'il fut rappelé en Grèce où une insurrection générale avait éclaté contre Sparte (395).

Lacédémone avait accru l'irritation des États grecs subjugués en violant le territoire sacré de l'Élide, qu'aucune armée ne pouvait traverser sans déposer les armes, et que le roi Agis avait impitoyablement dévasté. Thèbes, Corinthe, Argos, conclurent, sous l'influence des Perses, une coalition dans laquelle entrèrent Athènes, l'Eubée, les Acarnaniens et les Locriens.

Appuyés par les Thébains, les Locriens commencèrent la lutte en attaquant les Phocéens, qui implorèrent le secours de Lacédémone.

Lysandre envahit la Béotie, mais périt dans une bataille que les alliés lui livrèrent sous les murs d'Haliarte.

Néanmoins, les Spartiates prirent leur revanche sur leurs ennemis près de Corinthe. Agésilas, revenu de l'Asie-Mineure, vainquit une seconde fois les alliés non loin de Coronée.

Mais l'Athénien Conon, à qui le satrape Pharnabaze avait confié le commandement de la flotte des Perses, détruisit les forces navales de Lacédémone dans la bataille de Cnide (394). Cet événement fut fertile en résultats ; les îles de la mer Egée et les colonies grecques de l'Asie-Mineure échappèrent au joug de Sparte. Conon releva les murs d'Athènes, tandis qu'Iphicrate entrait dans le Péloponèse.

Les Spartiates, réduits à défendre leurs biens, députèrent à Suse Antalcidas, et conclurent avec le roi de Perse un traité honteux qui livrait à ce dernier les villes grecques de l'Asie-Mineure. De plus, il était stipulé, dans cette infâme convention, que les Spartiates et les Perses forceraient tous les États grecs à l'accepter (387).

Cette paix funeste alluma de nouvelles guerres civiles. Sparte demeurait puissante au milieu de l'affaiblissement général, car, tant qu'elle conservait la Messénie, aucun État ne pouvait songer à se mesurer avec elle. De fatales discordes ayant éclaté entre des villes alliées jusqu'alors, fournirent à Lacédémone des prétextes d'intervention. Après avoir fait sentir sa puissance à presque toute la Grèce, elle envoya des troupes dans la Chalcidique où la ville d'Olynthe s'efforçait de subjuguer les autres colonies helléniques.

Les Olynthiens, assiégés, se défendirent vaillamment. Eudamidas, le chef des Spartiates, tomba, vaincu, dans une bataille. Teleutias, frère d'Agésilas, eut le même sort peu de mois après (382). Enfin Polybiade réduisit la ville d'Olynthe (379), et toute la Chalcidique tomba au pouvoir de Sparte.

§ IX.

Occupation de la citadelle de Thèbes. — Pélopidas. — Epaminondas. — Bataille de Leuctres. — Le tyran de Phères. — Mort d'Épaminondas. — Mort d'Agésilas. — Guerre des alliés.

Sparte et Athènes avaient obtenu tour à tour la suprématie de la Grèce ; une troisième ville devait jouir de cette prérogative et monter rapidement au premier rang : nous voulons parler de Thèbes.

Depuis longtemps la Béotie était divisée en autant d'Etats qu'elle comptait de villes, et les principales étaient Thèbes, Platée, Thespis, Tanagr , Chéronée. Elles formaient une confédération, chaque cité élisait des béotarques ou chefs suprêmes constituant le conseil des Onze chargé d'appliquer les lois nationales. A la faveur de la guerre, Thèbes acquit la prépondérance.

Lacédémone, se croyant en sécurité par la paix honteuse d'Antalcidas, avait prescrit aux Mantinéens de raser leur ville et de se disperser dans les villages. Sur leur refus d'obéir, elle les y contraignit par la force. Les habitants de Phlionte, traités de même, se réfugièrent dans les montagnes pour sauvegarder leur indépendance. Ensuite, les Spartiates soutinrent Acanthe et Apollonie contre la puissante cité d'Olynthe, qui succomba de même.

Phœbidas, général lacédémonien, étant venu camper près de Thèbes en marchant contre Olynthe, s'empara par trahison de la citadelle. Il est vrai que ce chef avait violé le droit des gens sans avoir reçu l'ordre ; mais quand on se plaignit à lui de ce fait odieux, Agésilas répondit :

— On doit examiner si la chose est utile, et agir selon l'intérêt de la patrie.

C'était la négation effrontée de toute morale, et Sparte allait être cruellement punie d'une telle conduite.

Quatre cents Thébains, pour échapper au joug, s'étaient retirés à Athènes. Pélopidas, l'un d'eux, encore à la fleur de l'âge, résolut de délivrer sa patrie. Animé d'un courage héroïque et renommé pour sa vertu, il rassembla les exilés, noua des intelligences dans Thèbes où il pénétra furtivement, un soir, à la tombée de la nuit, tua les magistrats traîtres, ouvrit les prisons et proclama la liberté.

Lorsque l'illustre banni parut le matin, avec ses compagnons, au milieu de l'assemblée du peuple, des acclamations unanimes saluèrent le grand acte qu'il avait accompli, tous se levèrent et les prêtres lui offrirent des couronnes (378).

Pélopidas fut puissamment secondé dans la lutte dont il venait de donner le signal par un ses compatriotes, dont le nom allait devenir l'un des plus grands dans l'histoire : c'était Epaminondas. Disciple de Pythagore, versé dans les sciences, ami des beaux-arts, honorant la pauvreté, généreux, prudent, ferme dans les dangers, inébranlable dans ses convictions, calme au milieu des partis, les tyrans l'avaient épargné par mépris ou par respect. Estimant comme un souverain malheur de tremper ses mains dans le sang de ses concitoyens, il s'abstint de prendre part à la guerre civile; mais dès qu'elle eut cessé et qu'il ne s'agit plus que de chasser les oppresseurs, il courut aux armes, prit du droit du génie, le commandement des Thébains, et recouvra la citadelle. Puis, ayant réuni les forces de la Béotie et les secours envoyés par Athènes, il attendit l'ennemi.

Cependant les Lacédémoniens, commandés par Cléombrote et Agésilas, s'avançaient avec une redoutable lenteur. Ils se tenaient d'autant plus sûrs de triompher que les Athéniens, repentants d'avoir pris parti pour Thèbes, se détachaient de cette ville. Pélopidas, usant de stratagème, détermina avec de l'or le général spartiate Sphodrias à tenter de surprendre le Pirée. Les Athéniens irrités n'hésitèrent plus et armèrent leur flotte pour appuyer énergiquement les Thébains (376).

Conduits par Timothée, fils de Conon, par Chabrias et Iphicrate, ils mirent à la voile, dévastèrent les côtes de la Laconie, enlevèrent à Sparte l'île de Corcyre et ruinèrent les forces maritimes du Péloponèse.

Pélopidas, qui s'était d'abord tenu sur la défensive, ne se montra pas moins vaillant dans les combats qu'il avait été habile dans les stratagèmes. Après plusieurs succès partiels, il remporta sur les Spartiates, à Tégyre, une victoire décisive, à égalité de forces, et les Thébains reconquirent l'hégémonie de toute la Béotie.

Alors les négociations commencèrent. La Grèce entière réclamait la paix, et le roi de Perse la désirait également, car il avait besoin de secours pour soumettre l'Egypte révoltée ; il promettait de vendre la liberté à toutes les villes grecques, pourvu qu'on le secondât dans l'expédition qu'il préparait.

Lacédémone, Athènes, cédant aux conseils du monarque asiatique, firent les premières propositions. En conséquence de ces ouvertures, Epaminondas se rendit à Sparte. L'illustre Thébain revendiqua fièrement pour sa patrie les avantages obtenus par la guerre.

— Quoi donc ! lui dit Agésilas, faut-il laisser la Béotie indépendante.

— Faut-il laisser la Laconie indépendante ? répliqua Epaminondas.

Néanmoins les autres Etats grecs, se ralliant à Lacédémone, décidèrent de renouveler la paix d'Antalcidias, et Thèbes demeura isolée dans ses énergiques protestations. Elle résolut, quoique seule, de recommencer la lutte. Sans doute, les Thébains étaient inférieurs par le nombre ; mais ils possédaient deux grands hommes, Pélopidas et Epaminondas, dont le génie valait toute une armée.

Pélopidas, investi de la suprême magistrature, sortit de charge au début de la nouvelle campagne. Il prit aussitôt le commandement du bataillon sacré, composé de trois cents guerriers qui avaient juré de se défendre jusqu'à la mort.

Au moment où il sortait de sa maison, sa femme en pleurs l'invita à ménager ses jours.

— On adresse de telles recommandations aux soldats, répondit-il ; aux chefs, il faut recommander de conserver les autres.

Epaminondas, placé à la tête de l'armée, remporta autant de victoires qu'il livra de batailles. Il avait adopté une tactique nouvelle, consistant à tomber sur un seul point de l'armée ennemi, en tenant en réserve une partie de ses troupes, et le succès le plus éclatant couronna cette manœuvre.

A Leuctre, 6,400 Thébains affrontèrent 25,600 hommes tant Spartiates qu'alliés. Epaminondas forma en coin la gauche de son armée, et rangea la droite sur les derrières. Dès que la gauche eut enfoncé la phalange lacédémonienne, il lança sa réserve et fit poursuivre les fugitifs par plusieurs détachements. Incapables de résister à ces combinaisons savantes, les Spartiates essuyèrent la défaite la plus sanglante qu'ils eussent jamais éprouvée. Sphodrias, le roi Cléombrote et mille quatre cents citoyens périrent dans le combat (371).

Epaminondas avait le cœur aussi grand que le génie militaire. Après ce triomphe incomparable, il répondit aux félicitations de ses amis :

— Ma plus grande joie est de penser à celle de mes parents lorsqu'ils apprendront cette victoire.

Ce désastre consterna Lacédémone ; afin de conserver des soldats, elle dut laisser sommeiller les lois qui punissaient d'une peine ignominieuse quiconque tournait le dos à l'ennemi.

Le chef thébain n'omit pas de poursuivre ses succès. Il jeta une armée dans le Péloponèse, où il avait déjà noué des intelligences avec les Arcadiens, les Argiens et les Eléens ; il affranchit les Messéniens, releva leur ville, et montra pour la première fois aux femmes spartiates les feux d'un camp ennemi. Agésilas, comprenant parfaitement qu'une seconde défaite entraînerait la ruine de Lacédémone, concentra dans la ville ses dernières ressources. Toutefois, Epaminondas, soit qu'il craignît de réduire l'ennemi au désespoir, soit pour un autre motif, s'abstint d'attaquer la place et se retira.

Pendant cette expédition, Epaminondas et ses collègues avaient outrepassé de quatre mois le terme fixé à tous les emplois chez les Béotiens, et, à leur retour, ils furent accusés et condamnés à mort. Loin de s'émouvoir de cette rigueur inouïe, le grand capitaine s'écria :

— J'accepte la sentence ; mais qu'il soit dit dans les motifs : Ils ont subi la peine capitale pour avoir sauvé la patrie malgré elle, et rendu la liberté à la Grèce.

Des applaudissements accueillirent cette éloquente protestation, et l'arrêt fut confirmé. Néanmois ses rivaux obtinrent qu'il fût privé de son grade et réduit au dernier rang dans l'armée. Epaminondas, toujours calme et héroïque se contenta de dire :

— Si les emplois ennoblissent les citoyens, le citoyen peut aussi ennoblir les emplois.

Bientôt Athènes et Sparte formèrent une alliance contre Thèbes. Denys, tyran de Syracuse, envoya au secours de Lacédémone deux mille mercenaires espagnols et gaulois ; en outre, les deux villes liguées sollicitèrent l'appui du roi de Perse. Mais Pélopidas réussit à se concilier les sympathies d'Artaxerxès (369).

Malgré les menaces de Sparte et d'Athènes, Pélopidas, s'emparant du rôle honteusement déserté par elles, déclara, au nom de sa patrie, la guerre au despotisme. Il y avait à Phères, en Thessalie, un exécrable tyran, nommé Alexandre, à qui Athènes érigeait des statues. Le monstre enterrait des hommes vivants, ou bien, après les avoir fait revêtir de peaux d'ours, il excitait les chiens contre eux, ou les poursuivait à coups de flèches; en pleine paix, il avait envahi deux villes, et massacré les habitants assemblés sur la place publique. Pélopidas lui livra bataille, et tomba par trahison aux mains du tyran. Le généreux thébain se montra intrépide jusque dans les fers. Interrogé par Alexandre s'il ne craignait pas la mort :

— Loin de là, répondit-il, je la désire, afin que tu mérites davantage la haine des hommes et des dieux, et que tu périsses plus tôt.

Ayant été délivré par Epaminondas, il attaqua de nouveau le tyran de Phères, le vainquit, mais succomba dans l'action. Alexandre périt assassiné en 359.

Cependant Epaminondas méditait d'assurer la suprématie de Thèbes par la création d'une flotte. Il fut détourné de ce dessein par la guerre civile qui s'alluma dans l'Arcadie entre Mantinée et Tégée. Les Thébains soutinrent la première de ces villes, Sparte et Athènes la seconde.

Epaminondas ne tarda pas à rentrer dans le Péloponèse; il défendit les cités arcadiennes, rebâtit Mégalopolis, et pénétra jusque sur la place de Sparte, où Agésilas accourut pour le combattre. La bataille décisive se livra près de Mantinée. Les Thébains triomphèrent, mais leur glorieux chef tomba percé d'un coup mortel.

Ses amis, entourant la couche où il agonisait, se lamentaient de ce qu'il ne laissait point d'héritiers de son nom.

— Vous vous trompez, dit-il : je laisse deux filles immortelles, Leuctres et Mantinée.

Et, lorsqu'il eut appris que ses soldats étaient vainqueurs, il fit extraire le fer de sa blessure et rendit, joyeux, le dernier soupir. Son génie avait placé Thèbes au premier rang, humilié Sparte et affranchi la Grèce (362).

L'éclat et la puissance de Thèbes ne survécurent point à Epaminondas. Les Béotiens retombèrent bientôt dans leurs habitudes de débauches et déshonorèrent leurs récents exploits.

Les Grecs, fatigués de ces guerres stériles, réclamèrent la paix, à la condition que chaque ville resterait indépendante. Sparte, pour ne pas affranchir la Messénie, refusa d'accéder au traité. Toutefois, elle ne continua pas la guerre en Grèce; elle envoya Agésilas au secours de Tachos, roi d'Egypte, révolté contre la Perse. Mal reçu par ce prince, le roi de Lacédémone s'entendit avec Nectanébis, cousin de Tachos, et le mit sur le trône ; après quoi il revint en Grèce, avec une somme de deux cent cinquante talents ; mais la tempête le jeta sur les côtes d'Afrique, où il mourut (362).

Thèbes et Sparte, épuisées par une guerre qui avait coûté à l'une ses généraux, à l'autre Messène, gardèrent forcément le repos.

Athènes, minée à l'intérieur par la licence de la démagogie et la corruption, se soutenait au dehors par sa marine. Le peuple dégénéré se donnait à quiconque flattait sa perversité. C'est ainsi que s'éleva un certain Charès, taillé en hercule et violent en paroles. La faveur de la multitude le plaça à la tête de l'armée, dont il méritait à peine de porter les bagages, au dire du vaillant Timothée. Il dépensa des sommes folles pour procurer des fêtes au peuple, puis il proposa de piller les terres des alliés et les colonies pour remplir le trésor public. Mais les colonies, devançant l'odieuse entreprise, se soulevèrent, et Chios devint le foyer de l'insurrection. La flotte athénienne fut battue, et l'amiral Chabrias se noya dans la mer pour échapper à la honte de la défaite (358). Samos et Lemnos, malgré leur fidélité, furent dévastées ; Bysance résista avec succès, grâce à Charès, qui neutralisait les sages conseils d'Iphicrate et de Timothée. Bien plus, il traduisit ces deux citoyens au tribunal du peuple et les fit condamner à une amende exorbitante. Iphicrate, à la tête d'une bande de jeunes gens armés, força l'assemblée à révoquer la sentence (354) ; ensuite, s'exilant volontairement, il mourut, obscur, au fond de la Thrace.

Timothée, fils de Conon et d'une courtisane, pauvre d'abord, s'était enrichi démesurément dans l'expédition d'Egypte accomplie pour secourir le roi de Perse. Afin de ne pas payer l'amende, il s'enfuit, erra longtemps en diverses contrées, et mourut à Lesbos.

Charès, maître enfin de la république, lui laissa enlever par Mausole, roi de Carie, les îles de Cos et de Rhodes. Ne pouvant satisfaire aux exigences de son armée ni à ses propres convoitises, il devint, avec ses troupes, le mercenaire d'Artabaze, satrape d'Ionie, révolté contre le roi de Perse ;

mais Artaxerxès Ochus triompha de la rébellion, et imposa aux Athéniens un traité de paix stipulant la liberté des provinces insurgées, qui furent exemptées du tribut.

C'est ainsi que les Grecs, par leurs divisions insensées, préparèrent la domination de Philippe II, roi de Macédoine.

§ X.

La Macédoine. — Philippe II. — Première guerre sacrée. — Seconde guerre sacrée, bataille de Chéronée. — Mort de Philippe.

Un nouvel État va entrer en scène dans la Grèce et revendiquer à son tour l'hégémonie. Le jour de la Macédoine est arrivé. Séparé de la Grèce proprement dite par le mont Olympe et les monts Camburiens, ce pays est presque entièrement entouré de chaînes de montagnes dont les ramifications traversent l'intérieur. On y trouve aussi de nombreuses vallées et des plaines fertiles.

Sous Philippe II, la Macédoine avait pour bornes, au nord, l'Illyrie et la Mœsie; à l'est, le fleuve Nestus qui la séparait de la Thrace; à l'ouest, la mer Ionienne, au sud, la mer Egée, qui y formait les deux golfes Strymonique et Thermaïque, entre lesquels s'étendait la Chalcidique; trois langues de terre se prolongeaient de cette presqu'île dans la mer.

Le climat de la Macédoine est assez rigoureux durant l'hiver.

Le royaume de Macédoine fut fondé vers l'an 729 avant Jésus-Christ par Perdicas, descendant de la famille royale des Téménides d'Argos. Ce prince ne régna toutefois que sur la province d'Emathie. Ses successeurs durent combattre pendant deux siècles contre les peuplades barbares établies dans le reste du pays, aussi bien que contre les Thraces et les Illyriens qui dévastaient périodiquement la Macédoine.

Amyntas 1er mit fin à ces guerres par la conquête des contrées qui s'étendaient au nord de la Thessalie. Néanmoins ce monarque ne tarda pas à subir le joug des Perses, lors de l'expédition de Darius fils de Gustasp contre les Scythes. La Macédoine demeura trente-cinq ans tributaire des rois asiatiques; elle fut délivrée par la bataille de Platée.

A peine affranchie des Perses, la Macédoine eut à lutter contre les Thraces, qu'Alexandre I et son fils Perdiccas II combattirent durant cinquante ans. Le dernier, à la faveur de la guerre du Péloponèse, conclut une alliance avec les Spartiates, et le théâtre de la guerre fut transporté dans la Chalcidique.

Sous le règne d'Archélaüs, fils et successeur de Perdiccas II, la civilisation grecque pénétra en Macédoine. Ce roi attira les savants, les poètes et les artistes à sa cour de Pella; mais, ayant mécontenté la noblesse par la rigueur de son gouvernement, il périt assassiné (400).

De là, une longue période de troubles enfantés par l'hostilité de l'aristocratie contre la famille royale.

Oreste, fils mineur d'Archélaüs, dépossédé par son tuteur Æérope, laissa le trône à Amyntas II, issu d'une branche latérale de la famille royale, qui gouverna énergiquement.

Son fils aîné, Alexandre II, fut tué par Ptolémée, chef de la noblesse, malgré l'appui des Thébains. Le meurtrier administra la Macédoine pendant la minorité de Perdiccas III, frère d'Alexandre. Le nouveau roi, devenu majeur, fit condamner à mort Ptolémée et recouvra la souveraine puissance. Mais il succomba dans une expédition contre les Illyriens, et son frère Philippe, accourant de Thèbes où il avait été emmené en ôtage, s'empara de l'autorité, au préjudice d'Amyntas, son neveu, fils de Perdiccas (360)

Bientôt Philippe se fit proclamer roi et montra une rare habileté. Nul ne savait comme lui dissimuler ses projets sous des apparences de frivolité et de franchise. Son séjour à Thèbes, où il avait passé trois ans dans la maison d'Epaminondas, l'avait initié à l'art militaire. Une fois sur le trône, il donna pour but à sa vie trois affaires importantes : l'extension de son autorité sur les pays limitrophes de la Macédoine, l'assujettissement de la Grèce et la guerre contre les Perses.

Pour exécuter ces vastes desseins, il commença par organiser son armée en y introduisant la tactique thébaine. Cela fait, il s'empara d'une grande partie de la Péonie, força les Illyriens à restituer les contrées enlevées aux Macédoniens et attaqua les florissantes colonies grecques de la Chalcidique.

Après s'être rendu maître d'Amphipolis qui reconnaissait l'autorité d'Athènes, il conclut une alliance avec Olynthe, la plus puissante des villes de la Chalcidique, et aida ses habitants à établir leur domination sur Potidée et Pydna.

Ensuite Philippe intervint dans les guerres intestines des cités thessaliennes, qu'il délivra du joug des tyrans de Phères (356). Devenu puissant et maître d'un royaume offrant de riches ressources, il épia l'occasion de s'immiscer dans les affaires de la Grèce centrale. Le moment qu'il attendait ne tarda pas à venir.

Les Thébains, qui supportaient avec impatience depuis longtemps l'alliance existant entre les Spartiates et les Phocéens, accusèrent ces derniers devant le conseil de la ligue des Amphyctions de retenir un champ appartenant au temple de Delphes. Les Phocéens, condamnés à une forte amende, refusèrent d'accepter la sentence ; guidés par Philomèle, il s'emparèrent des trésors, du temple de Delphes. De là une guerre de dix ans, appelée *la guerre sacrée*.

Philomèle, à la tête d'une nombreuse armée de mercenaires, résista d'abord avec succès aux forces réunies de la Grèce centrale, mais il périt vaincu à la bataille de Méon (354). Son frère Onomarque, également distingué par ses talents militaires, le remplaça et résolut de porter la guerre en Thessalie, après s'être allié à Lycophron, tyran de Phères.

C'était l'heure qu'attendait Philippe. Le roi de Macédoine rentra dans la Thessalie et triompha des Phocéens dans la sanglante bataille de Magnésie, où succomba Onomarque. Alors Philippe tenta de pénétrer dans la Grèce centrale. Arrêté aux Thermopyles par les Athéniens, il se contenta de laisser dès garnisons dans les villes thessaliennes, remettant à un autre temps la poursuite de ses projets.

Phayllus, le second frère de Philomèle, et brave comme ses aînés, prit le commandement des Phocéens et continua la guerre sacrée en Béotie. Il mourut en 349, et Phalécus, fils d'Onomarque, lui succéda.

Vaincu dans plusieurs batailles, les Thébains recoururent à Philippe, qui venait de détruire Olynthe et plus de trente autres villes de la Chalcidique, malgré les harangues de Démosthènes, et les secours envoyés tardivement par les Athéniens.

Le roi de Macédoine, répondant à l'appel de Thèbes, marcha contre les Phocéens, traita avec Athènes, franchit les Thermopyles, dévasta la Phocide, détruisit toutes ses villes, et les remplaça dans le conseil des Amphyctions (346). Désormais il était maître de la Grèce.

Dès lors Philippe poursuivit sans relâche l'achèvement de son plan. Il divisa en quatre provinces la Thessalie dont il avait chassé les tyrans; puis, à force d'or et de faveurs il acheta dans les États grecs de nombreux partisans. Enfin, il travailla vigoureusement à affaiblir Athènes en détruisant son commerce sur le Pont-Euxin. Pour atteindre ce but, il occupa l'île d'Holonèse, la ville de Sélymbrie, et assiégea Bysance.

Mais Athènes possédait deux hommes, Démosthène et Phocion, qui, depuis longtemps, avaient pénétré les desseins de Philippe; le premier devait à la nature et à un travail obstiné une incomparable éloquence. Politique prévoyant, il rêvait encore pour sa patrie les temps glorieux d'Aristide et de Thémistocle. Le second, au contraire, avait perdu tout enthousiasme et jugeait les hommes de son temps avec une extrême sévérité. Son austère pauvreté contrastait noblement avec la corruption et la vénalité de ceux qui l'entouraient. Il opposait aux entraînements de la populace qu'il ne flattait jamais, une fermeté inflexible. Surpris un jour d'entendre applaudir un de ses discours, il se tourna vers un de ses amis et lui demanda :

— Est-ce qu'il m'est échappé quelque sottise?

Une autre fois, Démosthène lui avait dit :

— Le peuple te tuera s'il devient fou.

Il répondit :

— Et toi, s'il devient sage.

L'inepte et misérable Charès s'étant avisé de tourner en ridicule ses épais sourcils, il s'écria :

— Mes sourcils, ô Athéniens, ne vous ont jamais causé le moindre dommage ; mais les bouffonneries de pareils hommes vous ont coûté bien souvent des larmes.

Malgré la différence de leurs appréciations, Démosthène et Phocion s'unirent pour résister à Philippe. Le grand orateur, par ses *Philippiques*, réveilla les Athéniens de leur torpeur. Par son conseil, ils sollicitèrent l'alliance du roi de Perse et mirent sur pied une armée, dont Phocion reçut le commandement. L'illustre guerrier déploya une grande habileté et contraignit Philippe à reculer (341).

Le prince macédonien, plus résolu que jamais de réaliser ses projets, feignit de les abandonner pour le moment. Il dirigea des expéditions sur le Danube et fit des excursions dans la Scythie, sans toutefois négliger d'agiter la Grèce par ses émissaires. Avec l'or et l'intrigue, il parvint à rallumer la guerre sacrée. Les Locriens d'Amphise, ayant renouvelé le sacrilège de cultiver les terrains du temple de Delphe, la lutte éclata. Eschine, le rival de Démosthène en éloquence, mais vendu aux Macédoniens, proposa aux Amphyctions d'élire pour général des Grecs le roi Philippe, motion qui fut aussitôt décrétée.

Le rusé monarque affecta d'abord de se faire prier, accepta bientôt après, pénétra dans la Grèce avec une puissante armée, s'empara d'Elatée, la place la plus importante de la Phocide, et laissa deviner que son but unique n'était point de venger l'offense faite au dieu de Delphes (339).

Les Thébains manifestèrent leurs craintes ; Démosthène, du haut de la tribune, démontra l'imminence du péril, et une ligue se forma entre les Athéniens et les Béotiens.

Vainement Phocion, qui connaissait trop bien la faiblesse de sa patrie, conseilla la paix : la lutte s'engagea à Chéronée, et les alliés furent mis en déroute. Le bataillon sacré des Thébains, après une défense désespérée, succomba tout entier, jusqu'au dernier soldat. Démosthène, le promoteur de la guerre, jeta son bouclier et s'enfuit. Seul, Phocion, qui avait été exclu du commandement, soutint le courage des siens (338).

Cette désastreuse journée supprima définitivement la liberté de la Grèce. Philippe déshonora son triomphe en raillant les vaincus à la fin d'un banquet. L'orateur Démade, son prisonnier, ne craignit pas de le rappeler à la décence.

— Si la fortune te permet d'être Agamemnon, lui dit-il, pourquoi veux-tu te montrer Thersite?

Le roi de Macédoine accueillit ce légitime reproche et revint aux convenances. Affectant la générosité, il renvoya libre les prisonniers athéniens, renouvela les traités avec leur ville, et accorda la paix aux Béotiens, mais en maintenant une garnison dans Thèbes.

Maintenant que Philippe dominait complétement la Grèce, il pouvait songer à son grand dessein, la guerre contre les Perses. Artaxerxès Ochus, selon divers bruits, préparait une expédition contre Athènes, qui avait soutenu la révolte du satrape Pharnabaze.

A cette nouvelle, le roi de Macédoine crut le moment arrivé d'armer l'Europe contre l'Asie et d'en finir avec un ennemi qui cherchait toujours à s'immiscer dans les affaires des Grecs. Il activait les préparatifs et comptait se mettre en marche prochainement, quand le fer d'un assassin l'arrêta. Un certain Pausanias frappa Philippe à Æges, pendant les fêtes du mariage de sa fille. Les uns attribuèrent la pensée du crime à Olympias, mère d'Alexandre, récemment répudiée; les autres y virent la main des Perses, désireux de conjurer l'orage qui les menaçait.

Philippe n'avait que quarante-sept ans, et il en avait régné vingt-quatre (336).

§ XI.

Éducation d'Alexandre. — Son avènement au trône de Macédoine. — Ses premières guerres. — Il marche contre les Perses. — Batailles du Granique et d'Issus. — Alexandre à Tyr et à Jérusalem. — Expédition en Égypte. — Chute de l'empire des Perses. — Alexandre achève la conquête de l'Asie. — La prospérité l'enivre. — Campagne dans l'Inde. — Son retour à Babylone et sa mort.

Alexandre, fils et successeur de Philippe au trône de Macédoine, n'avait que vingt ans à la mort de son père. Elevé par Aristote, le plus savant des Grecs, il avait été exilé lors de la répudiation de sa mère Olympias, mais il était de retour lors du meurtre de Philippe.

Doué d'une vaste intelligence, profondément instruit dans les sciences et les lettres, passionné pour la guerre, il déploya, dès le début, toutes les qualités de son génie. Il devait achever de ruiner la liberté de la Grèce, ployer la nation à la servitude, et placer son nom à côté de celui des hommes dont le passage au milieu des peuples se marque dans l'histoire parmi les plus terribles fléaux. Les conquérants, ces grands destructeurs, qui cimentent avec des flots de sang l'édifice de leur ambition, ne méritent ordinairement que la réprobation du genre humain, à moins qu'ils ne défendent, comme Charlemagne, les droits sacrés de la civilisation. Mais, entre les Grecs et les Perses, au temps du roi macédonien, la différence était mince : au point de vue de la fraternité humaine, les mœurs se valaient de part et d'autre, les législations également.

A la nouvelle que Philippe n'était plus, la Grèce, soulevée par l'éloquence de Démosthène, courut aux armes pour reconquérir son indépendance. Attale, un officier de Philippe, qui commandait un corps d'armée dans l'Asie-Mineure, refusa de reconnaître la royauté d'Alexandre. Les Triballiens, une tribu belliqueuse de la Thrace, et les Illyriens, se préparèrent à de nouvelles incursions.

Le jeune monarque fit face à tous ses ennemis. Ayant envoyé contre Attal le général Hécatée, il se porta lui-même sur la Grèce, traversa la Thessalie et parut sous les murs de Thèbes avant que ses ennemis ne se fussent mis en défense.

Les Grecs sollicitèrent la paix qu'il accorda. Ensuite, dans une assemblée générale qu'il présida à Corinthe, il se fit décerner le commandement suprême pour la guerre contre les Perses.

Pendant ce temps, l'assassinat d'Attale rendit à Alexandre les troupes insurgées, et il put marcher contre ses ennemis du Nord (335).

Sans perdre un instant, il se jeta sur les peuplades révoltées de la Thrace, de la Mœsie et de l'Illyrie, les alla chercher au milieu de leurs montagnes et de leurs steppes, prit leurs villes et les écrasa partout où elles osèrent affronter sa présence.

Toutefois il courut de terribles dangers, et le bruit de sa mort provoqua une seconde insurrection de la Grèce. Déjà les Thébains assiégeaient la garnison macédonienne qui occupait la citadelle de leur ville, quand Alexandre, victorieux, se présenta soudain, avec vingt mille hommes, devant leurs remparts. Il s'empara de Thèbes, y ordonna un affreux carnage, et la détruisit de fond en comble, excepté la maison de Pindare. Le Macédonien ne se montrait pas moins cruel que les Orientaux, traités de barbares par les Grecs.

Après l'accomplissement de cette horrible vengeance, le roi de Macédoine consentit à pardonner aux Grecs, et ne songea plus qu'à la conquête de l'Asie, but de son immense ambition (334).

Alexandre quitta la Macédoine à la tête de trente mille fantassins et de cinq mille cavaliers. Bientôt il eut traversé la Thrace, franchi l'Hellespont et pénétré dans l'Asie-Mineure. Sur les bords du Granique, petite rivière de la Mysie, il rencontra les satrapes persans qui se disposaient à lui disputer le passage. Dans la bataille qui s'engagea, les Macédoniens triomphèrent, dispersèrent l'armée ennemie, et se rendirent maîtres du pays à l'est, jusqu'au Taurus.

Les colonies grecques du littoral asiatique accueillirent Alexandre en libérateur. Seules, Milet et Halicarnasse, occupées par de fortes garnisons, opposèrent de la résistance; mais, prises d'assaut successivement, elles furent affranchies du joug étranger.

Les Macédoniens s'arrêtèrent à Gordium, en Phrygie, pour y passer l'hiver. Ce fut là qu'Alexandre trancha le fameux nœud appelé *Gordien*, qui attachait le joug du char de Gordius, dans le temple de Jupiter. L'empire de l'Asie, disait-on, était promis à celui qui le dénouerait; le roi de Macédoine éluda la difficulté.

Au printemps de l'année suivante, Alexandre, continuant sa marche le long des côtes méridionales de l'Asie-Mineure, arriva dans la Cilicie, qu'il ne soumit pas sans difficulté (333).

Les Perses, trompés par le séjour de l'ennemi en Cilicie, crurent que les Macédoniens craignaient d'avancer. Leur roi, Darius Codoman, qui avait rassemblé une armée immense dans les plaines de la Babylonie, la conduisit d'abord près de la ville d'Onchæ, sur les confins de l'Asie-Mineure et de la Syrie, puis entra dans la Cilicie même. Il offrit la bataille aux Grecs dans une plaine étroite, près d'Issus, où ses troupes s'entassèrent. Alexandre remporta une victoire plus complète encore que celle du Granique, et prit le camp ennemi, où il trouva un immense butin et fit prisonnière toute la famille de Darius. Il traita généreusement les captifs, mais rejeta avec hauteur les propositions de Darius qui consentait à céder toute l'Asie-Mineure jusqu'au Taurus et de payer les frais de guerre.

Après la bataille d'Issus, Alexandre s'avança sans rencontrer d'abord de résistance le long des rivages de la Méditerranée; il soumit la Syrie et les villes phéniciennes. Tyr seule refusa de recevoir le joug. Bâtie sur les îles en face du continent, et confiante dans sa forte position, elle crut pouvoir braver un ennemi dépourvu de vaisseaux. Mais Alexandre, poussant une jetée à travers le bras de mer, s'empara de la fameuse cité au bout d'un siége de sept mois. Darius sollicita encore la paix, qui ne lui fut point accordée.

Irrité contre le peuple juif, qui n'avait point obéi à ses demandes de secours, lors du siége de Tyr, Alexandre se dirigea vers Jérusalem ; mais le grand-prêtre Jaddus l'apaisa aux portes de la ville, lui communiqua les prophéties de Daniel annonçant sa haute fortune et le conduisit au temple où le monarque macédonien offrit de riches présents (332).

De là, le conquérant se porta sur Gaza, ville qui défendait l'entrée de l'Égypte, et il pénétra dans ce dernier pays.

Les Égyptiens, qui avaient en horreur la domination persane, reçurent avec joie le roi macédonien. Il leur rendit leurs anciennes lois et leur vieux culte, fonda la ville d'Alexandrie, et partit pour le temple d'Ammon, au désert de Lybie, dont l'oracle était renommé dans tout l'Orient. Ivre d'orgueil et de prospérité, Alexandre se fit proclamer fils de Jupiter, démontrant une fois de plus que l'âme humaine succombe toujours sous les séductions du pouvoir absolu pour côtoyer les régions de la folie (331).

Cependant Darius, rebuté par le vainqueur, avait appelé aux armes tous les peuples de son empire. Ayant réuni une armée formidable dans les plaines babyloniennes, il se replia sur la rive gauche du Tigre, et campa près de la ville d'Arbelles. Alexandre accourut en toute hâte à travers la Syrie et la Mésopotamie, passa le fleuve au-dessus de l'armée persane, et engagea la lutte suprême qui devait décider du sort de la monarchie de Darius. La victoire fut complète pour les Macédoniens.

Babylone leur ouvrit ses portes, et Alexandre, épris des pompes orientales et du servilisme persan, résolut d'y fixer le siége de son empire. Maître de Suze et de ses innombrables trésors, il marcha sur la ville de Persépolis, la prit, la pilla et fit brûler le palais des rois (331).

Darius, fugitif, ne désespérait pas encore de la fortune. Retiré à Ecbatane, capitale de la Médie, au milieu des montagnes, il réunit autour de lui les débris de ses troupes et se prépara à livrer une nouvelle bataille. Mais une conspiration jeta le malheureux prince aux mains de Bessus, satrape de la Bactriane, qui l'emmena chargé de chaînes. Informé de ce crime, Alexandre se précipita sur les traces des conjurés, et il allait les atteindre quand Bessus, pour arrêter sa marche, frappa Darius, et le laissa mourant sur la route.

Le dernier des monarques persans venait d'expirer lorsqu'Alexandre arriva; le Macédonien le couvrit de son manteau et versa des larmes sur le sort cruel du maître absolu de tant de peuples (330).

Il restait aux Macédoniens à terminer la conquête de l'Asie; après quelque repos, ils pénétrèrent dans les vastes provinces situées entre la mer Caspienne et l'Indus. Les difficultés de tout genre, sur un territoire couvert de steppes ou traversé par des chaînes de montagnes, excitèrent le mécontentement des troupes. L'adoption par Alexandre des mœurs orientales acheva de lui aliéner le cœur de ses soldats. Une conspiration menaça sa vie, et entraîna la mort de Philotas et de son père Parménion, deux illustres généraux, dont la culpabilité ne fut point clairement démontrée (328).

A son retour en Bactriane, le satrape Bessus avait pris avec le titre de roi le nom d'Artaxerxès IV. Alexandre, malgré l'hiver et les obstacles de tout genre, marcha sur Bactres, s'empara de la ville, et bientôt Bessus, arrêté en Sogdiane par Spitamène, gouverneur de cette province, lui fut livré, chargé de fers.

Toutefois, quand le roi de Macédoine voulut pénétrer dans le pays, Spitamène se défendit les armes à la main; vaincu, le satrape se réfugia chez les Scythes, et Alexandre retourna à Bactres, où il fit crucifier Bessus.

La démence s'emparait peu à peu du conquérant. Après son mariage avec Roxane, fille d'un chef sogdien, il exigea l'adoration orientale de tous ceux qui l'approchaient. Clitus, le frère de sa nourrice, qui lui avait sauvé la vie au passage du Granique, lui ayant reproché de traiter ses amis en esclaves, il le tua de sa propre main. Une nouvelle conspiration tramée contre lui fut étouffée dans le sang.

Alexandre avait atteint les frontières de l'Inde, ce pays mystérieux dont nul conquérant de l'Occident n'avait encore violé le territoire. Le vainqueur des Perses, qui commençait à trouver le monde trop étroit pour son insatiable ambition, résolut de conquérir ces vastes régions. Il triompha comme toujours. Mais, arrivées sur les bords de l'Hyphase, ses troupes refusèrent de continuer leur marche (325).

Forcé de rétrograder, Alexandre regagna l'Hydaspe et descendit cette rivière jusqu'à sa jonction avec l'Indus; puis, suivant le cours de ce dernier fleuve jusqu'à la mer, il fit embarquer une partie de son armée sur une flotte commandée par Néarque, et qui devait faire voile vers le golfe Persique. Avec le reste de ses troupes, il regagna la Babylonie, non sans perdre beaucoup de monde dans les contrées désertes et sablonneuses de la Gédrosie (324),

Alexandre ayant rétabli l'ordre dans son empire troublé par sa longue absence, fixa sa résidence à Babylone, et tenta la fusion des Grecs avec les Orientaux. Les vieux soldats macédoniens se révoltèrent, et le roi fut obligé de les congédier.

Le conquérant méditait de nouvelles expéditions, quand il fut enlevé à la fleur de l'âge, à la suite d'une infâme orgie (323).

§ XII.

Suites de la mort d'Alexandre. — Extinction de sa famille. — Bataille d'Ipsus. — Etat de la Grèce. — Invasion des Gaulois.

Au moment où le conquérant allait expirer, ses généraux l'entouraient, pensifs. L'un d'eux lui demanda :

— Seigneur, à qui laissez-vous l'empire?

— Au plus digne, répondit-il.

Puis il ajouta qu'il prévoyait qu'on lui ferait de sanglantes funérailles.

En effet, la situation devenait critique : Alexandre n'avait point d'héritier capable de continuer son œuvre. Sa femme Roxane, il est vrai, mit au monde, quelques mois après sa mort, un fils qui reçut le nom d'Alexandre, et elle éleva l'enfant de concert avec Olympias, mère de son mari.

Mais des ambitions ardentes fermentaient au cœur des généraux qui avaient commandé sous Alexandre. Quelques-uns, profitant des difficultés inévitables, conçurent le projet de s'emparer du pouvoir en proclamant Arrhidée, un fils de Philippe, à moitié insensé.

Les principaux de ces chefs étaient Perdiccas, Eumène, Antigone et son fils Démétrius, Antipater et son fils Cassandre, Ptolémée fils de Lagus, Lysimaque et Séleucus.

Toutefois la guerre n'éclata pas immédiatement, et la scission de l'empire fut ajournée. Les puissants capitaines de l'armée d'Alexandre convinrent de reconnaître conjointement comme rois Philippe Arrhidée et le jeune Alexandre, sous la tutelle de Perdiccas ; en même temps, ce chef fut chargé de la régence avec Léonatus et Méléagre. Mais Léonatus ayant péri dans une guerre contre les Grecs, Perdiccas mit à mort Méléagre et s'empara du pouvoir suprême. Les autres généraux, investis du gouvernement des provinces, refusèrent bientôt d'obéir au régent, qui succomba lui-même dans la guerre.

Alors la tutelle des rois fut remise à Antipater, et l'Asie cessa d'être le siége de l'empire.

Antipater étant mort l'année suivante, le vieux Polysperchon, chef de la cavalerie macédonienne, le remplaça dans ses fonctions, mais subit l'influence d'Olympias.

La mère d'Alexandre, qui se souvenait encore avec colère d'avoir été répudiée par Philippe, usa du pouvoir pour assouvir sa haine sur Arrhidée et sa femme Eurydice, qu'elle fit périr.

Eumène, commandant des troupes royales en Asie, entra en lutte avec Antigone et son fils Démétrius, qui aspiraient à le dépouiller. Mis à mort par Antigone auquel la trahison l'avait livré, il ne tarda pas à être suivi par Polysperchon, victime des intrigues de Cassandre, fils d'Antipater. Ensuite Cassandre ordonna la mort d'Olympias, prit possession du gouvernement, et se rendit maître de Roxane et de son fils Alexandre (346).

Antigone et son fils Démétrius s'étant proclamés rois dans l'Asie-Mineure, chassèrent Séleucus de la Babylonie, prirent la ville de Tyr après un siège de quatorze mois, et menacèrent à la fois l'Egypte, la Macédoine et la Grèce.

Devant cette puissance formidable, Cassandre, Lysimaque, Ptolémée et Séleucus unirent leurs forces et engagèrent la lutte. Ptolémée vainquit Démétrius près de Gaza, et Séleucus, à la tête d'une puissante armée, rentra dans Babylone (312).

La guerre se termina par un traité qui stipulait la royauté du jeune Alexandre, âgé de douze ans, la liberté de la Grèce, et la renonciation de Ptolémée à la Palestine, à la Syrie et à la Phénicie. Mais Cassandre, qui retenait le jeune Alexandre captif à Amphipolis, le fit assassiner avec sa mère, et la famille du conquérant fut éteinte.

Sous prétexte de venger ce crime, Antigone prépara le rétablissement de l'unité de l'empire. Séleucus, de son côté, étendait sa domination sur les provinces orientales jusqu'à l'Indus et à l'Oxus.

Lysimaque se maintenait en Thrace, et Cassandre essayait de soumettre la Grèce une seconde fois.

Bientôt la guerre éclata. Démétrius, avec une flotte, pénétra dans le port d'Athènes et chassa les garnisons macédoniennes de la plupart des villes grecques. Ptolémée tenta de se rendre maître de la Méditerranée et contraignit Démétrius à quitter la Grèce ; mais ce dernier, ayant battu son rival sur les côtes de Chypre, prit de nouveau avec son père Antigone le titre royal. Lysimaque, Ptolémée et Séleucus, les imitèrent.

Cependant la puissance d'Antigone déclina rapidement. Il échoua dans une expédition contre l'Egypte, et son fils Démétrius n'eut pas plus de succès sous les murs de Rhodes.

Sur l'invitation des Grecs, Démétrius marcha contre Cassandre et prépara l'invasion de la Macédoine. Mais son ennemi ayant conclu une ligue avec Ptolémée, Lysimaque et Séleucus, les chefs alliés livrèrent à Antigone la grande bataille d'Ipsus, dans la Phrygie. Antigone périt dans le combat, son armée fut défaite, et Démétrius se réfugia en Grèce avec ses navires.

Les vainqueurs se partagèrent la monarchie d'Alexandre, dont les débris formèrent quatre royaumes : Cassandre régna dans la Macédoine et la Grèce ; Lysimaque dans la Thrace et l'Asie-Mineure ; Séleucus, dans la Babylonie ; Ptolémée, dans l'Egypte, la Palestine et la Phénicie (314).

En partant pour la conquête de l'Asie, Alexandre avait confié à Antipater le gouvernement de la Macédoine et la surveillance de la Grèce. Les Spartiates seuls troublèrent la tranquillité en essayant de conquérir leur ancienne indépendance ; mais, la mort de leur roi Agis, vaincu à Mégalopolis, mit un terme à ces tentatives impuissantes.

Antipater administra la Macédoine jusqu'à la mort du conquérant. A cette époque, les Grecs se soulevèrent de nouveau, et Antipater ne triompha qu'avec peine de leurs efforts pour secouer le joug.

Cassandre, fils d'Antipater, réussit à maintenir son autorité en Grèce et en Macédoine, grâce à son alliance avec Lysimaque, Ptolémée et Séleucus. La bataille d'Ipsus affermit son pouvoir, qu'il exerça sans prendre le titre de roi.

Cassandre ne jouit pas longtemps du fruit de ses crimes. Démétrius réfugié en Grèce après la bataille d'Ipsus, ne tarda pas à se rendre maître de ce pays. Bientôt, Cassandre étant mort, il s'empara du trône de Macédoine, à la faveur des divisions des fils de son ennemi.

Revenant au projet qu'il avait déjà tenté avec son père, de rétablir la monarchie d'Alexandre, il succomba dans cette entreprise. Pyrrhus, roi d'Epire, Lysimaque de Thrace et Ptolémée d'Egypte, ligués contre lui, attaquèrent la Macédoine, et le forcèrent à s'enfuir auprès de Séleucus, son beau-père, où il mourut au bout de quelques années

Pyrrus et Lysimaque se partagèrent la Macédoine. Quant à Ptolémée, il ne put réduire la Grèce que défendit avec succès Antigone Gonatas, fils de Démétrius.

Plus tard, Lysimaque expulsa Pyrrhus de la Macédoine, qu'il réunit à ses vastes Etats. Mais il périt dans une guerre contre Séleucus.

Ptolémée Céraunus, ayant assassiné ce dernier prince, monta sur le trône de Macédoine, et s'apprêtait à marcher sur la Grèce où dominait Antigone Gonatas, quand les **Gaulois** vinrent suspendre les querelles (280).

Il y avait un siècle que les Gaulois avaient envahi l'Italie lorsqu'ils s'avancèrent dans la Macédoine. Ils vainquirent et tuèrent Ptolémée Ceraunus, dévastèrent le pays, et furent défaits eux-mêmes par Sosthène.

Mais, l'année suivante, une armée plus nombreuse que la première, sous les ordres d'un chef suprême portant le titre de *brenn*, se rua sur la Macédoine. Les Gaulois anéantirent Sosthène avec ses troupes, ravagèrent la Thessalie et jusqu'à la Grèce centrale.

Enfin, rebutés par les résistances des Grecs et le désordre né de leurs propres excès, les Gaulois se retirèrent. Ils traversèrent la Thrace d'où une partie se rendit dans l'Asie-Mineure et y fonda un vaste empire, la Galatie, dont Ancyre fut la capitale (276).

§ XIII.

Ligues œtolienne et achéenne. — Aratus. — Etat de Sparte. — La Macédoine jusqu'à la bataille de Sellasie. — Philippe III combat les Grecs et les Romains. — Bataille de Cynoscéphale. — Influence prépondérante des Romains en Grèce. — Réduction de la Macédoine en province romaine. — Prise de Corinthe.

Antigone Gonatas, profitant de l'invasion des Gaulois, avait imposé sa domination à la Macédoine. Mais son autorité en Grèce s'affaiblit par suite de la situation nouvelle de ce pays. Deux ligues s'étaient formées, la ligue œtolienne et la ligue achéenne.

Durant les guerres qui éclatèrent après la mort d'Alexandre, les villes et peuplades de l'Œtolie s'étaient unies pour repousser les invasions des Acarnaniens. Bientôt cette ligue se fortifia et devint définitive. Chaque année, l'assemblée fédérale, convoquée dans le temple d'Apollon, à Thermus, délibérait sur les affaires du pays, nommait le stratége ou commandant de l'armée fédérale, et le conseil annuel chargé de l'administration générale. Néanmoins, chaque État gardait sa complète indépendance pour ses affaires intérieures.

La ligue achéenne, constituée dès les premiers temps de la Grèce, avait été renouvelée à l'époque des guerres d'Épaminondas contre Sparte. Toutefois, elle acquit de l'importance seulement quand Antigone Gonatas tenta de soumettre le Péloponèse. Alors, quatre villes achéennes se confédérèrent et chassèrent les garnisons macédoniennes. La ville d'Ægium, qui ne tarda pas à se joindre à la ligue, en devint le siége, et les cinq autres citées de l'Achaïe imitèrent promptement l'exemple d'Ægium. Toutes les villes cependant conservèrent leur indépendance et le même rang dans la confédération.

L'assemblée générale se réunissait deux fois, au temple de Jupiter à Ægium, élisait le stratége et dix députés chargés de gérer les affaires communes.

Mais les Grecs, obstinément fidèles à l'esprit de discorde qui leur avait causé tant de maux, ne surent pas résister à leurs mesquines passions. Les deux ligues entrèrent bientôt en lutte : celle d'Œtolie prêta son concours à Antigone Gonatas pour subjuguer le Midi de la Grèce.

La ligue achéenne, grâce au talent d'un homme, Aratus de Sicyone, eut une période pleine d'éclat et de gloire. Aratus, ayant délivré sa patrie de la tyrannie de Nicoclès, la fit entrer dans la ligue achéenne dont il devint stratége (250). Sous sa direction, la confédération se développa rapidement ; Corinthe, Mégare, les villes de l'Argolide, l'Arcadie, y entrèrent successivement.

Aratus finit, après de longues luttes, par chasser la garnison macédonienne de la ville d'Athènes, qui prit place aussi dans la ligue achéenne. La Messénie se joignit également à la confédération, qui embrassa le Péloponèse tout entier, à l'exception de Sparte (222).

Cette ville fameuse avait traversé de nombreuses vicissitudes quand quelques-uns de ses rois tentèrent de ramener les mœurs civiles à leur rigueur primitive. Cléomène III réussit à imposer des réformes radicales, dans le sens de la législation de Lycurgue. Ensuite il voulut rendre à Sparte la domination sur le Péloponèse. De là une guerre terrible entre les Lacédémoniens et la ligue achéenne.

Aratus, vaincu plusieurs fois par Cléomène, commit la faute d'appeler à son aide Antigone Doson, petits-fils d'Antigone Gonatas et roi de Macédoine ; les Spartiates furent vaincus à la grande bataille de Sellasie (221). Cléomène se retira en Égypte où il périt trois ans plus tard. La Grèce retomba de nouveau sous le joug macédonien.

Une dynastie tendait à se fonder dans ce dernier pays. Antigone Gonatas, qui s'était emparé du trône après la retraite des Gaulois, fit alliance avec Antiochus I, fils de Séleucus ; mais attaqué par Pyrrhus, roi d'Épire, il dut abandonner son royaume, qu'il ne recouvra qu'après la mort de son ennemi. Néanmoins, il ne réussit pas à soumettre la Grèce

Son fils Démétrius II échoua pareillement. A ce dernier succéda Antigone Doson, son neveu, qui prit la tutelle de Philippe, le fils mineur de Démétrius. Plus heureux ou plus habile que ses prédécesseurs, Antigone Doson parvint à dominer la Grèce. Vainqueur à Sellasie, il s'empara de Sparte, lui donna une garnison macédonienne et acquit l'empire du Péloponèse.

A la mort d'Antigone, Philippe III, son pupille, monta sur le trône. Profitant de la guerre allumée entre les deux ligues grecques, il s'allia aux Achéens, prit et pilla la ville de Thermus, siége de la confédération Œtolienne, et ravagea la Laconie. Pourtant il conclut la paix à Naupacte avec les Œtoliens, malgré l'opposition d'Aratus.

Hannibal venait de remporter contre les Romains la victoire de Cannes; le chef carthaginois ayant sollicité l'alliance de Philippe, celui-ci se déclara en sa faveur. Mais, vaincu par les Romains à Apollonie, le roi de Macédoine perdit bientôt la Grèce, après avoir fait empoisonner Aratus.

Philopœmen, né à Mégalopolis, remplaça Aratus comme stratége. Surnommé le *dernier des Grecs*, à cause de son patriotisme, de sa modération et de ses talents militaires, il essaya de relever son pays (205).

La guerre contre les Romains avait livré la Grèce pendant six ans à d'effroyables dévastations. La paix se conclut enfin, et rétablit les choses dans l'état précédent.

Philippe ne se tint pas longtemps en repos. Songeant à conquérir l'Asie-Mineure, il attaqua Attale, roi de Pergame, ainsi que la république de Rhodes. En même temps, il envoya des troupes contre Athènes. Cet acte ranima la guerre entre la ligue achéenne, dirigée par Philopœmen, et Sparte dont le tyran Nabis était l'allié des Romains.

A la nouvelle de cette prise d'armes, les Romains déclarèrent une seconde fois la guerre au roi de Macédoine qui fut vaincu à Cynoscéphale et forcé de renoncer à la domination de la Grèce (196). Les Grecs, proclamés libres par les Romains, n'en subirent pas moins la loi de ce peuple.

Les Œtoliens se lassèrent promptement de leurs relations avec Rome qui leur imposait son autorité. Alliés à Antiochus I, ils reçurent en Grèce une armée de ce prince. Les Romains eurent vite raison de ces velléités d'indépendance ; ils chassèrent les Syriens, soumirent les Œtoliens et détruisirent leur confédération.

La ligue achéenne, demeurée fidèle à Rome, embrassait tout le Péloponèse, et même la ville de Sparte, que Philopœmen y avait réunie après le meurtre de Nabis. Malheureusement le grand capitaine de la confédération ayant péri dans une guerre contre les Messéniens révoltés, la ligue pencha vers son déclin.

La défaite de Cynoscéphale n'avait point découragé Philippe III. Ce prince arma de nouveau et poussa ses conquêtes en Thrace et en Thessalie ; mais il mourut avant d'avoir pu exécuter ses projets.

Son fils Persée, qui lui avait succédé au trône, continua les préparatifs de la lutte contre Rome et négocia secrètement avec Carthage. Alors les Romains lui déclarèrent la guerre, et le royaume succomba dans la sanglante bataille de Pydna. Persée, fait prisonnier, finit ses jours à Rome, dans la captivité (148). Bientôt la Macédoine fut réduite en province romaine.

La Grèce subit le même sort deux ans plus tard. Vaincus dans plusieurs batailles, les Grecs se concentrèrent à Corinthe. Le consul Mummius prit cette ville, et le pays devint, comme la Macédoine, province romaine, à l'exception d'Athènes, qui conserva une liberté dérisoire (146).

CHAPITRE VIII

LES PHÉNICIENS.

§ I.

Situation géographique. — Principales villes. — **Domination de Sidon**. — Puissance de Tyr. — Décadence de la Phénicie.

La Phénicie, l'une des contrées désignées autrefois sous l'appelation du pays de Kanaan, lesquelles comprenaient encore la Palestine et la Syrie, reçut son nom des Grecs. Séparé au nord de la Syrie par le fleuve Eleuthère, elle s'étendait au sud jusqu'à la ville de Césarée.

Vers l'an 2250 avant Jésus-Christ, Sidon et Arad, fils de Kanaan, fondèrent sur les côtes de la Syrie deux villes auxquelles ils donnèrent leurs noms. Les descendants de Jébush, autre fils de Kanaan, créèrent plus tard deux villes, Byblos et Béryte.

On connaît moins l'époque de la naissance de Tyr; toutefois, l'origine de cette illustre cité remonte à un âge très-reculé.

Bientôt les habitants du littoral phénicien se livrèrent à la navigation et au commerce avec ceux de la Syrie et de la Palestine, issus, comme eux, de Kanaan. Pendant quelque temps ils firent partie de la grande monarchie asiatique et furent soumis aux rois de Babylone. Dans la suite les villes phéniciennes subirent le joug des Assyriens.

Au quinzième siècle avant Jésus-Christ, la ville de Sidon était parvenue à un tel degré de prospérité qu'elle devint le siége de la confédération des cités phéniciennes. Elle établit de nombreuses colonies dans la Syrie, la Palestine, le littoral septentrional de l'Afrique, les îles de Chypre, de Crète et de Cythère; mais une guerre que Sidon soutint contre les Philistins prépara sa décadence. Ayant été prise par l'ennemi, elle vit beaucoup de familles patriciennes s'exiler et se retirer dans les îles situées en face de la ville de Tyr. Ces proscrits fondèrent une autre cité qui ne tarda pas à se confondre avec celle de Tyr. Dès-lors, Sidon céda le pas à sa rivale (1200).

Les Tyriens, bénéficiant des malheurs de Sidon, prirent la direction de la confédération phénicienne. Ils fondèrent deux colonies importantes, celle de Gadès en Espagne et celle d'Utique sur les côtes d'Afrique.

Leur voisinage étant devenu dangereux pour les Israélites, le roi David engagea la lutte avec Abibal, roi de Tyr. Hyram, successeur de ce dernier, conclut une alliance avec Salomon.

Hiram et ses premiers successeurs agrandirent la ville et l'embellirent de vastes monuments. Puis des guerres intestines éclatèrent pour la possession du pouvoir; elles ne cessèrent qu'à l'avènement d'Ithobaal, qui s'empara violemment du trône et le transmit héréditairement à sa famille.

Ce prince maria sa fille Jézabel à Achab, roi d'Israël, et unit à la royauté le souverain pontificat dont il avait été revêtu avant son usurpation. Toutefois, après la mort d'Ithobaal, les deux dignités furent de nouveau séparées. La noblesse, dont les prérogatives reposaient sur les fonctions sacerdotales, tenta, durant la minorité du roi Pygmalion, de transférer le gouvernement aux

HISTOIRE DE TOUS LES PEUPLES

mains du grand-prêtre Sicharbaal, marié à Elissa, sœur du jeune prince. Une révolution éclata ; le peuple, soulevé, soutint le roi, et expulsa la plupart des patriciens avec Elissa et son mari. Les exilés se rendirent en Afrique, s'établirent dans l'ancienne colonie sidonienne de Cambé, l'agrandirent et lui donnèrent le nom de Carthage (827).

Cet événement porta un coup funeste à la prospérité de Tyr, dont le commerce passa en grande partie aux Carthaginois. Cependant le déclin de la ville ne s'accusa que lentement ; elle conserva un siècle son influence sur les autres cités phéniciennes et continua ses relations commerciales avec les contrées de l'Europe et de l'Afrique voisines de l'Océan Atlantique (750).

Lorsque Salmanasar, roi d'Assyrie, envahit la Phénicie, il soumit presque toutes les villes. Tyr seule résista et subit un siége de cinq ans, qui ne fut levé qu'à la mort du monarque asiatique. Le commerce des Phéniciens souffrit considérablement des guerres entreprises par les successeurs de ce prince.

Les villes phéniciennes prirent une part active dans la lutte engagée un peu plus tard entre les rois d'Egypte et ceux de Babylone. Sidon, attaquée par le pharaon Ophra, fut prise et saccagée. Les Tyriens, vaincus dans une bataille navale, perdirent leurs colonies de l'île de Chypre, qui passèrent sous la domination du vainqueur (588).

Le roi d'Egypte s'étant retiré pour réprimer une insurrection dans ses Etats, les Phéniciens, délivrés, s'allièrent avec les Syriens et les Juifs contre les Babyloniens. Nabou-cadr-atzer accourut avec une armée, triompha de toutes les résistances, et mit le siége devant Tyr. Le roi Ithobaal II et les habitants soutinrent pendant treize ans les attaques de l'ennemi. Enfin ils capitulèrent et gardèrent leurs lois, tout en reconnaissant la souveraineté du monarque babylonien.

A partir du règne de Cyrus, les Phéniciens, tout en obtenant de larges priviléges, durent mettre leurs flottes à la disposition des Perses. Cette situation les plaça en rivalité avec les Grecs sur les marchés du monde, et précipita leur décadence.

Lasses de la tyrannie persane, les villes phéniciennes accueillirent avec empressement Alexandre de Macédoine. La ville de Tyr fit exception. Prise d'assaut après un siège de neuf mois, elle fut épargnée, il est vrai, mais la fondation d'Alexandrie, en Egypte, ruina en partie son commerce.

A dater de cette époque, la Phénicie perdit toute importance (232).

§ II.

Les Phéniciens en Afrique. — Grandeur de Carthage. — Sa prépondérance en Sicile. — Guerres contre Agathocle de Sicile et Pyrrhus, roi d'Épire. — Première guerre punique.

Une partie de la noblesse tyrienne, proscrite avec Élissa et Sicharbaal, avait fondé Carthage, nous l'avons dit précédemment, sur le littoral africain. Les Phéniciens exilés avaient emporté avec eux leurs richesses, qui leur servirent à développer rapidement la cité naissante.

D'autres colonies phéniciennes, fondées antérieurement en Afrique, jalousèrent d'abord les Carthaginois; mais bientôt elles s'allièrent à eux pour lutter contre les peuplades indigènes.

Un siècle seulement après sa fondation, Carthage protégeait avec succès les colonies phéniciennes établies en Sicile, les défendant contre les villes grecques qui aspiraient à dominer l'île tout entière. En même temps, sur le sol africain, elle subjuguait une partie de la Numidie et de la Mauritanie (650).

Les Carthaginois, devenus maîtres des îles Ebusus et Melita, entreprirent la conquête de la Sardaigne, qu'ils n'accomplirent qu'après des guerres longues et sanglantes. A la même époque, ils pénétrèrent dans l'île de Corse, dont ils interdirent l'accès aux autres peuples, tout en respectant l'indépendance des habitants. Ils nouèrent aussi des relations avec les colonies phéniciennes du littoral ibérique, fondèrent plusieurs villes dans le pays et se préparèrent de la sorte les voies à la domination. Des traités commerciaux les mirent en rapport avec les peuples de l'Italie (480).

Jaloux de la puissance croissante de la ville de Syracuse qui menaçait de ruiner leur prépondérance en Sicile, les Carthaginois, ayant conclu contre les Grecs une alliance avec Xerxès I, roi de Perse, résolurent d'attaquer leurs rivaux. Ils jetèrent en Sicile une armée de trois cent mille hommes, qu'avaient apportée deux cent vaisseaux de guerre. Hamilcar, fils de Magon, commandait l'expédition. Gélon, tyran de Syracuse, et Théron, tyran d'Agrigente, unirent leurs forces. Une grande bataille s'engagea près d'Himère (480), le même jour que celle de Salamine. Hamilcar périt dès le début de l'action, et les Carthaginois furent complétement défaits. Craignant que les vainqueurs ne vinssent les attaquer en Afrique même, ils achetèrent, moyennant deux mille talents, une paix qui devait durer soixante-dix ans.

Repoussés en Sicile, les Carthaginois dirigèrent leurs vues du côté de l'Océan Atlantique. Hannon et Hamilcon, tous deux fils d'Hamilcar, furent mis chacun à la tête d'une flotte. Le premier navigua jusqu'au promontoire du mont Atlas en Mauritanie, fonda plusieurs colonies sur le littoral, et soumit les villes phéniciennes existant déjà dans le pays. Le second, longeant les rivages de l'Espagne et de la Gaule, poussa jusqu'aux Iles Britanniques. Carthage retira de grands fruits pour son commerce de cette double expédition, et sa puissance s'accrut tellement qu'elle songea bientôt à renouveler la guerre avec Syracuse (409).

La mésintelligence entre deux colonies grecques, Ségeste et Sélinonte, offrit aux Carthaginois le prétexte qu'ils cherchaient pour reparaître en armes dans la Sicile. Appelés par les Ségestains, ils débarquèrent dans l'île une armée aux ordres d'Hannibal, petit-fils d'Hamilcar, qui s'empara successivement des villes de Sélinonte, Himère et Agrigente. Syracuse, en proie aux discordes intestines, n'entra en ligue qu'à l'époque où Denys I usurpa le pouvoir. Le tyran marcha contre les Carthaginois. Vaincu totalement près de Géla, il obtint néanmoins la paix, grâce à une peste qui affaiblit les envahisseurs (406).

Toutefois, Denys ne tarda pas à rompre le traité. Ayant fait alliance avec la plupart des villes grecques de la Sicile, il enleva aux Carthaginois presque toutes leurs possessions. A cette nouvelle, Himilcon partit d'Afrique, débarqua une armée dans l'île, remporta une victoire éclatante sur Denys et assiégea Syracuse. La peste sauva de nouveau la ville, et les Carthaginois, décimés par le fléau, durent abandonner une partie de leurs conquêtes. Un autre chef, Magon, désigné pour continuer la lutte, ne tarda pas à la terminer par un traité de paix stipulant que le fleuve Halcyus formerait la limite entre les Carthaginois et les Syracusains (368).

Après la mort de Denys le Tyran, des troubles graves agitèrent Syracuse. Le peuple se souleva plusieurs fois contre Denys le Jeune, qui avait succédé à son père. Chassé de ses États, le nouveau prince les recouvra avec le secours des Carthaginois. A la fin, il lassa tellement le peuple par ses actes tyranniques, que les Syracusains prirent une dernière fois les armes et appelèrent à leur secours Timoléon, un capitaine corinthien renommé. Ce chef vint avec une flotte, expulsa Denys, vainquit les Carthaginois dans une bataille sanglante, et les força d'accepter la paix sur les bases d'autrefois (340).

A ces échecs extérieurs se joignirent pour Carthage des désordres intérieurs. Hannon, le chef d'une famille puissante, tenta de renverser le gouvernement républicain et de s'emparer du pouvoir en provoquant à la révolte les esclaves et les peuplades africaines. Son arrestation et son supplice rendirent à la ville sa tranquillité, et elle reprit ses vieux projets de conquête à l'égard de la Sicile (338).

L'heure semblait propice. Timoléon était mort. Agathocle, le fils d'un potier, aspirait à la tyrannie dans Syracuse. Les Carthaginois, considérant la division des habitants comme un avantage, lui prêtèrent main forte, et il conquit le pouvoir. Mais, à peine en possession de l'objet de ses vœux, Agathocle déclara la guerre à ses alliés, car il prétendait être le seul maître en

Sicile. Vaincu dans plusieurs batailles, le tyran se réfugia dans Syracuse, où les Carthaginois vinrent l'assiéger. Alors, ayant conçu un plan audacieux, il sortit de la ville et cingla vers l'Afrique avec un petit nombre de soldats aguerris. Le succès couronna l'entreprise; en peu de temps, Agathocle se rendit maître d'une partie du territoire de Carthage; mais une insurrection des Syracusains le rappela en Sicile, et il dut renouveler la paix (290).

La mort d'Agathocle provoqua de nouvelles discordes à Syracuse, et les Carthaginois en profitèrent pour assujettir la plupart des colonies grecques en Sicile. Les Syracusains implorèrent le secours de Pyrrhus II, roi d'Épire, qui accourut d'Italie, où il combattait les Romains, et repoussa les Carthaginois dans quelques cités du littoral; mais les Grecs, blessés de son orgueil, l'obligèrent à quitter l'île. Son départ permit aux Carthaginois de reprendre leurs anciennes possessions, et ils s'y affermirent en concluant une alliance avec Hiéron, devenu roi de Syracuse. D'accord avec ce prince, ils assiégèrent Messine, tombée aux mains des Mamertins, rebut des troupes mercenaires d'Agathocle, qui infestaient la Sicile. Ceux-ci appelèrent les Romains à leur aide.

De là la première guerre punique, la première lutte entre Rome et Carthage (264).

Les Romains n'avaient point encore franchi les limites de l'Italie, mais la conquête des provinces méridionales de la péninsule les avait rapprochés de la Sicile et rendus les voisins des Carthaginois. Aussi, se hâtant de répondre aux prières des Mamertins, ils envoyèrent une armée au secours de Messine. Le consul Appius Claudius, qui la commandait, força les Carthaginois et les Syracusains à lever le siége, et se porta immédiatement sur Syracuse. Hiéron, abandonné par les Carthaginois qui s'étaient retirés à Agrigente, acheta la paix; plusieurs villes grecques de Sicile l'imitèrent, et tous, désormais alliés aux Romains, se tournèrent contre Carthage.

Les Romains attaquèrent Agrigente, qui se défendit vaillamment durant sept mois et fut détruite en partie (262). Toutefois, les Carthaginois gardèrent les villes fortifiées sur les côtes occidentales, et leurs flottes dévastèrent à diverses reprises le littoral de l'Italie.

Dépourvus de navires jusque-là, les Romains comprirent la nécessité d'en créer rapidement. En deux mois, ils construisirent cent vingt vaisseaux de guerre, munis d'un pont-levis qu'armaient de grands crochets au moyen desquels ils comptaient joindre les bâtiments ennemis et les prendre à l'abordage.

Le consul Duilius, chargé du commandement de la flotte, remporta près de Myles une première victoire navale sur les Carthaginois (260), grâce à la tactique nouvelle inventée par les Romains. Il prit ensuite les villes d'Olbie en Sardaigne et d'Alérie en Corse. Les Carthaginois perdirent une partie de leurs places fortes en Sicile, et les Romains occupèrent l'île presque tout entière.

Animés par le succès, les Romains résolurent de porter la guerre en Afrique. Une flotte de trois cent vingt galères reçut l'ordre de transporter sur le territoire de Carthage une armée de cent trente mille hommes, guidée par les consuls Régulus et Manlius. Les Carthaginois attaquèrent la flotte ennemie près d'Ecnomos, en Sicile ; mais, toujours à la faveur de leurs pont-levis, les Romains remportèrent une seconde victoire navale. Débarqués en Afrique, ils triomphèrent des Carthaginois dans une terrible bataille près de Clypéa (256). Alors Manlius reprit la route de Rome avec une partie des troupes, tandis que son collègue Régulus marchait avec le reste sur Carthage. La républiqus africaine aux abois confia le commandement supérieur de l'armée au Lacédémonien Xantippe, un chef de mercenaires grecs. Ce capitaine, profitant de la négligence de Régulus, l'attaqua, anéantit son armée et le fit lui-même prisonnier. Ce désastre, joint à la perte de la flotte par une tempête, près du cap Pachynum, obligea les Romains à resteindre la lutte à la Sicile, où les Carthaginois avaient envoyé de nouvelles forces (255).

Cependant les Romains s'étaient emparés de l'importante ville de Panorme, en Sicile, la possession la plus considérable des Carthaginois (254). Malgré la perte d'une seconde flotte au milieu d'une tempête, ils battirent encore l'ennemi sous les murs de la place ; toute l'armée carthaginoise fut taillée en pièces ou faite prisonnière.

A la suite de ce revers, les Carthaginois envoyèrent en Sicile Hamilcar, père d'Hannibal, un de leurs plus habiles généraux. Il commença par fortifier les trois villes de Lilybée, Drépanum et Euryce ; il évita toute bataille rangée et se borna à la guerre défensive. Les Romains, ayant perdu une bataille navale et vu leur flotte détruite par la tempête, le Sénat renonça à la guerre maritime. Mais il fallut bientôt recourir aux vaisseaux, car, sans eux, il était impossible de chasser les Carthaginois de la Sicile. Le consul Lutatius, placé à la tête d'une nouvelle flotte, surprit les navires carthaginois, chargés de blé pour l'armée d'Hamilcar, et les coula à fond près des îles Ægates (242).

Incapables de soutenir plus longtemps la guerre, les Carthaginois demandèrent la paix. Elle leur fut accordée à la condition d'évacuer la Sicile et les îles voisines, de rendre sans rançon les prisonniers romains et de payer trois mille talents dans l'espace de dix ans.

§ III.

Révolte des mercenaires à Carthage. — Hamilcar fait la conquête de l'Espagne. — Deuxième guerre punique. — Hannibal en Italie. — Ses victoires. — Les Romains relèvent leur fortune en Italie et en Espagne. — Bataille de Zama. — Troisième guerre punique. — Destruction de Carthage.

Peu après la fin de la première guerre punique, Carthage courut un grand danger, qui la mit à deux doigts de sa perte. Les troupes mercenaires qu'elle employait presque exclusivement, se révoltèrent pour refus de solde (340). Les rebelles, ayant choisi pour chef l'Africain Mathos et le Campanien Spendius, gagnèrent à leur cause plusieurs peuplades indigènes et quelques villes soumises aux Carthaginois. Alors ils mirent le siége devant Utique et Hippone, et défirent Hannon, venu de Carthage pour les combattre. Hamilcar Barcas remplaça le chef vaincu, et força Spendius à s'éloigner d'Utique, pour se retirer à Tunès. Cependant la république avait adjoint Hannon à Hamilcar. La discorde éclata entre les deux généraux, et les villes d'Utique et d'Hippone s'étant déclarées pour les mercenaires, ceux-ci se portèrent sur Carthage. Hiéron, roi de Syracuse, sauva la ville par l'envoi d'un corps de troupes et d'approvisionnements. De son côté, Hamilcar, qui n'avait cessé de tenir la campagne, ayant reçu des auxiliaires, battit complétement les révoltés devant la ville. Hamilcar et Hannon s'étant réconciliés, se dirigèrent ensemble sur Tunès et détruisirent dans une bataille les restes des mercenaires (237).

Cette guerre formidable, qui avait achevé la ruine des finances de Carthage, avait permis aux Romains de s'emparer de la Sardaigne et de la Corse. Pour compenser les ressources importantes que ces deux îles fournissaient à sa patrie, Halmicar Barcas entreprit la conquête de l'Espagne, comptant que les nombreuses colonies phéniciennes établies dans le Midi du pays lui faciliteraient l'exécution de ce projet.

Entré en Espagne avec une petite armée, après neuf ans d'efforts il avait soumis la plupart des peuplades de la péninsule. Hamilcar étant tombé dans une bataille, fut remplacé par son gendre Hasdrubal. Le nouveau chef sut, par son habileté, s'attacher les habitants de l'Espagne et y affermir l'autorité de Carthage.

Hasdrubal, achevant l'œuvre de son prédécesseur, venait d'atteindre les bords de l'Ebre, quand les Romains, intervenant, imposèrent aux Carthaginois un traité qui leur défendait de franchir ce fleuve, et sauvegardait l'indépendance de la ville grecque de Sagonte (226).

Hasdrubal fonda alors la ville de Carthagène. Ayant appelé auprès de lui Hannibal, fils d'Hamilcar, il lui confia un commandement important dans l'armée dont le jeune capitaine devint bientôt l'idole. Quatre ans plus tard,

Hasdrubal ayant été assassiné par un esclave gaulois, Hannibal fut proclamé général par les soldats, et le sénat de Carthage ratifia cette élection.

Dès son enfance, Hannibal, sur l'invitation de son père, avait juré une haine implacable aux Romains. A peine investi de l'autorité suprême, il ne songea plus qu'à accomplir son serment et à venger les défaites de Carthage. Général consommé autant qu'habile dans l'administration politique, il résolut d'attaquer les Romains en Italie, et d'éviter ainsi les chances d'une bataille navale. Ayant pris Sagonte pour forcer les Romains à déclarer la guerre, il passa l'Ebre à la tête d'une armée peu nombreuse, mais aguerrie, franchit les Pyrénées et atteignit les rives du Rhône. A la nouvelle qu'une armée romaine avait débarqué à l'embouchure du fleuve, il remonta le Rhône et l'Isère, afin de ne pas engager le combat, et subjugua, chemin faisant, les peuplades gauloises du pays.

Parvenu aux pieds des Alpes, il traversa ces monts fameux au Petit-Saint-Bernard et descendit dans les plaines d'Italie.

Hannibal avait perdu la moitié de ses troupes dans cette marche héroïquement audacieuse.

Néanmoins ayant rencontré le consul Scipion sur les bords du Tessin, il n'hésita point à lui livrer bataille, et remporta sa première victoire sur les Romains (218).

Scipion, vaincu par la tactique supérieure de son ennemi et la valeur de la cavalerie numide, se replia sur l'armée de son collègue Sempronius, campée sur la Trébie. Hannibal s'avança rapidement jusqu'à ce fleuve que les consuls eurent l'imprudence de passer en sa présence. Il gagna une seconde bataille, qui lui valut la soumission des Gaulois du Nord de l'Italie.

Hannibal hiverna dans la plaine du Pô, où il répara les pertes de son armée en y incorporant des troupes gauloises.

Au printemps, le chef carthaginois pénétra dans l'Italie centrale par les marais de Pise, formés par l'Arno. Dans cette marche hardie, il perdit beaucoup de monde et une maladie le priva lui-même d'un œil. Il atteignit les Romains sur les bords du lac Trasimène, où il anéantit, dans une bataille acharnée, toute l'armée romaine commandée par le consul Flaminius.

Ce terrible revers n'ébranla pas la fermeté du peuple romain. Fabius Maximus, qui devait sauver sa patrie par une habile temporisation, fut nommé dictateur.

Cependant les peuples de l'Italie centrale se déclarèrent pour Hannibal qui s'avança vers le Samnium. Il pénétra dans le midi de l'Italie, ralliant à sa cause les peuplades guerrières de ces contrées et méditant d'écraser d'un seul coup ses ennemis, après les avoir isolés. Mais il avait affaire, cette fois, à un homme doué de génie et de prudence : Fabius le suivait sans cesse, le harcelant continuellement, et refusant toujours le combat. Cette tactique, si gênante pour le plan d'Hannibal, fut mal appréciée à Rome, où l'on finit par accuser le dictateur de pusillanimité. On mit à la tête d'une nouvelle armée les consuls Paullus Emilius et Varron. Celui-ci, rival de Fabius et d'un caractère fougueux, entraîna son collègue à livrer une grande bataille, près de Cannes. Les Romains, complètement défaits, perdirent quarante-cinq mille soldats et le consul Paullus. Varron rentra dans Rome avec dix mille hommes, et le sénat, au lieu de reproches, le remercia solennellement de n'avoir point désespéré de la république (216).

Au lieu de marcher sur Rome après sa victoire, Hannibal, affaibli lui-même par des pertes sensibles, occupa Capoue, la capitale de la Campanie, en attendant des renforts. Mais le grand capitaine comptait des ennemis puissants dans le sénat de Carthage. Hannon, le chef de la faction hostile, empêcha qu'on ne lui envoyât des secours suffisants.

Quant aux Romains, ils déployèrent une activité merveilleuse. En peu de temps, ils formèrent deux armées, composées en partie d'esclaves affranchis. Marcellus, qui commandait la première, reprit contre les Carthaginois la tactique de Fabius. La seconde, aux ordres des deux frères Scipion, Cneus et Publius, entra en Espagne où elle obligea Carthage d'entretenir des troupes nombreuses.

Hannibal ne s'endormait pas à Capoue. Il conclut une double alliance avec Phillippe de Macédoine et les Syracusains ; mais le premier, vaincu par les Romains à Apollonie, ne put lui prêter de concours efficace ; les seconds, attaqués également par les Romains que commandait Marcellus, durent rendre leur ville après un siége de trois ans et malgré les machines d'Archimède. Hannibal, réduit à se défendre, réussit cependant à prendre Tarente, mais il perdit Capoue (215).

Aussitôt les peuples de l'Italie méridionale rentrèrent sous l'autorité de Rome, et Hannibal à qui sa patrie n'expédiait ni troupes ni argent, se retira dans les montagnes inaccessibles du Brutium.

Bientôt son frère Hasdrubal, qui avait défait les Romains en Espagne dans plusieurs batailles où les deux Scipion avaient péri, accourut en Italie. Un jeune homme de vingt-quatre ans, fils de Publius Scipion, nommé proconsul par le peuple romain, venait, il est vrai, d'arriver en Espagne, où il avait remporté une brillante victoire et pris Carthagène. Néanmoins Hasdrubal, suivant la route frayée par son frère, atteignit la vallée d'Aoste. Une armée romaine l'attendait au pied des Alpes, et il succomba dans la sanglante action du Métaure. (207) L'année suivante, Magon, un autre frère d'Hannibal, débarqué dans le Nord de l'Italie, échoua pareillement.

Pendant ce temps, Scipion, marchant de succès en succès, accomplissait la conquête de l'Espagne d'où les Carthaginois furent expulsés. De plus, Scipion avait noué des relations avec un roi numide, Massinissa, le rival de Syphax, allié des Carthaginois. Ce dernier ayant été détrôné, Massinissa engagea les Romains à passer en Afrique.

Scipion, de retour à Rome, insista sur la même idée qu'il parvint à faire prévaloir (205). Ayant obtenu le consulat, il se rendit en Sicile, débarqua sur la côte africaine, et remporta une première victoire près d'Utique. Les Carthaginois, alarmés, rappelèrent en toute hâte Hannibal d'Italie. L'illustre capitaine quitta la péninsule quinze ans après l'avoir envahie, ramenant en Afrique les faibles débris de son armée. Carthage ne put lui fournir ni argent ni troupes, et il fut vaincu par Scipion près de Carthage (202).

Les Carthaginois, réduits à demander la paix, ne l'obtinrent qu'aux plus dures conditions : il leur fallut renoncer à l'Espagne, à la Corse, à toutes les îles de la Méditerranée, payer dix mille talents dans l'espace de cinquante ans, et promettre de n'entreprendre désormais aucune guerre sans l'assentiment de Rome. Scipion reçut le surnom d'*Africain*.

Hannibal, nommé suffète ou magistrat suprême après la bataille de Zama, tenta de relever sa patrie. Mais la haine des Romains et les intrigues de la faction rivale de sa famille ne lui laissèrent pas de repos. Pour échapper à ses ennemis, il dut s'enfuir en Asie. A dater de ce moment, Carthage, déchirée par les discordes intestines, s'affaiblit de plus en plus. Attaquée sans cesse par Massinissa, roi de Numidie, que les Romains excitaient secrètement, elle finit par déclarer la guerre à ce prince. Défaits par lui, les Carthaginois furent contraints de céder à toutes ses exigences.

Néanmoins, le sénat de Rome, considérant cette guerre comme une infraction au traité, envoya une armée en Afrique sous le commandement des deux consuls Censorinus et Manilius.

Les Carthaginois, sentant leur impuissance, voulurent négocier. Ils consentirent à livrer aux Romains trois cents otages, leurs armes, et leur flotte, qui fut incendiée. Alors les consuls leur prescrivirent, au nom du peuple romain, d'abandonner la ville pour en construire une autre à quatre lieues de la mer.

A cet ordre impitoyable, les Carthaginois, révoltés, se préparèrent à défendre leurs foyers jusqu'à la dernière extrémité ; mais, malgré des prodiges de valeur, Carthage succomba au bout d'un siége de près de trois ans. Prise d'assaut par Scipion Émilien, elle fut détruite de fond en comble, son nom effacé, et le territoire de la république déclaré province romaine sous le nom d'Afrique (146).

TROISIÈME PARTIE

NATIONS DU SECOND AGE.

CHAPITRE I

LES ROMAINS.

§ 1.

Établissement de diverses peuplades en Italie. — Confédération étrusque. — Incertitude sur la fondation de Rome. — Obscurité sur les premiers rois de cette ville. — Abolition de la monarchie.

L'Italie, une des trois grandes presqu'îles de l'Europe, occupe le centre même de la Méditerranée. Les Alpes la séparent au nord du continent. La nature a divisé l'Italie en trois régions parfaitement distinctes quant au sol et au climat : l'Italie septentrionale, comprenant les contrées entre les Alpes au nord et l'Apennin au sud; l'Italie centrale ou l'Italie proprement dite ; l'Italie méridionale ou les deux péninsules au sud.

Les différentes tribus de la famille de Japhet paraissent, dès le commencement, avoir formé des établissements en Italie. Toutefois, on ne connaît rien de certain sur l'histoire de ce pays avant le septième siècle précédant N. S. Jésus-Christ.

A cette époque, les Etrusques, qui jouissaient d'une civilisation assez avancée, dominaient en Italie, formant une vaste fonfédération oligarchique.

Au temps où les anciens historiens placent la fondation de Rome, il semble que les sept collines étaient occupées par autant de cités pélasgiques ou étrusques. Bientôt un pâtre sabin, Romulus, les assujettit. Puis Rome, bâtie sur le mont Palatin, détruisit la ville de Rémurie, sa sœur, qui l'avait bravée; d'où la fable du meurtre de Rémus par Romulus. Sur le mont Quirinal s'élevait la ville de Quiris; de là les Quirites, Numa et la réunion des deux collines, le Palatin et le Quirinal, les Romains et les Sabins.

Dans le vallon intermédiaire, fut construit le temple de Janus à la double face, dont le dieu veillait sur l'une et l'autre cité. Les portes du sanctuaire restaient ouvertes en temps de guerre afin que les deux peuplades pussent se secourir mutuellement, et fermées en temps de paix, pour prévenir les communications indiscrètes. Elles contractèrent réciproquement des mariages avec certaines cérémonies qui donnèrent naissance à la légende de l'enlèvement des Sabines par les rudes compagnons de Romulus, constituèrent un sénat unique, une seule assemblée élective, et convinrent d'avoir le même roi, choisi tour à tour dans l'une ou l'autre cité.

Les historiens de Rome racontent que cette ville, à dater de sa fondation jusqu'à l'abolition de la monarchie, c'est-à-dire dans une période de deux cent quarante-quatre ans, fut gouvernée par sept rois; mais, s'il en était ainsi, chacun de ces princes eût régné en moyenne trente-cinq ans, ce qui est impossible. Il n'y a donc rien d'authentique dans ces récits. Tite-Live et ses pareils ont confondu les poëmes nationaux avec l'histoire.

Les lucumons ou premiers magistrats de Tarquinies ayant obtenu le souverain pouvoir dans Rome, essayèrent d'y établir la tyrannie. Les tribus, insurgées, les expulsèrent. Alors Porsenna, *lars* ou roi de Clusium, sous prétexte de restaurer les princes exilés, attaqua Rome, la prit, la traita rigoureusement et interdit à ses habitants de porter les armes.

On ignore la durée de cette domination ; tout ce qu'on sait, c'est qu'après le bannissement définitif des rois, les patriciens instituèrent deux consuls annuels, élus dans leur ordre.

§ II.

Les premiers consuls. — Guerre contre les Latins. — Création du tribunat. — Les Romains s'allient avec les Latins et les Herniques. — Lois agraires. — Lutte entre les patriciens et le peuple. — Guerre contre les Volsques. — Nouvelles discordes.

Brutus et Collatin, parent du dernier roi de Rome, furent élevés les premiers au consulat (510). Ces magistrats patriciens, investis de toutes les attributions politiques et militaires de la royauté, durent subordonner leur pouvoir à celui du sénat. Bientôt Collatin, devenu suspect à cause des liens qui l'unissaient à la famille royale, fut obligé de suivre celle-ci en exil.

Brutus, qui avait été le chef de la conspiration contre les rois, voulut rattacher le peuple au nouveau régime. Dans ce but, il introduisit dans le sénat un certain nombre de chevaliers plébéiens.

Cependant Tarquin, le dernier roi, tenta de reconquérir le trône. De jeunes patriciens, parmi lesquels les deux fils de Brutus, nouèrent des intelligences avec le prince déchu. Brutus, ayant découvert le complot, prononça un arrêt de mort contre les coupables, et présida lui-même à leur exécution, sans épargner son propre sang. Tarquin, sans se rebuter, sollicita le secours des villes étrusques de Véies et de Tarquinies, et marcha contre Rome à la tête d'une armée. Brutus, s'étant porté à sa rencontre, le vainquit dans la sanglante bataille d'Arsia, où il périt lui-même (509).

Valérius, qui avait remplacé Brutus dans le consulat, mérita la faveur du peuple par diverses lois, dont l'une accordait à l'assemblée générale le droit d'élire les consuls. Grâce à ces mesures, les plébéiens demeurèrent unis avec les patriciens, au grand profit de l'État.

Tarquin, espérant toujours recouvrer le pouvoir suprême, provoqua contre Rome une coalition des peuples latins. En présence du danger terrible qui menaçait la ville, le sénat créa la dictature, qui attribuait une autorité absolue à celui qui en était revêtu. La durée de cette magistrature redoutable ne pouvait excéder six mois. Titus Lartius, le premier dictateur, soutint la lutte avec avantage (501). Un autre dictateur, Posthumius, triompha complétement des Latins près du lac Régille, et Tarquin mourut la même année à Cumes, dans la Campanie (496).

Délivrés de toute crainte par cette victoire et la disparition du dernier roi, les patriciens ne gardèrent plus de ménagements envers le peuple. Appius Claudius, un Sabin qui s'était fixé à Rome avec cinq mille clients, proposa des mesures d'une sévérité outrée. La loi sur les dettes, déjà impitoyable, fut encore aggravée.

Les Volsques, profitant des dissensions civiles de la république, s'allièrent aux Sabins, aux Æques et aux Herniques pour attaquer Rome. Le peuple refusa l'enrôlement militaire, réclamant avant tout qu'on redressât ses griefs. Marcus Valérius, nommé dictateur dans cette circonstance critique, promit l'adoucissement de la législation sur les dettes, et les ennemis furent défaits.

Mais les patriciens s'opposant à l'exécution de ses engagements, le dictateur se démit de ses fonctions. Les soldats enrôlés, au lieu de rentrer dans la ville, se retirèrent sur le Mont-Sacré, où ils appelèrent le peuple et demeurèrent plusieurs mois. De nouvelles hostilités des Volsques obligèrent les patriciens à négocier. Une convention fut conclue par l'intermédiaire de Ménénius Agrippa, les lois sur les dettes furent abolies, et on institua deux magistratures plébéiennes, le Tribunat et l'Édilité. Les tribuns, au nombre de cinq, reçurent le droit de protéger le peuple contre les magistrats patriciens et de suspendre par un *veto* les décisions du sénat ; les édiles, au nombre de deux, eurent pour attributions de régler les marchés et de prononcer sur les contestations entre plébéiens. La paix rétablie, le peuple rentra dans la ville (494).

La puissance des Æques et des Volsques s'accroissant de jour et menaçant l'indépendance des autres peuplades du Latium, les Latins conclurent une alliance avec les Romains. Le commandement devait alterner entre les deux confédérés, et les conquêtes se partager également. Les Herniques se joignirent un peu plus tard à cette coalition, sous l'influence du consul Spurius Cassius qui l'avait négociée. Cette ligue permit aux Romains de résister aux Volsques et aux Æques qui, toutefois, portèrent leurs armes victorieuses jusqu'aux portes de la ville.

Malgré ces périls extérieurs, les patriciens et le peuple se divisèrent de nouveau. Caïus Marcius, surnommé Coriolanus, s'étant montré hostile aux plébéiens, fut cité par les tribuns devant les comices par tribus et condamné à l'exil. De leur côté, les patriciens traduisirent le consul Spurius Cassius devant les comices par centuries, où ils avaient l'avantage, et le firent condamner à mort pour avoir proposé le partage des terres publiques entre les pauvres. Dix ans plus tard, le tribun Génucius, ayant renouvelé cette tentative, fut assassiné dans sa maison (480).

Sur ces entrefaites, les Volsques poursuivant la guerre, le peuple refusa de s'enrôler. Le tribun Publius Valérius réclama énergiquement qu'il fût fait droit aux réclamations populaires, et obtint des concessions qui rétablirent le bon accord (474).

Ces luttes intestines favorisèrent les progrès des Volsques et des Æques. Ils conquirent une grande partie du Latium et mirent le siége devant Rome. La ville allait tomber aux mains de l'ennemi quand la peste éclata dans Rome, se communiqua au camp des assaillants et les força de se retirer.

Néanmoins la guerre continua ; plusieurs batailles sangiantes furent livrées sur le mont Algide, l'armée romaine subit de fréquentes défaites et fut enfin cernée dans les gorges des montagnes.

Rome, consternée, éleva Cincinatus à la dictature. L'illustre citoyen, quittant aussitôt la charrue, appela aux armes tous les hommes valides et vainquit complétement l'ennemi (462).

Après ce brillant fait d'armes, la lutte se ranima entre les patriciens et le peuple. Les lois n'étant pas écrites, s'interprétaient trop souvent au gré des consuls. De là de graves mécontentements. Alors le tribun Térentillus Larsa proposa de nommer une commission de cinq membres pour rédiger le Code. Les patriciens refusèrent. Mais, après une résistance de huit années, ils furent obligés de céder. L'œuvre de la législation fut confiée à un comité de dix membres, désignés sous le nom de décemvirs (451).

§ III.

Les Décemvirs. — Modifications législatives. — Lutte contre les Sabins, les Volsques et les Æques. — Invasion des Gaulois. — Prise de Rome.

Les décemvirs, choisis exclusivement parmi les patriciens, réunirent dans leurs mains tous les pouvoirs et toutes les magistratures, qui furent supprimées pour un an. Ce terme écoulé, l'œuvre des législateurs étant encore incomplète, le peuple en choisit d'autres pour une seconde année. Appius Claudius, l'un des premiers décemvirs, ayant réussi à se faire réélire, parvint également à faire nommer des hommes entièrement dévoués à ses vues, et termina avec eux la mission qu'on leur avait confiée. Mais les décemvirs, arrivés au terme de leur mandat, voulurent se perpétuer dans leurs fonctions. Ils appelèrent à leur aide la terreur et l'assassinat. Le meurtre de Sicinius Dentatus, un brave officier, et la mort de Virginia, que son père tua pour la sauver des violences d'Appius, révoltèrent l'armée. Elle marcha sur Rome, et força les décemvirs à déposer leur pouvoir illégitime. Appius Claudius et son collègue Oppius furent condamnés à la peine capitale, et l'ancien ordre de choses rétabli (449).

Néanmoins, l'œuvre des décemvirs, connue sous le nom de *loi des XII tables*, fut conservée en partie. Seulement les nouveaux consuls, pour apaiser le mécontentement du peuple dont elle n'améliorait point la situation, la modifièrent en quelques points. Comme les plébéiens réclamaient pour leur ordre l'accession au consulat, il fut décidé qu'on créerait à la place des magistrats anciens des tribuns militaires, pouvant être choisis indistinctement parmi tous les citoyens. Toutefois, le recensement quinquennal, qui déterminait la classe de chaque Romain et s'accomplissait sous la présidence des consuls, fut réservé aux patriciens; de là une magistrature nouvelle, nommée la censure.

La guerre de Rome avec diverses peuplades voisines continuait pendant ces troubles intérieurs. Les Sabins, défaits par le consul Horatius, conclurent une paix qui dura cent cinquante ans.

Les Volsques et les Æques, persistant dans leur hostilité, succombèrent à la bataille de l'Algide, gagnée par le dictateur Postumius (431). Défaits de nouveau, douze ans plus tard, par le dictateur Servilius Priscus, ils durent se résigner à l'extension de la domination romaine sur la plus grande partie du Latium.

Les Véiens et les Fidénates, en paix avec Rome depuis trente-six ans, rompirent tout à coup le traité conclu avec leur puissante rivale. Volumnius, roi de Véies, fit tuer quatre députés envoyés à Fidènes. Les Romains, après deux victoires, forcèrent les Fidénates et les Véiens à la soumission (434).

Les Fidénates ne tardèrent pas à reprendre les armes, chassèrent les colons romains qui leur avaient été imposés, et s'allièrent de nouveau avec les Véiens. Le dictateur Émilius leur livra une sanglante bataille où périt le roi Volumnius, prit et détruisit Fidènes, et conclut une paix de vingt ans avec les Véiens (428).

A l'expiration de cette période, les Romains, vainqueurs des Æques et des Volsques, résolurent d'en finir avec les Véiens. La guerre, rallumée entre les deux peuples, dura dix ans. Véies, assiégée par le dictateur Furius Camillus, succomba enfin, fut ruinée de fond en comble, et ses habitants furent réduits en esclavage. Camillus, devenu odieux pour sa fierté, et accusé de concussion par les tribuns, s'exila volontairement pour échapper à une condamnation (391).

Rome, victorieuse de ses ennemis séculaires, ne devait pas jouir d'un long repos. De terribles ennemis, les Gaulois, se disposaient à l'attaquer. Au commencement du sixième siècle, quelques tribus gauloises s'étaient fixées dans le nord de l'Italie. Deux cents ans plus tard, deux autres peuplades de la Gaule, les Boïens et les Sénonais, franchirent les Alpes à leur tour, s'emparèrent du pays situé au sud de l'Apennin, se jetèrent ensuite sur l'Étrurie, la dévastèrent, et ne s'arrêtèrent que devant les résistances de la ville de Clusium. Les Gaulois assiégèrent la cité étrusque ; puis, rebutés par les longueurs du siége, ils se portèrent vers le sud.

Les Romains marchèrent à la rencontre de l'ennemi, lui livrèrent bataille sur les bords de l'Allia et furent taillés en pièces (390).

Un faible corps de troupes seulement parvint à se replier sur Rome. La population, frappée de terreur à la nouvelle du désastre, s'enfuit de la ville, où les Gaulois pénétrèrent sans obstacle. Ils la pillèrent et la brûlèrent, après quoi ils assiégèrent le Capitole où s'était réfugiée une poignée de citoyens intrépides.

A la fin, la garnison, voyant qu'elle n'avait aucun succès à espérer, négocia avec les Gaulois. Ceux-ci consentirent à se retirer moyennant une somme d'argent. D'ailleurs, les maladies qui dévastaient leur camp et les menaces des Vénètes contre leurs frères du nord de l'Italie les appelaient ailleurs. Ils s'éloignèrent donc, chargés de butin.

Camillus, rappelé de l'exil et nommé dictateur, accourait au secours de ses concitoyens avec une armée ; mais il ne réussit pas à ravir à l'ennemi les dépouilles de Rome.

Le peuple, étant rentré dans la ville détruite, voulut l'abandonner pour s'établir à Véies, dont la position lui paraissait meilleure ; mais Camillus s'y opposa énergiquement. Rome fut rebâtie promptement et devint plus puissante que jamais.

§ IV.

Luttes intestines. — Émancipation définitive du peuple. — Nouvelle guerre contre les Gaulois. — Première guerre contre les Samnites. — Guerre contre les Latins. — Seconde guerre contre les Samnites. — Guerre contre les Étrusques et les Ombriens. — Troisième guerre contre les Samnites. — Guerre contre les Sabins, et diverses peuplades gauloises et italiennes. — Guerre contre Tarente et contre Pyrrhus.

Rome n'échappa au péril venu de l'extérieur que pour devenir la proie des dissensions intestines. Marcus Manlius, opulent patricien qui avait vaillamment défendu le Capitole contre les Gaulois, voulut profiter de la misère du peuple que les riches pressuraient, pour satisfaire son ambition et supplanter Camillus, son rival. Afin de se concilier les plébéiens, il paya leurs dettes et proposa de leur partager les terres publiques. Après diverses péripéties, le Sénat l'accusa d'aspirer à la royauté et le fit précipiter du haut de la roche Tarpéienne, qu'il avait naguère si héroïquement défendue (384).

Les patriciens avaient effrayé le peuple par le supplice de Manlius. Mais bientôt deux tribuns, Licinius Stolon et Sextius Lateranus, hommes énergiques et irréprochables, tentèrent un effort vigoureux en faveur des plébéiens. A la suite d'une longue lutte, ils obtinrent un adoucissement au sort cruel fait aux débiteurs, une part pour les pauvres dans l'exploitation des terres publiques, le rétablissement des consuls et l'élection par le peuple d'un de ces magistrats (367).

Le premier consul plébéien fut Sextus Lateranus (367).

A ces discordes intérieures, qui se terminèrent par des lois acheminant le gouvernement de Rome vers la démocratie, succédèrent de nouvelles guerres.

Les Volsques et les Æques, implacables dans leur haine pour les Romains, les attaquèrent après leur avoir enlevé l'alliance des Latins. Camillus, nommé dictateur, réussit à les repousser.

Sur ces entrefaites, une seconde invasion des Gaulois créa d'autres dangers. Camillus défit d'abord l'ennemi, mais ne put l'empêcher de ravager le Latium pendant cinq ans. Les Gaulois s'avancèrent jusqu'aux portes de Rome. Une bataille acharnée leur fut livrée; complétement défaits, grâce à la bravoure de Manlius Torquatus, ils ne quittèrent point le Latium qu'ils continuèrent de désoler. Les Latins alors, pour se délivrer de leurs incursions, renouvelèrent les traités anciens avec Rome, et une victoire décisive remportée par les alliés, au pied du mont Albain, les chassa du pays (349).

Les peuplades guerrières du Samnium occupaient une grande partie de l'Italie centrale et avaient vaincu les cités étrusques de la Campanie. Un traité d'alliance entre elles et les Romains avait consolidé leur domination. Mais ces derniers, jaloux de la puissance croissante des Samnites, saisirent la première occasion pour rompre la paix. Appelés par les Sidicins et les Campaniens que les Samnites avaient vaincus, ils se hâtèrent d'accourir. Le consul Valérius Corvus attaqua les Samnites au pied du mont Gaurus, et les força de se retirer dans leurs montagnes. Les Romains prirent la ville de Capoue. Toutefois, la défection des Latins les contraignit de traiter avec les Samnites (341).

Les Latins, à qui Rome avait refusé le droit de cité et l'admission au consulat, prirent les armes, s'unirent aux Campaniens, et se portèrent au pied du Vésuve. Les Romains, commandés par les deux consuls Manlius Torquatus et Décius Mus, et soutenus par les Samnites, les attaquèrent et les vainquirent. Le consul Décius périt dans la bataille. Dès-lors, le Latium fut soumis à l'autorité du peuple romain (338).

Rome montra peu de reconnaissance pour les Samnites qui l'avaient aidée à triompher. Au mépris des traités, elle fortifia Frégelles, ville placée sur les bords du Liris et dont ses alliés revendiquaient la possession. La guerre éclata de nouveau ; les Samnites, commandés par d'habiles généraux, devaient lutter vingt-deux ans pour leur indépendance. Hérennius et son fils Pontius furent pour les Romains de redoutables adversaires.

Dans les premières années de la guerre, les Samnites, ayant perdu plusieurs batailles, demandèrent la paix ; mais Rome leur fit des conditions si dures qu'ils préférèrent continuer la lutte.

Les deux consuls, Véturius et Postumius, s'étant avancés imprudemment dans les montagnes du Samnium, Pontius, chef des Samnites, les cerna dans les défilés de Caudium, les força de se rendre à discrétion, et signa avec eux un traité équitable. Mais le Sénat refusa d'en ratifier les conditions. Usant d'une sévérité dérisoire qui masquait faiblement sa déloyauté, il livra aux Samnites les consuls qui avaient signé le traité, et la guerre recommença (321).

Les Samnites donnèrent aux Romains une leçon de dignité en rendant la liberté aux consuls et aux otages.

Une armée romaine pénétra dans le Samnium et vainquit près de Caudium, effaçant ainsi la défaite précédente. La ville de Lucérie, alliée des Samnites, tomba aux mains du consul Papirius Cursor, après une résistance acharnée.

Les Samnites, découragés, sollicitèrent et obtinrent une armistice de deux ans (318).

A l'expiration de la trêve, les Romains, changeant de tactique, s'occupèrent d'établir des villes fortifiées sur les frontières, préparant ainsi la conquête successive du pays (312).

Mais les Etrusques et les Ombriens, ayant rompu la paix à l'instigation des Samnites, vinrent retarder les progrès des Romains. Ils prirent d'abord la ville de Sutrium et marchèrent sur Rome. Forcés par le consul Fabius de rétrograder, ils perdirent une bataille sous les murs de Sutrium (310).

Vaincus une seconde fois l'année suivante, sur les bords du lac Vadinum, ils renouvelèrent leur ancien traité avec les Romains.

Les Samnites avaient profité des embarras que cette guerre causait à leurs ennemis pour s'emparer de plusieurs colonies romaines. Mais le dictateur Papirius Cursor les battit, leur prit Bovianum et les réduisit à traiter à des conditions très-rigoureuses (308).

Cette paix dura peu d'années, et les Samnites, commandés par Pontius, reprirent les armes. Gellius Équatius, digne émule du chef samnite, coalisa contre Rome les Étrusques, les Ombriens et les Gaulois-Sénonais.

Ces deux capitaines, ayant réuni toutes les troupes des peuples soulevés contre les Romains, campèrent près de la ville de Sentinum, où l'ennemi vint les attaquer. La bataille fut longue et sanglante; à la fin, le consul Décius Mus s'étant précipité au milieu des bataillons confédérés, assura la victoire aux siens. Les Gaulois se retirèrent, et les villes étrusques durent se soumettre (294).

Pontius ramena dans le Samnium les débris de son armée et leva quarante mille soldats qui jurèrent de périr pour la patrie. Défaits d'abord par le consul Papirius Cursor, les Samnites vainquirent à leur tour le jeune consul Fabius, fils de Fabius Maximus. Ce dernier accourut, servit sous son fils comme lieutenant, triompha des Samnites et fit prisonnier le brave Pontius, que les Romains, cruels toujours dans la victoire, mirent à mort ignominieusement (292).

Les Samnites se soumirent deux ans plus tard.

Désormais les Romains dominaient sans rivaux dans l'Italie centrale. Les Sabins, un moment hostiles, les Gaulois de l'Ombrie et d'autres peuplades italiques reconnurent la suprématie de Rome, après une courte lutte (282).

Le Midi de l'Italie, occupé par de riches colonies grecques, ne s'était point mêlé aux guerres contre Rome. Un traité de navigation existait même entre les Romains et Tarente, la plus puissante des villes grecques. L'année où Rome achevait la lutte dont nous avons parlé précédemment, une de ses flottes, composée de six navires, entra brusquement dans la baie de Tarente, au mépris du traité. Les Tarentins l'attaquèrent, coulèrent les vaisseaux et jetèrent les équipages en prison (282). Les Romains demandèrent vainement satisfaction, et la guerre éclata immédiatement.

Les Tarentins, incapables de résister par eux-mêmes, appelèrent à leur secours Pyrrhus II, roi d'Épire, l'un des grands capitaines de l'époque. Ce prince amena une armée de mercenaires et des éléphants. Sa présence souleva les Lucaniens, les Bruttiens et les Samnites, qui se joignirent à lui (281).

Pyrrhus défit les Romains près d'Héraclée, puis leur offrit la paix qu'ils refusèrent. Alors, s'avançant dans l'Apulie, il remporta une deuxième victoire près d'Asculum, et poussa jusque sous les murs de Rome. Les Romains, inébranlables, exigèrent, avant toute négociation, que Pyrrhus évacuât l'Italie. Le roi d'Épire, affaibli par des pertes considérables et ne trouvant pas dans ses alliés toute la soumission qu'il attendait, conclut un armistice, et s'embarqua avec son armée pour Syracuse, où il avait été appelé (279).

Après le départ de Pyrrhus, les Romains se hâtèrent de châtier les peuples italiens soulevés contre eux, et imposèrent des garnisons aux colonies grecques d'Héraclée, de Crotone et de Locres. Les Tarentins implorèrent de nouveau Pyrrhus, qui reparut en Italie. Mais ce prince, vaincu à Bénévent par les Romains, s'embarqua pour l'Épire, ne laissant à Tarente qu'une garnison.

Trois ans plus tard, les Romains assiégèrent cette ville, la prirent, ruinèrent ses fortifications et lui imposèrent un tribut (272). Tout le Midi de l'Italie fut soumis à Rome.

§ V.

Traité entre Rome et Carthage. — Première guerre entre les deux villes. — Les Romains sur mer. — Régulus. — Traité de paix. — Ses suites. — Guerre dans la Gaule cisalpine. — Seconde guerre avec Carthage. — Invasion de l'Italie. — Succès de Lévinus en Macédoine, de Marcellus en Italie et en Sicile, des Scipions en Espagne et en Afrique. — Conclusion de la paix.

Rome avait poussé ses conquêtes jusqu'au détroit de Sicile, et l'Italie presque entière était soumise à sa domination. Nul, désormais, n'osait lui résister dans la péninsule. Alors elle se trouva en face d'un peuple redoutable. Les Carthaginois aspiraient à réduire complétement la Sicile; mais les Romains comprenant le danger de ce voisinage, cherchèrent un prétexte de conflit avec ces puissants rivaux, et il ne tarda pas à leur être fourni.

Les Mamertins, soldats mercenaires de Campanie, semblables aux routiers du moyen-âge, s'étaient emparés déloyalement de Messine (264). Assiégés par Hiéron, roi de Syracuse, et réduits à la dernière extrémité, ils convinrent de se rendre. Mais les Carthaginois leur ayant envoyé un corps de troupes, ils le mirent en possession de la citadelle. Néanmoins, une partie des Mamertins implora le secours de Rome. Le Sénat, qui venait de punir du dernier supplice ceux de leurs camarades qui avaient surpris perfidement la ville de Rhégium, hésita d'abord. Mais le peuple, craignant que la puissance des Carthaginois ne menaçât bientôt l'Italie, accéda aux vœux des Mamertins. Un simple tribun de légion, débarqué avec une petite flotte à Messine, en chassa les Carthaginois.

Carthage, reprochant à son général de s'être laissé intimider, le condamna au supplice de la croix, en dépêcha un autre qui fit alliance avec Hiéron, roi de Syracuse, et tous deux réclamèrent la reddition de Messine.

Le tribun romain refusa, et le chef carthaginois, par une atroce vengeance, massacra tous les Italiens qui servaient dans son armée.

A cette nouvelle, un consul accourut en Sicile, débarqua inopinément à Messine, et défit successivement Hiéron et les Carthaginois.

Le premier conclut la paix avec les Romains, qui occupèrent promptement la plupart des villes de l'intérieur (264). Mais les cités maritimes étaient plus difficiles à prendre. Les Carthaginois étaient partout maîtres de la mer, et les Romains ne possédaient aucun vaisseau de guerre. Une galère carthaginoise, échouée sur les côtes d'Italie, servit de modèle aux Romains, qui, en deux mois, fabriquèrent cent vingt navires. Dix-sept de ces bâtiments, avec le consul qui les commandait, furent pris dans une embuscade. Mais le reste de la flotte, après un premier succès, remporta bientôt, sous la conduite du consul Duillius, une victoire si complète que l'amiral carthaginois se sauva avec peine dans une chaloupe (260).

Dans cette première bataille navale, ainsi que dans le petit combat qui avait précédé, les Romains tuèrent sept mille hommes, firent sept mille prisonniers, coulèrent à fond treize vaisseaux et en prirent quatre-vingts. Le Sénat et le peuple érigèrent en l'honneur de Duillius une colonne rostrale, c'est-à-dire ornée des divers insignes de la marine ; elle subsiste encore à Rome avec son inscription.

A la suite de ce triomphe, les Romains s'emparèrent de la Corse et de la Sardaigne, puis envoyèrent une flotte en Afrique, sous le commandement du consul Régulus, qui battit les Carthaginois et conquit, en peu de jours, quatre-vingts villes.

Carthage, consternée, confia ses troupes au Lacédémonien Xantippe, qui commandait un corps d'auxiliaires. Cet habile capitaine défit l'armée de Régulus, qui tomba lui-même au pouvoir de l'ennemi (256), et mourut à Carthage dans un âge avancé. Il avait refusé de retourner à Rome, à cause de sa défaite.

Outre ce désastre, les Romains essuyèrent des pertes cruelles : plusieurs de leurs flottes périrent sous les coups de la tempête, et une troisième par la faute du consul Claudius.

Le Sénat refusa de faire construire des vaisseaux de guerre aux dépens du trésor public ; mais, avec sa permission, des citoyens en équipèrent à leurs dépens ; cette flotte nouvelle, après d'éclatants succès, succomba encore par tempête. Les particuliers, sans se décourager, la remplacèrent bientôt, et le consul Lutatius reçut le commandement de cette dernière armée navale ; il surprit une flotte carthaginoise chargée d'armes et d'argent, coula cinquante de ses navires, et en prit soixante-dix, avec dix mille prisonniers (242).

La guerre durait depuis vingt-quatre ans. Les Romains avaient perdu sept cents vaisseaux, et les Carthaginois cinq cents seulement. De plus, ces derniers avaient en Sicile une armée formidable, dont le chef, Hamilcar, père du grand Hannibal, était un illustre capitaine. Mais ils n'eurent pas la constance des Romains, et ils demandèrent la paix. Elle leur fut accordée aux conditions suivantes : Ils devaient évacuer la Sicile ; payer immédiatement mille talents ou cinq millions et demi de francs, et deux mille deux cents talents dans l'espace de dix années ; rendre à Rome, sans rançon, ses prisonniers et racheter les leurs ; sortir de toutes les îles situées entre la Sicile et l'Italie, et n'en approcher jamais avec des vaisseaux de guerre, ni se permettre d'y enrôler des soldats ; enfin ils s'engagèrent à ne point faire la guerre à Hiéron, roi de Syracuse, ni à ses alliés.

Peu après, les Romains forcèrent encore les Carthaginois à évacuer la Sardaigne et à payer douze cents autres talents.

Cette paix conclue, Rome ferma le temple de Janus, toujours ouvert en temps de guerre. C'était l'an 236 avant Jésus-Christ. Cet édifice, construit par Numa, n'avait été fermé qu'une seule fois encore, et cela sous le règne de son fondateur.

Devenus maîtres d'une partie de la Sicile, les Romains l'organisèrent en province ; leur marine acquit de l'importance sur la Méditerranée, par la destruction de celle de Carthage : en outre, les contributions imposées aux vaincus relevèrent leurs finances.

Les Romains, profitant de la révolte des troupes mercenaires contre Carthage, s'emparèrent des îles de Sardaigne et de Corse, malgré les protestations de leurs rivaux africains (231).

Les peuples de la Gaule transalpine, alarmés de la puissance croissante des Romains, prirent les armes, s'allièrent avec les tribus des bords du Rhône, et envahirent l'Étrurie.

Rome, épouvantée, sacrifia des victimes humaines pour conjurer la colère de la divinité, et envoya le consul Emilius contre l'ennemi victorieux. Les Gaulois se retirèrent à l'approche du consul, pour mettre en sûreté leur butin. Mais les Romains les joignirent au moment où l'autre consul, Atilius, débarquait de Sardaigne, près de Pise, avec ses troupes. Pris entre deux armées, les envahisseurs laissèrent quarante mille morts sur le champ de bataille, et dix mille prisonniers aux mains du vainqueur (224). La tribu des Boïens se soumit. Celle des Insubres, défaite dans une grande bataille sur l'Adda, et celle des Gésates, réduite par Marcellus l'année suivante, permirent aux Romains de dominer l'Italie d'un bout à l'autre.

Des luttes plus terribles encore se préparaient pour Rome. Hamilcar, dont la guerre contre les mercenaires avait grandi l'influence à Carthage, s'était opposé vivement, naguère, au traité avec les Romains. L'illustre capitaine leur voua une haine implacable lorsqu'ils eurent forcé les Carthaginois à évacuer la Sardaigne et à payer une nouvelle contribution.

Après l'entière défaite des mercenaires révoltés, Hamilcar passa en Espagne, subjugua les peuples les plus belliqueux de cette contrée, et y bâtit, dit-on, la ville de Barcelone ou Barcinone, qu'il nomma ainsi de son nom de famille Barca. Ayant été dans une bataille, il fut remplacé par son gendre Hasdrubal, qui continua ses succès et bâtit Carthage-la-Neuve ou Carthagène.

A son tour, Hasdrubal périt sous le fer d'un esclave gaulois dont il avait fait mourir le maître.

Alors Hannibal, fils d'Hamilcar, fut proclamé général, à peine âgé de vingt-cinq ans. Il en avait neuf seulement quand, ayant prié son père de le mener avec lui en Espagne, celui-ci lui fit jurer sur les autels d'être l'ennemi irréconciliable des Romains. Général, il tint parole.

Devenu maître de toute l'Espagne par la prise et la destruction de Sagonte, ville alliée de Rome, il laissa dans ce pays son frère Hasdrubal avec une armée, envoya son autre frère Magon avec un second corps de troupes en Afrique, prit lui-même le commandement d'une troisième armée, traversa les Pyrénées, la Gaule, le Rhône, les Alpes, et tomba inopinément en Italie, à la tête de trente-six mille hommes.

En trois jours, Hannibal s'empara de Turin ; puis, ayant reçu un renfort considérable de Gaulois, il défit le consul Scipion sur les bords du Tésin, le consul Sempronius sur la Trébie, le consul Flaminius près du lac Trasimène. Arrêté quelque temps par les temporisations du dictateur Fabius, il triompha des deux consuls Paulus Emilius et Térentius Varron à la bataille de Cannes, où cinquante mille Romains restèrent sur la place avec le premier consul et quatre-vingts sénateurs (216).

Rome était en alarmes ; l'Italie paraissait être complétement au pouvoir d'Hannibal ; une flotte carthaginoise menaçait la Sicile ; néanmoins le Sénat romain ne fléchit pas. Le consul Varron, un plébéien élevé à la suprême magistrature en dépit des patriciens, avait perdu la bataille par son imprudence ; toutefois, quand il approcha de Rome, le Sénat en corps sortit à sa rencontre et le remercia solennellement de n'avoir pas désespéré du salut de la République,

Ensuite Marcellus, ancien consul, mena les débris de l'armée de Cannes contre Hannibal, qui se reposait à Capoue, remporta quelques avantages et passa en Sicile où il resta jusqu'à la fin de la guerre.

Rome fit des efforts prodigieux pour soutenir la lutte. En peu de temps, quatre légions et dix mille cavaliers furent levés dans la ville seule. Les alliés, les colonies et les villes municipales de la République lui demeurèrent fidèles dans le malheur et envoyèrent leur contingent de troupes. Elle enrôla de plus huit mille esclaves des plus robustes après les avoir achetés de leurs maîtres : avant de les inscrire comme soldats, on leur demanda s'ils prenaient les armes de leur plein gré ; ils furent appelés volontaires. Bientôt ils battirent une division de Carthaginois et furent affranchis sur le champ de bataille.

Hannibal avait un grand nombre de prisonniers romains qu'il eût fort souhaité rendre pour de l'argent ; mais le Sénat refusa de les racheter, déclarant qu'il n'avait pas besoin d'hommes qui s'étaient rendus à l'ennemi au lieu de périr glorieusement dans le combat.

D'ailleurs, les Romains n'avaient pas attendu ce jour pour déployer l'indomptable fermeté qui devait leur procurer le triomphe définitif. Au milieu même des revers du Tésin, de la Trébie et du lac de Trasimène, ils avaient envoyé une armée en Espagne, sous la conduite des deux Scipion, laquelle conquit la plus grande partie de ce pays.

Ayant appris, vers le même temps, que Philippe, roi de Macédoine, avait fait alliance avec Hannibal, ils firent passer une autre armée en Macédoine, sous le commandement du consul Lévinus, qui battit Philippe et le contraignit d'accepter la paix que Rome lui dicta.

Hannibal, voulant épouvanter ses ennemis, vint camper devant Rome. Mais en ce moment même, le champ où il avait dressé sa tente fut vendu aussi cher que si les Carthaginois ne l'eussent point occupé. Bien plus, à cette heure critique, le Sénat faisait partir de nouvelles troupes pour l'Espagne, les Romains reprenaient Capoue et Tarente en dépit d'Hannibal, et s'emparaient de Syracuse malgré les machines inventées par Archimède.

Cependant les deux Scipion, après des prodiges de valeur, avaient succombé dans deux batailles. Le peuple romain s'étant assemblé pour leur donner un successeur, il ne se présenta qu'un jeune homme de vingt-quatre ans, fils de l'un et neveu de l'autre des généraux tombés en Espagne. Le jeune Scipion revendiqua l'honneur de venger leur mort, et fut élu proconsul à l'unanimité.

A peine arrivé en Espagne, le jeune chef prit Carthagène, tua en une seule bataille, cinquante-quatre mille hommes aux Carthaginois commandés par Hasdrubal, frère d'Hannibal, et soumit tout le pays en quatre ans, moins encore par la force des armes que par la noblesse et la générosité de son ca-caractère (206).

Scipion passa ensuite secrètement en Afrique, et acquit aux Romains l'amitié de deux rois numides, Syphax et Massinissa.

Reppelé en Italie pour combattre Hannibal, il fut nommé consul quoiqu'il eût moins de vingt-neuf ans. Il transporta sur le champ la guerre en Afrique, défit complétement les armées carthaginoises, incendia leur camp pendant la nuit, et prit le roi Syphax, devenu l'ennemi de Rome (204).

Carthage, alarmé de ces pertes, demanda une trêve pour envoyer à Rome des ambassadeurs chargés de négocier la paix; mais, en réalité, elle ne voulait que gagner du temps afin de faire de nouveaux préparatifs de guerre, rappeler Hannibal d'Italie et engager Philippe de Macédoine à reprendre les armes. Quand elle crut avoir réussi, elle chercha traîtreusement à faire périr les envoyés de Scipion. Pour toute vengeance, le jeune chef ayant eu en son pouvoir les députés carthaginois, les protégea contre le ressentiment de sa propre armée, et les renvoya libres, après les avoir traités avec bonté.

Hannibal abandonna l'Italie en frémissant, et débarqua en Afrique, où il reçut l'ordre d'arrêter les progrès de Scipion. L'illustre capitaine alla camper près de la ville de Zama, et de là envoya des espions pour reconnaître les mouvements de l'ennemi. Ces émissaires furent arrêtés, et Scipion, au lieu de les maltraiter, donna l'ordre de les laisser tout voir et examiner à leur aise; puis il les congédia avec quelque argent pour subvenir aux frais de leur voyage. Rempli d'admiration pour un tel procédé, Hannibal demanda une entrevue à Scipion pour conclure la paix. La conférence eut lieu à la vue des deux armées. Les deux généraux ne s'étaient jamais vus. Hannibal réclama l'Afrique pour Carthage, abandonnant tout le reste aux Romains. Scipion répondit qu'il était trop tard, exigeant que Carthage acceptât les conditions qu'il lui imposerait.

Désormais, la querelle ne pouvait être vidée que par les armes.

La bataille se donna le lendemain. Les Carthaginois furent vaincus et perdirent quarante mille hommes dont vingt mille tués et vingt mille prisonniers (202). Hannibal lui-même se sauva avec peine à la faveur des ténèbres, et, après deux jours et deux nuits de marches, atteignit la ville d'Hadrumète, accompagné d'un seul homme.

S'étant rendu à Carthage, il déclara au Sénat qu'il ne restait d'autre ressource que la paix.

Trente des principaux citoyens allèrent la demander à Scipion, qui la dicta aux plus dures conditions.

Sur l'avis d'Hannibal, elles furent acceptées et exécutées.

Conformément au traité, Carthage livra au général romain cinq cents vaisseaux de guerre, qui furent brûlés à la vue de la ville (201).

§ VI.

Triomphe de Scipion. — Nouvelle guerre contre la Macédoine. — Guerre contre Antiochus-le-Grand. — Conquête de la Macédoine et de l'Épire. — Conquête de la Gaule cisalpine, de la Vénétie et de la Ligurie. — Dernière guerre contre Carthage.

Après avoir terminé heureusement cette guerre qui avait mis la République à deux doigts de sa ruine, Scipion revint à Lilybée ; puis il traversa toute l'Italie, au milieu de l'admiration générale. Il rentra dans Rome au bruit des acclamations publiques, et reçut le surnom d'Africain. Il apportait au trésor cent vingt-trois mille livres d'argent, et chaque soldat avait reçu quatre cents as. Syphax, enchaîné, suivait son char de triomphe. Le Sénat ordonna que la statue de Scipion serait placée dans le temple de Jupiter, d'où on la tirerait chaque année pour recommencer un pareil triomphe.

A peine Carthage avait-elle succombé que le Sénat annonça une nouvelle guerre contre Philippe, qui alors assiégeait Athènes. Sulpicius pénétra jusqu'au cœur de la Macédoine, à la tête d'une armée, et vint ensuite prendre ses quartiers d'hiver à Apollonie. Les garnisons de Philippe, chassées par la flotte romaine, avaient quitté les Cyclades.

L'année suivante (199), Philippe, profitant de l'inaction du consul Villius, alla camper sur les bords de l'Aoüs. T. Quinctius Flamininus fut nommé pour marcher contre lui. Au bout de quarante jours, le général romain réussit à forcer le camp retranché du roi de Macédoine, qui dut rentrer en Thessalie. Flamininus le poursuivit jusqu'aux bords du Pénée, où il s'arrêta devant la résistance de la ville d'Atrax (198).

Le général romain alla passer l'hiver dans la Grèce centrale, et gagna à son parti les Béotiens et les Achéens. Dès le début de la campagne suivante, il s'avança comme Philippe jusqu'à Phères, en Thessalie, avec une armée de vingt-six mille hommes, parmi lesquels huit mille Grecs. Philippe lui opposa vingt-cinq mille soldats, rassemblés à grand'peine, et fut vaincu dans les plaines de Cynoscéphale (197). Flamininus lui imposa les plus dures conditions, qui le placèrent sous l'entière dépendance du peuple romain.

Bientôt après, Flamininus fit proclamer un décret rendant à la Grèce une liberté illusoire, qui excita des transports de joie insensés.

Les affaires de la Grèce réglées, Flamininus retourna en Italie avec ses soldats.

Cependant Hannibal, rentré dans Carthage après sa défaite de Zama, méditait de nouvelles luttes contre Rome, s'efforçant de lui créer des ennemis. Mais la victoire de Cynoscéphale et l'acte qui semblait garantir la liberté de la Grèce déconcertèrent ses projets. Le Sénat romain envoya lâchement demander sa tête, et le grand capitaine s'enfuit en Syrie (195).

Là, il offrit à Antiochus de renouveler, avec onze mille hommes et cent vaisseaux, les prodiges de la seconde guerre punique ; mais ce roi asiatique préféra les conseils d'un misérable Grec, l'Œtolien Thoas, à l'expérience et aux propositions du génie.

Les compatriotes de Thoas, s'étant emparés de Démétriade et se trouvant trop faibles pour obtenir d'autres avantages en Grèce, appelèrent à leur secours le roi de Syrie, qui leur amena dix mille hommes. Antiochus ayant eu la maladresse d'indisposer le roi de Macédoine au lieu de se l'attacher, Philippe se joignit aux Romains qui triomphèrent aux Thermopyles du monarque syrien (191).

Réfugié à Ephèse, Antiochus s'empressa d'augmenter les fortifications de Sestos et de Lysimachie, pour fermer aux Romains le passage d'Europe en Asie.

Mais Livius défit Polyxénidas, l'amiral du roi de Syrie, et conquit l'empire de la mer Egée.

Bientôt Lucius Scipion et son frère l'Africain, après avoir conclu avec les Œtoliens une trêve de six mois, traversèrent la Macédoine et franchirent l'Hellespont sans obstacle.

La bataille s'engagea près de Magnésie du Dépyle. L'armée romaine, forte de trente mille hommes, avait à combattre quatre-vingt deux mille Asiatiques. Cinquante-deux mille Syriens furent pris ou tués (190).

Antiochus, vaincu, livra, pour obtenir la paix, ses éléphants et ses vaisseaux, recula jusqu'au Taurus les limites de ses Etats, et paya une contribution de quatre-vingts millions.

Les Gallo-Grecs ou Galates, le seul peuple qui résistait encore aux Romains dans l'Asie-Mineure, furent vaincus deux fois et contraints à la soumission (189).

Le sénat partagea ensuite les dépouilles d'Antiochus entre ses alliés. Eumène, roi de Pergame, reçut un grand nombre de provinces. L'île de Rhodes, quoique fidèle à Rome, n'obtint que peu de chose.

Les Œtoliens, défaits à Ambracie, durent reconnaître l'empire du peuple romain.

Alors les légions repassèrent l'Adriatique, et pas un soldat romain ne resta en Asie ou en Grèce. Mais, en se retirant, les vainqueurs laissaient leurs ennemis affaiblis et, dans chaque ville, un parti dévoué qui faisait pour eux la police de la Grèce et de l'Asie.

Hannibal, s'étant réfugié chez Prusias, roi de Bithynie, se donna la mort pour ne pas tomber entre les mains de ses implacables ennemis, qui le poursuivaient avec acharnement (183).

Les deux frères Scipion, condamnés par les tribuns à la confiscation de leurs biens, prirent le chemin de l'exil. Scipion l'Africain mourut peu après.

Philippe de Macédoine, traité avec hauteur par les Romains, songeait à une guerre nouvelle, mais la mort l'enleva au milieu des préparatifs,

Son fils Persée, héritier de sa haine contre les Romains, continua les armements et conclut des alliances avec les rois d'Illyrie, de Syrie, de Bithynie, avec les Epirotes et les Carthaginois. Enfin la guerre éclata, et Persée la fit pendant trois ans avec avantage contre les Romains mal commandés.

Mais Paullus Emilius ayant été chargé de terminer la lutte, la fortune changea, et Persée fut vaincu à la bataille de Pydna (168). Le successeur de Philippe, forcé de se rendre peu après, mourut à Rome dans une prison.

La Macédoine, divisée en quatre républiques distinctes et séparées, fut placée sous la protection des Romains. Gentius, roi d'Illyrie, l'allié de Persée, eut le même sort que le roi de Macédoine et mourut à Rome. Ses Etats furent partagés en trois républiques.

Quant à l'Epire, Paullus Emilius la laissa dévaster par ses soldats. Cinquante mille Epirotes furent vendus comme esclaves.

Dès lors, la suprématie de Rome était établie sur l'Orient : le Sénat envoyait des ordres aux rois de Syrie, d'Egypte, de Bithynie et de Numidie.

Pendant que Rome triomphait en Orient, elle avait à soutenir en Italie des guerres sanglantes. Les peuples gaulois du nord de la péninsule, ainsi que les Ligures et les Vénètes, qui avaient mal secondé l'expédition d'Hannibal, prirent les armes après la seconde guerre punique et luttèrent près de quarante ans pour leur indépendance. Les Boïens, les Insubres et les Cénomans ne cédèrent qu'après de nombreuses défaites, et leur pays fut réduit en province romaine sous le nom de Gaule cisalpine. Trois colonies romaines, Parme, Modène et Bologne, furent établies sur leur territoire pour assurer la domination des vainqueurs. Les Istriens et les Vénètes ne tardèrent pas à être également assujettis, et la colonie d'Aquilée devint le chef lieu de cette région. Les Ligures succombèrent à leur tour, après une opiniâtre résistance.

Depuis la bataille de Zama, Carthage, victime de l'ambition de Massinissa, roi de Numidie, s'affaiblissait de jour en jour. En 193, ce prince lui avait enlevé le riche territoire d'Emporium, onze ans après des terres considérables, en 174 toute la provicce de Tysca et soixante-dix villes.

Cette fois, les Carthaginois réclamèrent à Rome. Le Sénat leur promit satisfaction : néanmoins, Massinissa garda ses conquêtes. Caton, envoyé comme arbitre, trouva Carthage riche, peuplée et florissante. Effrayé de cette prospérité renaissante, il répétait sans cesse, de retour à Rome, qu'il fallait détruire cette redoutable rivale.

L'occasion se présenta bientôt d'exécuter cet odieux conseil. Carthage ayant pris les armes pour repousser les attaques de Massinissa, le Sénat feignit de voir dans cet acte une violation du traité, et les consuls débarquèrent en Afrique avec quatre-vingt mille hommes. S'étant fait livrer les armes et les machines de guerre, ils voulurent encore obliger les Carthaginois à abandonner leur ville et à s'établir à dix milles dans les terres, loin de cette mer qui avait fait la fortune de Carthage.

Alors le peuple, resté nombreux et redoutable, résolut de résister avec l'énergie du désespoir. Les esclaves furent enrôlés et Hasdrubal réunit jusqu'à soixante-dix mille hommes.

La situation changeait et devenait critique. Scipion Emilien fut chargé par le peuple romain de la conduite de la guerre. Pour affamer les habitants, il ferma le port de Carthage au moyen d'une digue immense. Les assiégés ayant creusé dans le roc une nouvelle sortie vers la haute mer et construit une flotte avec les débris de leurs maisons, faillirent surprendre les galères romaines ; mais repoussés non sans peine, ils furent en proie tout l'hiver aux horreurs de la famine. Scipion força le camp de Néphéris, où Hasdrubal avait rassemblé une armée dans l'espoir de faire lever le siége.

Au printemps, les Romains emportèrent la muraille que baignait le port de Cothon, et purent pénétrer dans l'intérieur de la ville; mais ce ne fut qu'au bout de six jours et de six nuits de combats dans les rues qu'ils parvinrent jusqu'à la citadelle de Byrsa où s'étaient renfermés cinquante mille hommes. Scipion leur promit la vie sauve, et livra au pillage ces ruines fumantes.

Le territoire de Carthage fut réduit en province romaine (146).

§ VII.

La Macédoine et la Grèce réduites en provinces romaines. — Destruction de Numance. — Révolte des esclaves en Sicile. — Les Gracques et leurs réformes.

Après la seconde guerre punique, l'Espagne, organisée en province romaine, avait été soumise à des tributs plus élevés. Les préteurs exploitaient ce pays au profit de leur avarice, et bientôt leurs concussions provoquèrent une insurrection générale.

M. Porcius Caton, nommé consul, remporta plusieurs victoires et pacifia la province, mais en exigeant des otages et en faisant démanteler plus de quatre-vingts villes.

Les Celtibériens et les Lusitaniens, les deux peuplades les plus puissantes de la Péninsule ibérique, ne tardèrent pas à se révolter de nouveau. Défaits par le préteur Tiberius Sempronius Gracchus, ils reçurent défense de fortifier leurs villes (178).

Cette mesure, repoussée par les Lusitaniens et les Numantins, provoqua une guerre de vingt-quatre ans. Les Romains rencontrèrent un terrible adversaire dans Viriathe, qui de simple laboureur s'était fait le chef des Lusitaniens. Viriathe, s'abstenant de toute bataille rangée avec ses ennemis, supérieurs par le nombre et la tactique, causa des pertes considérables aux Romains dans des combats partiels. Enfin il obtint une paix avantageuse qui déclarait les Lusitaniens alliés du peuple romain. Mais, au bout de peu de temps, le consul Quintus Cœpion recommença les hostilités, fit assassiner Viriathe, et força les Lusitaniens à se soumettre (140).

Toutefois la ville de Numance, fortement située sur une montagne entourée d'eau et défendue par la bravoure de ses habitants, continua la guerre après la mort de Viriathe. Le consul Pompéius Aulus, l'ayant assiégée, dut céder et traiter avec les Numantins. Le sénat refusa de traiter les conventions, et la lutte se poursuivit avec acharnement. Le consul Mancinus, défait et cerné par les Numantins, ne sauva son armée qu'en concluant de nouveau la paix. Le sénat résista encore, et livra le consul à l'ennemi, qui lui rendit la liberté.

La déloyauté romaine fut châtiée par des sinistres multipliés. Les autres peuplades espagnoles, exaltées par l'héroïque exemple de Numance, s'agitaient de toutes parts. Rome, craignant de perdre une de ses plus belles provinces, confia le commandement de l'armée à Scipion, le vainqueur de Carthage.

L'illustre capitaine, après avoir rétabli la discipline parmi les troupes, bloqua Numance et coupa aux habitants toute communication avec l'extérieur. Les vivres manquèrent bientôt dans la ville, malgré plusieurs sorties heureuses exécutées par les assiégés. La place, forcée de se rendre, ne renfermait plus qu'un petit nombre de personnes vivantes quand Scipion y pénétra : les autres s'étaient tuées pour ne pas tomber aux mains du vainqueur. La ville fut détruite, et Scipion ajouta à son premier titre celui de Numantin (133).

Vers la même époque, une révolte d'esclaves éclatait en Sicile. Eunus, natif d'Apamée en Syrie, qui passait pour devin auprès de ses compagnons de servitude, ayant réuni une troupe de quatre cents hommes, entra dans la ville d'Enna, dont il massacra les habitants Elu roi par ses soldats, il prit le nom d'Antiochus (134).

Les esclaves se soulevèrent également à Agrigente, et leur chef, le Cicilien Cléon, se plaça sous les ordres d'Eunus, dont l'armée compta soixante-dix mille hommes.

Les esclaves anéantirent un corps d'armée de huit mille hommes, commandés par le préteur Hypsæus, s'emparèrent de la ville de Tauroménium et mirent le siège devant Messine.

Le consul Pison, ayant réussi à délivrer cette dernière place, assiégea Tauroménium, la prit et massacra tous les esclaves (133).

Dans une bataille livrée sous les murs d'Enna par le consul Rupilius, vingt-mille esclaves périrent, et une loi organisa sur de nouvelles bases la province de Sicile (131).

Dans le même temps, le royaume de Pergame, en Orient, fut réduit en province romaine sous le nom d'Asie (129).

A ces guerres, succédèrent, à Rome, des luttes intestines dont la cause était la misère des citoyens pauvres et les richesses des patriciens. Deux hommes, connus sous le nom de Gracques, fils de Sempronius Gracchus qui avait été deux fois consul, et de Cornélie, fille de Scipion l'Africain, entreprirent de soulager le peuple. Energiques l'un et l'autre, l'aîné, Tibérius Gracchus, était plus calme et plus réfléchi; Caïus, le second, plus ardent, avait aussi des vues plus larges.

Ils demandaient l'amélioration du sort de la classe nombreuse des citoyens pauvres par une répartition plus égale de l'*ager publicus* ou domaine public.

Elu au tribunal en 134, Tibérius Gracchus proposa : 1° une loi agraire en vertu de laquelle des lots de trente arpents de terre devaient être distribués aux citoyens pauvres et rester inaliénables entre leurs mains ; 2° une loi accordant des secours aux citoyens pauvres de Rome sur les trésors légués par le dernier roi de Pergame ; 3° une loi judiciaire.

Le sénat et les patriciens repoussèrent ces propositions, et le tribun Octavius leur opposa son *veto*.

Alors, Tibérius fit destituer son collègue, malgré l'inviolabilité du tribunat, et s'aliéna, par cet acte, une partie du peuple. Toutefois, les trois propositions furent adoptées, et on nomma une commission de trois membres pour exécuter la loi agraire.

L'année suivante, lors des élections pour le tribunat, Tibérius, en dépit de la loi, voulut se faire continuer dans sa charge. Scipion Nasica, pour empêcher Gracchus d'obtenir ce qu'il demandait, attaqua l'assemblée du peuple avec une troupe armée et tua Tibérius avec trois cents de ses partisans. Ceux qui échappèrent à ce massacre furent poursuivis par le consul Popilius Lænas. Pourtant le sénat ne parvint pas à abroger la loi agraire. La commission, incomplète par la mort de Tibérius, s'adjoignit Carbon, qui se laissa corrompre, et Caïus Gracchus, un autre de ses membres, fut envoyé comme questeur en Sardaigne. Ainsi fut suspendue l'exécution de la loi agraire.

Dix ans plus tard, Caïus Gracchus réussit à se faire élire comme tribun plébéien. Plus ardent que son frère, il renouvela d'abord la loi agraire, mais avec quelques réductions ; ensuite il porta une série de lois dans l'intérêt des citoyens pauvres ; il en occupa une partie à des travaux publics, et destina les autres à cinq colonies qu'on devait établir dans le midi de l'Italie et en Afrique. Il fut décidé qu'on fournirait du blé à prix réduit aux classes pauvres de Rome, et on adoucit également le sort des soldats. Enfin, pour augmenter les revenus de la république, Caïus Gracchus frappa d'impôts élevés les objets de luxe.

Charmé de ces lois, le peuple lui accorda sa confiance et le réélut pour tribun l'année suivante. Fort de ces nouveaux suffrages, Caïus Gracchus fit passer trois autres lois dirigées contre les prérogatives du sénat et des patriciens : il enleva au premier un grand moyen d'influence en l'obligeant, avant l'élection des consuls, à déterminer les départements qu'administreraient ces magistrats ; puis il appela les chevaliers à former un corps judiciaire pour remplacer les sénateurs dans les tribunaux politiques ; en outre, il proposa d'accorder le droit de cité à tous les alliés en Italie, mesure qui devait constituer une puissante classe moyenne de citoyens dans le but de balancer l'influence des patriciens.

Les différentes motions de Caïus Gracchus, exécutées dans leur ensemble, changeaient totalement l'état intérieur de la république. Mais la dernière, la plus importante aussi dans ses conséquences, mécontenta le peuple, jaloux du droit de cité. Le sénat, profitant habilement de ces répulsions, fit proposer par le tribun Livius Drusus, gagné à son parti, d'établir douze colonies au lieu de cinq et de remettre à ceux qui avaient reçu des terres, dans la dernière distribution de l'*ager publicus*, les dîmes qu'ils devaient à l'Etat.

Par suite de cette tactique, Caïus Gracchus n'obtint pas le tribunat qu'il demandait pour la troisième fois. Le consul Opimius, son ennemi le plus acharné, tenta de faire abroger ses lois. Une révolution éclata, dans laquelle périrent Caïus Gracchus et trois mille de ses partisans ; les autres, cités devant les tribunaux, furent condamnés à la mort et à l'exil (121).

Les lois votées sous l'influence des Gracques furent abrogées ou modifiées successivement, et tous les abus reparurent. Cependant l'ordre des chevaliers, investi de la judicature, conserva le second rang dans la république. La loi agraire demeura stérile, et les riches achetèrent de nouveau des pauvres les parcelles de l'*ager publicus* qui leur avaient été concédées.

§ VIII.

Guerre contre Jugurtha. — Marius. — Capture de Jugurtha. — Sylla devient le rival de Marius. — Les Cimbres et les Teutons. — Marius les écrase en deux grandes batailles. — Révolte des esclaves en Sicile. — Marius s'éloigne de Rome.

Avec les richesses de l'univers, une effroyable corruption s'était introduite dans Rome, et la guerre d'Afrique mit dans tout son jour cette plaie irrémédiable de la république.

Micipsa, fils et successeur de Massinissa, avait, en mourant, partagé le royaume de Numidie entre ses deux fils, Adherbal et Hiempsal, et son neveu Jugurtha. Celui-ci, afin de posséder le trône sans partage, fit tuer Hiempsal, et Adherbal, vaincu, recourut à Rome qui le maintint dans ses États.

Bientôt Jugurtha attaqua de nouveau son parent, se saisit de sa personne, et ordonna sa mort (112). Alors les Romains déclarèrent la guerre au meurtrier.

Le consul Calpurnius Bestia, chargé de l'expédition, se laissa séduire par l'or de Jugurtha et lui accorda la paix (111). Le roi de Numidie se rendit à Rome pour obtenir la ratification du traité, et il eût réussi sans l'assassinat de Massiva, petit-fils de Massinissa, qu'il eut l'audace de faire assassiner dans la ville même. Forcé, à cause de ce crime, de quitter Rome, il s'écria en franchissant l'enceinte :

— O ville vénale et corrompue, pour te vendre et pour périr, tu n'attends qu'un acheteur !

De retour en Afrique, il vainquit l'armée romaine et la fit passer sous le joug. Mais, le consul Métellus, ayant été appelé au commandement de l'armée et ayant rétabli la discipline parmi les troupes, Jugurtha subit deux défaites et fut contraint de s'enfuir chez son beau-père Bocchus, roi de Mauritanie (108).

Toutefois, malgré ces brillants succès, Métellus n'eut pas la gloire de terminer la guerre de Numidie; elle lui fut ravie par Caïus Marius, originaire d'Arpium et d'une famille pauvre, qu'il avait d'abord protégé. Grâce à la protection de Métellus, Marius était parvenu à la préture, et s'était allié à la riche famille Julia. Brave, habile dans l'art militaire, aimé du peuple, ambitieux par-dessus tout, il demanda et obtint le consulat malgré les patriciens. Le peuple lui confia le commandement de l'armée d'Afrique, dans laquelle il enrôla, contre l'usage, des citoyens pauvres de Rome.

Marius joignit Jugurtha près de Cirta, et triompha complétement du prince numide (106). Ensuite il envoya Cornélius Sylla, son questeur, auprès de Bocchus, pour réclamer Jugurtha, réfugié de nouveau en Mauritanie. Sylla, issu d'une ancienne famille patricienne, possédait des connaissances variées et étendues. Aussi ambitieux que Marius, mais plus dissimulé et plus corrompu, il se distinguait également par ses talents militaires. Il réussit pleinement dans sa mission, ramena Jugurtha captif, et le dirigea sur Rome, où il mourut de faim dans sa prison.

Sylla s'attribua le mérite de cette capture; de là les commencements de sa rivalité avec Marius, laquelle devait être si funeste à Rome.

Tandis que les armées romaines ruinaient, en Afrique, la domination de Jugurtha, les Cimbres et les Teutons, peuples de race germanique, menaçaient l'Italie. Après avoir traversé le Danube, ils pénétrèrent dans la Norique, où le consul Carbon les attaqua. Le général romain fut vaincu, et les Barbares, s'avançant dans l'Helvétie, se jetèrent sur la Gaule (113), qu'ils ravagèrent pendant plusieurs années. Arrivés sur les limites de la colonie romaine d'Aix, ils sollicitèrent du consul Silanus l'autorisation de s'établir dans le pays, ce qu'ils ne purent obtenir. Alors ils livrèrent bataille aux troupes romaines et les défirent. L'année suivante, ils traitèrent de même le consul Scaurus, puis taillèrent en pièces une troisième armée romaine, près du lac de Genève, où le consul Longius périt avec une partie de ses soldats. Enfin, l'an 103, les Cimbres et les Teutons remportèrent une victoire complète sur les bords du Rhône.

La terreur régnait à Rome. L'Italie tremblait devant Teutoboch, roi des Teutons, et Boïorix, chef des Cimbres. Dans cette extrémité, Marius fut élu de nouveau consul (104).

Les Barbares, changeant de direction, se dirigèrent vers l'Espagne, et ravagèrent pendant trois ans les contrées situées entre l'Ebre et les Pyrénées. Marius, nommé consul quatre fois de suite, s'occupa d'abord d'organiser et d'exercer son armée; ensuite, quand les Cimbres et les Teutons revinrent d'Espagne, il se retrancha dans son camp fortifié des bords du Rhône.

Les Cimbres et les Liguriens, leurs alliés, entrèrent dans l'Helvétie, où ces derniers se fixèrent définitivement. Les Teutons et les Ambrons, leurs auxiliaires, provoquèrent les Romains au combat; mais Marius retint l'ardeur de ses soldats. Alors les Barbares pénétrèrent dans la Provence, où Marius les suivit et les atteignit près de la ville d'Aix. Là s'engagea une sanglante bataille qui dura deux jours, et se termina par une victoire complète des Romains et la prise des chefs teutons (102).

Cependant les Cimbres avaient envahi l'Italie, forçant le consul Lutatius Catulus à se retirer derrière l'Adige. Marius marcha au secours de son collègue, rencontra les Cimbres près de Verceil, leur tua 140,000 hommes et leur fit 60,000 prisonniers (101). De retour à Rome, il célébra un magnique triomphe, et obtint le consulat pour la sixième fois.

Sur ces entrefaites, une nouvelle révolte des esclaves avait éclaté en Sicile. Ces malheureux ayant élu pour roi l'un d'entre eux, nommé Tryphon, luttèrent quatre ans contre les armées romaines. A la fin, ils succombèrent et périrent au nombre de près d'un million (99).

A Rome, des troubles se produisirent dans la ville. Le tribun Saturninus et le préteur Glaucia, tous deux amis de Marius, qui les appuyait secrètement, excitèrent le peuple par des projets de loi révolutionnaires. Ils firent exiler Métellus, qui avait osé leur résister; puis Glaucia sollicita le consulat, qu'il obtint avec le secours de Saturninus.

Marius, investi du pouvoir dictatorial, eut la faiblesse d'abandonner ses amis politiques, qui furent massacrés avec leurs partisans. Marius qui, par sa conduite équivoque, s'était aliéné tous les partis, s'éloigna volontairement de Rome et se rendit en Asie.

§ IX.

Guerre contre les alliés. — Première guerre contre Mithridate. — Première guerre civile. — Mort de Marius. — Dictature de Sylla. — Abdication et mort de Sylla. — Sertorius en Espagne. — Débuts de Pompée. — Révolte des gladiateurs. — Guerre contre les pirates. — Seconde et troisième guerre contre Mithridate.

Pendant que Sylla, devenu préteur, rétablissait sur son trône le roi de Cappadoce, chassé par Mithridate, roi de Pont, les partis s'agitaient dans Rome. Le tribun Livius Drusus essaya de pacifier les esprits, mais son imprudence, son caractère fougueux, son ambition mécontentèrent tout le monde. Sa tentative d'accorder le droit de cité à tous les peuples italiens ou alliés souleva contre lui le sénat, et il fut assassiné dans sa maison (91).

La mort de Livius Drusus fut le signal de la guerre contre les alliés. La révolte éclata dans Asculum : le proconsul Servilius et les Romains qui l'accompagnaient furent tués par les habitants de la ville. Une république italienne s'organisa, avec un sénat de cinq cents membres choisis parmi les confédérés, et investis du pouvoir suprême; deux consuls, élus annuellement, présidaient l'assemblée et exerçaient le pouvoir exécutif. Corfinium, désignée comme le siége de la république, reçut le nom d'Italia, Les deux premiers consuls furent Pompedius Silo et Mutilus.

Le consul romain, L. Cæsar, ayant fait conférer le droit de cité aux Latins, aux Etrusques et aux Ombriens, en récompense de leur fidélité, contribua par cette mesure habile au salut de Rome.

Cent mille insurgés marchèrent sous les ordres des consuls italiens. Les Romains leur opposèrent des forces égales, sous le commandement de Sylla, Pompée, Strabon et Marius.

Cette terrible guerre, qui dura trois ans, couvrit l'Italie de sang et de ruines. Les Romains durent la victoire au talent de leurs généraux et à la division de leurs ennemis. Plus de 300,000 hommes périrent dans cette lutte, qui se termina par la soumission des peuples confédérés. Ils obtinrent la paix à des conditions avantageuses, et le droit de cité fut accordé successivement à la plupart.

On attribua à Sylla l'honneur d'avoir achevé la guerre sociale, et sa réputation effaça celle de Marius. Elevé au consulat, il reçut du sénat la conduite suprême de la guerre déclarée à Mithridate, roi de Pont.

Le parti du peuple, ayant à sa tête le tribun Sulpicius Rufus, annula cette décision et chargea Marius de ce commandement. Mais Sylla, ayant appris cette nouvelle au camp de Nole, conduisit son armée contre Rome, où il entra sans trouver de résistance. Marius s'enfuit avec ses principaux partisans; il se cacha d'abord dans les marais de Minturnes, puis se réfugia en Afrique. Sulpicius fut mis à mort, et Sylla sortit de la ville sans commettre aucune violence, pour marcher contre Mithridate.

Ce prince, brave autant que fécond en ressources, dominait sur la Paphlagonie, la Cappadoce et la Bithynie; soutenu par son gendre Tigrane, roi d'Arménie, il avait défait une armée romaine. Ensuite, il avait envahi la province romaine de l'Asie-Mineure, et fait massacrer 80,000 Romains qui s'y étaient établis. Enfin, Archélaüs, un de ses généraux, était entré dans la Grèce et avait soulevé ce pays contre les Romains.

Sylla, s'étant rendu en Grèce, défit Archélaüs dans deux batailles et passa dans l'Asie-Mineure (86-85).

Mithridate, craignant de succomber, négocia avec le général romain. Il obtint la paix à la condition de céder toutes ses conquêtes en Asie, de livrer sa flotte et de payer deux mille talents.

Délivré de Mithridate, Sylla tourna ses armes contre Fimbria, que les partisans de Marius avaient envoyé avec une armée pour le combattre. Fimbria, abandonné de ses soldats, se donna la mort (84). Alors seulement le vainqueur de Mithridate reprit le chemin de l'Italie.

Marius avait été rappelé d'Afrique par les intrigues du second Cinna. Il s'entoura de bandes indisciplinées, et rentra dans Rome à leur tête. La ville fut livrée au pillage pendant cinq jours. Beaucoup de citoyens riches furent massacrés et leurs biens confisqués. Marius, ayant été nommé consul pour la septième fois, mourut peu de mois après, dans un âge avancé.

La mort de Marius laissa le gouvernement de la république aux mains de Cinna, Sertorius, Carbon et du jeune Marius.

Sylla, en débarquant en Italie, vit son armée renforcée par un grand nombre de Romains, entre autres le jeune Pompée. En deux batailles, il anéantit les légions de Norbanus et du jeune Marius, qui se suicida. Alors Sylla marcha sur Rome, que menaçait déjà une armée de Samnites, commandée par Pontius Télésinus ; il tailla en pièces ces derniers, sous les murs de la ville, qui le reçut dans son enceinte (82).

Sylla inonda Rome de sang, proscrivit cinq mille citoyens, dont les dépouilles l'enrichirent, et se fit décerner la dictature pour un temps illimité. Maître de la république, il affermit son pouvoir par diverses mesures tyranniques, et réagit contre l'influence populaire. Tous ses efforts tendirent à concentrer l'administration de l'Etat dans les mains de l'aristocratie.

Après avoir gouverné Rome trois ans sans contrôle, Sylla abdiqua insolemment la dictature, et mourut l'année suivante, usé par la débauche. (78).

§ X.

Sertorius en Espagne. — Pompée. — Sa liaison avec Crassus. — Guerre contre les pirates. — Dernières guerres contre Mithridate. — Victoires de Lucullus et de Pompée.

La mort de Sylla fut le signal de luttes nouvelles entre les partis. L'un des consuls, Lépidus, réclama, au nom du peuple, l'abrogation des lois du dictateur; l'autre consul, Catulus, fort de l'appui du sénat, repoussa cette demande. Lépidus, qui commandait une armée dans la Gaule, fut défait en deux batailles et alla mourir en Sardaigne. Ses partisans se réfugièrent en Espagne, auprès de Sertorius.

Ce dernier chef, qui s'était attaché plusieurs peuplades, avait organisé la péninsule en république, avec un sénat de trois cents membres pour administrer le pays. Sertorius avait réussi à civiliser l'Espagne, et, du temps de Sylla, il avait vaincu une armée romaine, commandée par Métellus. Plus tard, le sénat envoya contre lui de nouvelles troupes, sous les ordres du jeune Cnéius Pompée, fils de Pompée Strabon.

Pompée, qui avait plus de vanité que de talent, obtint, à la faveur des circonstances, le nom de Grand, sans l'avoir mérité.

A son arrivée en Espagne, Pompée soumit les contrées situées entre l'Ebre et les Pyrénées; mais, à la suite de plusieurs revers, il dut solliciter des renforts. Toutefois, la guerre se prolongeait, sans laisser prévoir le terme, quand Sertorius fut assassiné par son lieutenant Perperna, un ambitieux qui aspirait à le remplacer (72).

Alors les peuples espagnols cessèrent toute résistance, l'armée de Perperna succomba dans une bataille que lui livra Pompée, sur le Tage, et ce général put regagner l'Italie.

Spartacus, un gladiateur, s'étant enfui de Capoue avec soixante-dix de ses compagnons, appela aux armes tous les esclaves mécontents. Bientôt, il vit rangée sous ses ordres une armée de soixante-dix mille hommes, avec laquelle il ravagea la Campanie et la Lucanie, et défit plusieurs fois les Romains. Malgré ces brillants succès, Spartacus conseilla à ses partisans de quitter l'Italie pour s'établir dans la Gaule; mais ses bandes indisciplinées le forcèrent à marcher contre Rome, dont elles rêvaient le pillage.

Le préteur Crassus marcha contre les révoltés à la tête d'une forte armée, et leur livra une bataille meurtrière sur le Silarus, où périt Spartacus lui-même. Cinq mille hommes, échappés au carnage, tombèrent entre les mains de Pompée, dans le nord de l'Italie, et furent taillés en pièces (71).

De retour à Rome, Pompée s'unit à Crassus, le plus riche citoyen de la république. Élevés ensemble au consulat, ils firent des avances au parti démocratique, rendirent aux tribuns les attributions que Sylla leur avait ravies, et se concilièrent l'ordre équestre en l'admettant de nouveau à siéger dans les tribunaux. En outre, Crassus distribua gratuitement du blé à tous les citoyens de Rome, et leur donna un grand festin, pour lequel on dressa dix mille tables sur les places publiques.

Pompée trouva bientôt l'occasion de recueillir les fruits de la popularité qu'il venait d'acquérir. Un grand nombre de pirates, profitant de la destruction des forces maritimes des peuples vaincus par les Romains, infestaient la Méditerranée, pillant les navires marchands, ravageant les côtes de la Grèce, de l'Italie et de la Sicile. Ils avaient même eu l'audace de saccager Ostie, le port de Rome. Possédant plus de deux mille bâtiments, ils transportaient leur butin dans les villes qu'ils avaient fondées en Cilicie. Ils ne se gênaient pas pour attaquer les flottes qui approvisionnaient la ville de blé, et plus d'une fois ils y avaient causé la disette.

Le mal était devenu extrême, et il fallut nécessairement aviser à y porter remède. Aussi, sur la proposition du tribun Gabinius, Pompée reçut pour trois ans pleins pouvoirs de faire la guerre aux pirates. En trois mois, il parvint à purger de leur présence le littoral de la république. Après avoir refoulé, au moyen de petites flottilles, les forbans sur les côtes de la Cilicie, il les anéantit dans une grande bataille navale, débarqua ses troupes, et détruisit les repaires de l'ennemi (67).

Cette expédition, heureusement conduite, éleva si haut Pompée dans l'opinion publique que le peuple lui confia un pouvoir illimité sur toute l'Asie, pour terminer la troisième guerre contre Mithridate.

La seconde guerre contre le roi de Pont avait été allumée par l'ambition insensée de Muréna, lieutenant de Sylla; elle s'était terminée par la défaite du chef romain et par le renouvellement du premier traité.

Mais Mithridate ne songeait qu'à reconquérir l'Asie-Mineure. Profitant des troubles de la république, il fit de grands armements, conclut une alliance avec Sertorius, qui lui envoya des officiers romains pour enseigner à son armée une autre tactique, et attendit l'heure de recommencer la lutte.

La mort du dernier roi de Bithynie, Nicomède III, fournit à Mithridate le prétexte qu'il cherchait pour ouvrir les hostilités. Le défunt, beau-frère du roi de Pont, avait légué ses États aux Romains. Avant que ces derniers n'en eussent pris possession, Mithridate envahit la Bithynie, qui le reçut comme un libérateur. Il triompha, près de Chalcédoine, du consul Cotta envoyé pour le combattre.

Alors, Lucullus, l'autre consul, entra en Asie avec une nouvelle armée et rétablit les affaires de Rome. Mithridate, défait dans plusieurs batailles, dut se retirer dans les provinces montagneuses de son royaume (74).

Mithridate ayant rassemblé d'autres troupes, fut encore vaincu par Lucullus et forcé d'aller demander un asile à son beau-frère Tigrane, roi d'Arménie. Le général romain réclama l'extradition du fugitif, et, sur le refus de Tigrane, déclara la guerre à celui-ci. Lucullus remporta deux victoires sur le roi d'Arménie et conquit presque tous ses États.

Tigrane et Mithridate se réfugièrent chez les Parthes, contre lesquels Lucullus se préparait à marcher, quand ses soldats se révoltèrent.

Pompée, lâchement jaloux des succès de ce général, fomenta secrètement les mécontentements ; Mithridate, toujours indomptable, reconquit son royaume, et Tigrane put rentrer en Arménie.

Ce fut à cette époque que Pompée parut en Asie, à la tête d'une nouvelle armée, et investi d'une autorité absolue. Dans une bataille, sur l'Euphrate, il écrasa les forces réunies des rois de Pont et d'Arménie, et soumit leurs royaumes aux Romains (65).

De là, Pompée se rendit en Syrie, où il supprima la monarchie des Séleucides ; puis il soumit la Judée, tout en laissant le gouvernement à Hyrcan II, l'un des derniers Asmonéens.

Quant à Mithridate, il se suicida pour ne pas être livré aux Romains par son fils Pharnace.

Dès lors, l'Asie jusqu'à l'Euphrate reconnut la loi de Rome

§ XL.

Commencements de Jules César. — Conjuration de Catilina. — Cicéron. — Consulat de César. — Le premier triumvirat. — Conquête de la Gaule. — Préliminaires de la seconde guerre civile. — Péripéties de la lutte. — Bataille de Pharsale. — César dictateur. — Sa mort.

Pendant que Pompée s'illustrait en Asie, un rival grandissait dans Rome, qui devait le supplanter prochainement. C'était Jules César, un de ces hommes qui passent à de longs intervalles comme les fléaux sur la nature. Issu d'une vieille maison patricienne, il s'était attaché par politique au parti populaire. Neveu de Marius, proscrit à ce titre par Sylla, il avait obtenu grâce. Il unissait à une corruption profonde et précoce des talents extraordinaires. De mœurs infâmes, dès sa jeunesse, il était plus ambitieux encore que dépravé. Il apparaît dans l'histoire comme l'incarnation de Rome, dont il résuma dans sa personne toutes les hontes, tous les appétits dominateurs, tous les instincts de violence impitoyable à l'égard des peuples.

César fit en Asie l'apprentissage du métier de la guerre et parcourut la voie ordinaire des honneurs. Nommé édile curule, il réintégra au Capitole les statues de Marius, abattues par Sylla. Devenu grand pontife, lui le plus débauché des Romains, il exerça cette éminente dignité religieuse comme d'autres eussent blasphémé : sans autre foi ni loi que son intérêt personnel, il avait à son service de vastes connaissances, une éloquence entraînante, toutes les aptitudes de l'homme de guerre et de l'homme d'Etat.

Depuis longtemps la république tombait en ruines. Rome, gorgée du sang et de l'or des nations vaincues, n'était plus que le théâtre d'une perpétuelle orgie. Du haut du Capitole, le peuple tenait dans ses mains les chaînes du genre humain ; la loi de la servitude s'exaspérait chaque jour.

L'heure du châtiment avait sonné. Ce pouvoir qui broyait l'univers sous son pied de fer, la Providence allait le laisser tomber dans les mains d'un seul, et la plus exécrable tyrannie était sur le point de se substituer à des institutions décrépites.

En effet, le vieil édifice craquait de toutes parts. Un patricien, Catilina, réunit autour de lui la jeunesse des classes élevées, qui avait dépensé sa fortune, et conspira le renversement de l'ordre établi. Ruiné par ses dissipations, il fut nommé propréteur en Afrique (67), où il s'enrichit de nouveau. Ami de Sylla, il avait pris une part active aux proscriptions, et il médita de jouer le même rôle que le cruel dictateur.

Catilina, fort de l'importance et du nombre de ses partisans, comme aussi de la complicité de César, trouva un adversaire dans Marcus Tullius Cicéron natif d'Arpinum, jurisconsulte et orateur distingué.

Elevé au consulat dans le temps même où Catilina tentait une révolution sociale, Cicéron le dénonça en plein sénat, le força de quitter la ville et à se réfugier auprès de Manlius, qui lui avait recruté une armée. Cicéron, exalté par le succès, ordonna l'arrestation des autres chefs de la conspiration, les fit jeter en prison et exécuter sans jugement régulier (63).

Catilina périt dans la bataille que lui livra Petreius, près de Pistoie, et une tranquillité relative fut rétablie dans la république. La vanité de Cicéron fut largement récompensée : on lui décerna le titre de père de la patrie.

Quoique César eût trempé dans le complot, il échappa aux poursuites, grâce à sa haute position. Envoyé en Espagne comme préteur, il se distingua dans la guerre contre les Lusitaniens. Il rentra dans Rome peu après Pompée, qui avait célébré pendant deux jours un triomphe brillant pour ses victoires en Asie. Le sénat, poussé par Caton et Lucullus, ayant refusé de ratifier les mesures que le général avait prises en Asie, Pompée, irrité, conclut une convention secrète avec Crassus et César, et épousa Julie, fille du dernier (60).

César, nommé consul, obtint satisfaction pour Pompée et fit passer des lois populaires. Vainement Caton et Cicéron essayèrent de résister dans le sénat. Cicéron, accusé par le tribun Clodius, fut condamné à un exil qui dura un an. César, au sortir du consulat, fut nommé pour cinq ans au gouvernement des deux Gaules et de l'Illyrie. Le maître futur de la république avait ardemment désiré ce commandement, sentant qu'il lui ouvrirait le chemin de la domination.

Au moment où César arriva dans la Gaule transalpine, les Romains ne possédaient encore dans ce pays que le littoral de la Méditerranée. Vainqueurs de l'Italie, de la Grèce et de l'Asie, ils vont enfin se trouver face à face avec les terribles guerriers qui les ont fait trembler pendant des siècles. Pour triompher de ce grand peuple, ce ne sera pas assez de génie du premier de leurs capitaines, mais il leur faudra encore susciter la division entre les tribus gauloises.

Des historiens contemporains, tout en rendant hommage au caractère des vieux Gaulois, ont applaudi à la conquête romaine, sous prétexte qu'elle apportait à des Barbares les lois du monde civilisé. Une pareille assertion nous paraît accuser plus d'ignorance encore que de légèreté. La loi de Rome était une loi de servitude, rivant éternellement les fers de millions d'esclaves au profit de quelques privilégiés. En outre, ceux qui se chargeaient d'appliquer ce code trop vanté, se présentent à nous, à la lumière de l'histoire, comme des monstres de dépravation.

César, cet homme qu'on a proclamé investi d'une mission providentielle, se joue, dès le début de la guerre des Gaules, de la foi publique et de tout ce qui est réputé saint sur la terre. Appelé au secours des Gaulois contre les invasions des peuplades helvétiques et germaniques, il aide ses alliés à triompher de l'ennemi. Mais, après avoir délivré les Eduens et les Séquanais, il retient leurs otages, s'établit sur leur territoire et lève des impôts.

Les Belges, indignés de ce guet-apens, courent aux armes et combattent vaillamment pour leur indépendance. César, supérieur par la tactique, écrase leurs résistances.

Alors, il se rend à Lucques où il rencontre Crassus et Pompée. Là, ces trois ambitieux, dont le but est d'exploiter l'univers, forment le premier triumvirat et se partagent les provinces de la république.

Rome, maîtresse du monde, devient la proie de trois hommes, dont chacun eût été condamné comme infâme ou comme malhonnête sous la loi évangélique. La conscience publique était tombée si bas, que nul ne les réprouvait à ce titre : le succès les absolvait devant leurs contemporains.

Dans cette conférence fameuse, il fut convenu que César serait prorogé pour cinq ans dans le gouvernement de ses provinces, avec une forte augmentation de son armée; Pompée devait avoir les provinces d'Espagne et d'Asie; Crassus la Syrie, avec le droit d'assembler des troupes nombreuses.

Une loi confirma ces dispositions. Dès lors, la république n'existait plus que de nom.

En l'absence de César, des insurrections avaient éclaté dans la Gaule transalpine. Les Venètes, en armes dans l'Armorique, furent vaincus avec d'autres peuplades qui les soutenaient. Ensuite, César tailla en pièces plusieurs tribus germaniques qui avaient envahi la Belgique, et passa le Rhin; mais arrêté par les montagnes, il revint sur ses pas, et fit sans résultat une première descente dans la Grande-Bretagne (55).

L'année suivante, il renouvela cette expédition et poussa jusqu'à la Tamise. Une insurrection générale des tribus belges et gauloises le rappela en toute hâte sur le continent, où il ne triompha qu'après une lutte effroyable de deux ans (53).

César franchit encore une fois le Rhin, mais sans succès.

Les Gaulois, ayant à leur tête un jeune Arverne, décoré du titre de vercingétorix, prirent de nouveau les armes en l'année 52. Il fallut à César toutes les ressources de son génie militaire et toute la puissance de la tactique romaine pour sortir victorieux de cette dernière lutte. Après avoir pris plusieurs villes, entre autres, Alesia, il reçut la soumission de l'héroïque vercingétorix, qui se dévoua généreusement pour ne point consommer la ruine de son pays (50). César traita mal le chef gaulois; il le fit charger de fers et l'envoya à Rome pour y attendre la mort, après la célébration du triomphe. Le *Barbare* s'était montré plus grand que son vainqueur.

Désormais, César l'emportait sur tous ses rivaux; la grandeur de *l'homme providentiel* reposait sur trois millions de cadavres; des fleuves de sang, inondant la Gaule, attestaient le caractère de sa *mission!*

Pendant que César dévastait la Gaule et jetait sous ses pieds, comme le piédestal de sa future tyrannie, toute une génération d'hommes, de grands changements s'étaient accomplis dans Rome. Pompée, son consulat terminé, était resté dans la ville, tandis que Crassus partait pour la Syrie, insatiable d'argent, bien qu'immensément riche. Crassus déclara la guerre aux Parthes, espérant acquérir de nouveaux trésors en Orient. Il passa l'Euphrate, et périt par la trahison d'Abgar, avec une armée de cent mille hommes (53).

La mort de cet illustre bandit acheva de rompre l'union entre César et Pompée, qui avait perdu sa femme Julie. Toutefois Pompée demeura inactif au milieu des troubles provoqués par la querelle de Clodius et de Milon, dont les partisans se livraient des combats sanglants jusque dans les rues de la ville. Ces conflits empêchèrent sept mois l'élection des consuls. Enfin, Clodius fut tué, Pompée nommé consul unique avec pouvoir dictatorial, et Milon exilé.

César, dont la mission dans la Gaule allait expirer, sollicita le consulat (49). Pompée, se déclarant hautement contre lui, proposa au sénat d'exiger que César renonçât au gouvernement de ses provinces avant de poser sa candidature. Les tribuns Curion et Antoine, achetés par César, demandèrent que Pompée renonçât également à son commandement. Mais le sénat, tout dévoué à ce dernier, ordonna que César licenciât son armée, sous peine d'être considéré comme ennemi public.

A cette nouvell , César qui stationnait sur le Rubicon, à la frontière de ses provinces, franchit cette rivière et commença la seconde guerre civile.

Pompée, vaniteux et indolent, avait négligé d'appeler les armées d'Afrique et d'Espagne. A l'approche de César, il quitta Rome, accompagné des consuls et d'un grand nombre de sénateurs, parmi lesquels Caton et Cicéron.

La ville, inquiète, redoutait le renouvellement des proscriptions de Marius et de Sylla; mais César, plus habile, entra pacifiquement dans les murs de Rome, et se concilia, de la sorte, la faveur publique. L'Italie, la Sicile et la Sardaigne se soumirent sans résistance. Que leur importaient, en effet, les événements? il ne s'agissait que d'un changement de maîtres.

Avant de poursuivre Pompée, César passa en Espagne, où il anéantit, dans la bataille d'Iterda, l'armée des lieutenants de son rival. Marseille, également, fut forcée de se rendre. Mais Curion son lieutenant, qu'il avait envoyé en Afrique, périt dans une bataille contre Varus, général de Pompée.

César, de retour à Rome, s'y fit nommer consul, publia une amnistie générale, et accorda le droit de cité aux habitants de la Gaule transpadane.

Cependant Pompée avait rassemblé une armée de 70,000 hommes, une flotte de 800 voiles dans l'Adriatique, et fortifié Dyrrachuim. César ayant franchi l'Adriatique avec ses troupes, attaqua les lignes de Pompée, fut repoussé, marcha sur Pharsale, et prit position près de cette ville.

Pompée le suivit, engagea la bataille, et vit son armée taillée en pièces ou dispersée. Il se réfugia en Egypte, où il fut tué par ordre de Pothinus, tuteur du jeune Ptolémée, roi d'Egypte, qui espérait ainsi gagner la faveur du vainqueur; mais César, incapable de commettre la faute de récompenser les meurtriers de son rival, les fit tuer (48).

César, ayant apaisé une émeute à Alexandrie et donné le trône des Lagides à Cléopâtre, sœur de Ptolémée, parcourut triomphalement l'Asie et retourna à Rome. Bientôt il se rendit en Afrique, où Scipion beau-père de Pompée, Caton et Juba, roi de Numidie, commandaient une armée considérable. Il les défit dans la bataille sanglante de Thapsus (46). Caton se donna la mort à Utique; Scipion se précipita dans la mer; Juba et Petreius s'entretuèrent. La Numidie fut réduite en province romaine.

Vers l'automne de cette même année, César rentra dans Rome, où il célébra un triomphe de quatre jours et reçut, pour dix ans, le pouvoir absolu avec le titre de dictateur. Il séduisit le peuple par des fêtes, peupla le sénat de ses partisans, et affermit à tel point son autorité qu'il put aller combattre en Espagne les restes du parti républicain. A la tête de la résistance étaient les deux fils de Pompée, Sextus et Cnéius. César remporta sur eux la victoire de Munda, après une lutte longtemps incertaine (45). Cnéius Pompée périt dans le combat, et Sextus se réfugia en Grèce.

De retour à Rome, César s'occupa d'achever l'établissement de la monarchie. Il se fit attribuer le commandement suprême de l'armée avec le titre d'empereur, la nomination de la moitié des magistrats, les consuls exceptés, la disposition sans contrôle du trésor public. Il s'efforça de faire oublier le crime de son usurpation en améliorant les provinces, en protégeant le commerce et l'agriculture. Il réforma le calendrier et projetait de refondre la législation civile.

Mais son ambition n'était point assouvie. Maître du monde, il lui manquait le titre de roi. Un sénatus consulte, préparé pour le lui conférer, devait être rendu pendant la guerre qu'il allait entreprendre contre les Parthes, quand une conspiration précipita le dictateur des hauteurs de sa fortune.

Brutus, Cassius et un grand nombre d'hommes qui regrettaient l'ancienne forme du gouvernement ou détestaient César, se réunirent et frappèrent le dictateur en plein sénat, au nom de la république. César expira aux pieds de la statue de Pompée, percé de vingt-trois coups de poignard (44).

Ainsi périt cet homme dont le nom devait devenir celui des monstres qui, durant plusieurs siècles, allaient épouvanter le monde romain de leurs forfaits.

Notre dernier mot sur César, sera le jugement porté par Fénélon : *Il fut un habile scélérat*, a dit le grand évêque.

Quant à ses meurtriers, ils ne valaient pas mieux que lui. Brutus était un usurier de la pire espèce, Cassius avait le cœur rempli de fiel et d'envie, Casca et d'autres n'étaient que de vils intrigants.

Tels étaient les représentants les plus élevés de cette civilisation tant prônée, naguère imposée à la Gaule, et qu'on a l'audace de nous représenter comme l'aurore du christianisme. La vérité, c'est qu'une effroyable catastrophe était imminente, et que le monde romain allait sombrer dans une corruption inexprimable sans l'avènement de la doctrine du Christ.

§ XII.

Suite de la mort de César. — Antoine, Octavien et Lépidus forment un triumvirat. — Troisième guerre civile. — Octavien et Antoine se partagent les provinces. — Lutte entre les deux rivaux. — Bataille d'Actium.

Les conjurés avaient agi avec une impardonnable imprévoyance : ils s'étaient imaginé qu'il leur suffirait de tuer le tyran pour supprimer du même coup la tyrannie. Entre les mains puissantes de César, le pouvoir absolu, ce régime des peuples dégénérés, était devenu une institution profondément enracinée dans les habitudes publiques. Le peuple, avili, corrompu par ses maîtres ou ses chefs, n'aspirait plus qu'à la jouissance, prêt à saluer de ses applaudissements celui qui multiplierait davantage les fêtes.

Les meurtriers du dictateur se bornèrent à annoncer au peuple l'acte qu'ils venaient d'accomplir. Mais il y avait dans Rome un personnage plus habile qu'eux tous, le consul Marc-Antoine. Se prévalant d'un testament de César, vrai ou supposé, il monta à la tribune aux harangues, rappela audacieusement les bienfaits du dictateur, annonça les legs magnifiques qu'il avait faits aux citoyens de la ville, émut le peuple, le souleva, et força ainsi Brutus et Cassius à s'enfuir. Allié avec Lépidus, commandant de la cavalerie, il prit en main le gouvernement de l'État, se livra sans ménagements à la fougue de ses passions, et mécontenta le sénat, sur lequel Cicéron obtint de nouveau une influence considérable.

D'autre part, Antoine trouva bientôt un rival redoutable dans César Octavien, neveu et héritier de Jules César. Cet adolescent, frêle et maladif, joignait à une rare finesse de vastes connaissances acquises à Apollonie, dans une académie grecque. Il se rendit à Rome après la mort de son oncle, résolu de revendiquer l'héritage du dictateur. Consommé dans l'art de la dissimulation, malgré sa jeunesse, Octavien feignit d'abord de se ranger avec les partisans de la république. Cicéron, trompé, patronna chaudement Octavien au sénat, où ce dernier fut admis avec le rang de consulaire, et vota pour qu'on accordât à Brutus le gouvernement de la Macédoine, et à Cassius celui de Syrie. Antoine, qui l'avait mal accueilli, dut quitter Rome et se retirer dans la Gaule cisalpine, dont il avait obtenu le commandement. A peine était-il arrivé dans sa province, qu'un décret le déclara ennemi public, parce qu'il refusait de licencier son armée. Les consuls Hirtius et Pansa marchèrent contre Marc-Antoine, accompagnés d'Octavien.

Antoine fut vaincu près de Modène, mais les deux consuls périrent dans la bataille. On soupçonna Octavien de n'avoir point été étranger à ce fait, et la suite prouva que le neveu de César était capable de tous les crimes : sous des apparences chétives, il cachait une âme de tigre.

De retour à Rome, Octavien se fit donner le consulat, contre le gré de Cicéron, qui commençait à démêler les projets ambitieux de son protégé. En effet, une fois investi de la suprême magistrature, Octavien dévoila sa politique et ses tendances : il poursuivit les meurtriers de César devant le sénat, qui eut la lâcheté d'abandonner ceux qu'il avait naguère applaudis (43).

Antoine, après sa défaite, avait rejoint Lépidus, dans la Gaule transalpine. Ces deux chefs ne tardèrent point à franchir les Alpes, à la tête d'une nombreuse armée. Octavien se porta à leur rencontre, avec les légions dévouées au parti de son oncle Jules César.

Mais au lieu de combattre, les trois adversaires ouvrirent des négociations secrètes, puis arrêtèrent une entrevue à Bologne. Là, ils formèrent un triumvirat, décidèrent la proscription des notabilités du parti républicain, organisèrent un gouvernement terrible, et s'adjugèrent, par la confiscation, les biens de leurs victimes.

Trois scélérats disposaient une seconde fois de l'univers, scellant leur pacte par de sanglantes concessions. Jamais, peut-être, le genre humain n'avait été humilié à ce point dans son orgueil : il devenait la proie d'un ivrogne, d'un imbécile et d'un poltron, aussi cruels, aussi impitoyables l'un que l'autre.

La rentrée des triumvirs dans Rome fut le signal de massacres pui dépassèrent ceux de Marius et de Sylla. Cicéron périt victime de la haine d'Antoine.

Les proscrits, échappés au glaive, se réfugièrent auprès de Brutus et de Cassius, qui commandait une armée importante dans la Macédoine.

Antoine et Octavien marchèrent contre leurs ennemis et les atteignirent dans les plaines de Philippes. Dans une première bataille, favorable aux républicains, Cassius, sur la fausse nouvelle que Brutus était défait, se donna la mort. Vingt jours plus tard, Brutus livra un second combat, fut vaincu et se perça de son épée, à l'exemple de Cassius (42).

Les triumvirs avaient le champ libre désormais, Ils se partagèrent les provinces. Toutefois, les lots furent très-inégaux. Tandis qu'Antoine et Octavien s'attribuaient, l'un l'Orient, l'autre l'Occident, Lépidus dut se contenter de l'Afrique.

Antoine partit immédiatement pour l'Orient, afin de repousser les attaques des Parthes. Octavien, demeuré en Italie, distribua à ses soldats des terres dans la Campanie, chassant les propriétaires légitimes. Cette mesure révoltante provoqua une insurrection terrible.

Lucius Antoine, frère du triumvir, et alors investi du consulat, soutint les mécontents, et s'empara de la ville de Pérouse. Octavien reprit la place, mais Antoine accourait en personne, avec une flotte, et se joignait à Sextus Pompée, qui avait conquis la Sicile.

On s'attendait à une guerre sanglante, quand une convention intervint à Brindes entre Antoine et Octavien. Le triumvirat fut renouvelé pour cinq ans, et le premier partage confirmé, excepté que Sextus Pompée obtint la Sicile, la Corse et l'Achaïe. Octavie, sœur d'Octavien, épousa Antoine (39).

Octavien, peureux à la guerre, possédait un général actif et habile dans Agrippa. Ce chef affermit dans les Gaules la domination du jeune César, expulsa Pompée de la Sicile et enleva l'Afrique à Lépidus.

Pendant ce temps, Antoine, tombé honteusement dans les chaînes de Cléopâtre, l'artificieuse reine d'Egypte, laissait ses armées aux prises avec les Parthes, qui les battirent en plusieurs rencontres, répudiait Octavie, et livrait à l'héritière des Ptolémées les provinces romaines.

Octavien ne manqua pas de saisir l'occasion de perdre son rival. Il assembla le sénat, dénonça la conduite infâme d'Antoine, et fit déclarer la guerre à Cléopâtre.

Antoine campa en Grèce avec son armée, tandis que sa flotte se tenait près du promontoire d'Actium.

Octavien, ayant envahi l'Epire, confia ses vaisseaux à Agrippa, qui ravagea les côtes de la Grèce.

Enfin, une bataille navale et décisive s'envagea près d'Actium. Octavien fut victorieux, grâce à la fuite de Cléopâtre, qu'Antoine suivit presque aussitôt L'armée de ce dernier se rendit à Octavien, qui se dirigea sur Alexandrie.

Antoine et Cléopâtre se donnèrent la mort (30).

De retour à Rome, Octavien reçut, avec le pouvoir suprême et absolu, le titre d'Auguste. Le neveu de César était le maître incontesté de l'univers (29).

§ XIII.

Auguste fonde la monarchie dans Rome. — Ses procédés cauteleux. Organisation de l'armée. — Les provinces. — Les finances. — Guerres en Orient et contre les peuples celtiques et germaniques, — Les lettres et les beaux-arts sous Auguste. — La famille du prince. — Mort d'Auguste. — Naissance de Jésus-Christ.

La victoire d'Actium et la mort de Marc-Antoine livrait l'empire au neveu de César. L'astuce de ce jeune homme, naguère inconnu, triomphait de toutes les rivalités. Il devait obtenir des Romains abâtardis des hommages que son oncle n'avait point osé revendiquer des temples et l'adoration.

Auguste ne se montra ni moins habile ni moins hypocrite qu'Octavien. Lâche à la guerre, et néanmoins aimé des soldats qui se glorifiaient d'avoir en lui un protégé plutôt qu'un maître, il feignit, après avoir triomphé trois fois, de vouloir rétablir les lois anciennes. Mais, cédant aux supplications attendues du sénat, il accepta le titre d'empereur qui lui conférait le pouvoir absolu. Attentif à conserver les dénominations des magistratures républicaines, il s'attribua l'exercice des principales, notamment les priviléges du tribunat qui rendaient sa personne inviolable.

Ensuite il exclut du sénat tous ceux dont il suspectait le dévouement, établit un conseil de sénateurs, choisis tous les six mois, pour expédier les affaires importantes et élaborer les lois.

Un tel maître convenait au peuple romain qui se précipitait avec fureur dans la servitude. D'ailleurs, le comédien impérial savait masquer la tyrannie par le luxe des formes ; que fallait-il de plus à la race dégradée des conquérants du monde ?

De l'armée, Auguste conserva seulement vingt-cinq légions, recrutées pendant les guerres civiles. Divisées en plusieurs corps auxquels s'adjoignaient des troupes auxiliaires, elles stationnaient sur les frontières, dans des villes ou des camps fortifiés. Des flottes militaires occupaient les ports de Ravennes, de Misène et de plusieurs autres places. Les cohortes prétoriennes, comprenant dix mille hommes, formaient une espèce de garde et résidaient en Italie. Les cohortes urbaines, sous le commandement d'un préfet, veillaient à la tranquillité de Rome.

Les provinces, partagées en provinces sénatoriales et en provinces impériales, furent gouvernées, les premières par des proconsuls que désignait le sénat, les secondes par des lieutenants du prince.

Auguste organisa également les finances. Il établit deux caisses distinctes, celle de l'État ou le trésor public et celle de l'empereur, le fisc. La première, qui resta sous le contrôle du sénat, recevait les revenus des provinces sénatoriales ; elle payait les traitements des magistrats et les frais de l'administration. La caisse de l'empereur s'alimentait par le revenu des provinces impériales, les redevances annuelles des terres publiques, l'impôt nouveau dont furent frappées les successions, les amendes, et les tributs imposés aux peuples alliés ou soumis. Avec ces fonds, le prince soldait l'armée ; du reste, il ne rendait compte à personne de l'emploi de ces ressources.

Les guerres, sous le règne d'Auguste, furent de peu d'importance, à l'exception de celle contre les peuples germaniques sur le Danube et le Rhin.

En Orient, les armes romaines furent malheureuses : une expédition dirigée contre l'Arabie échoua complétement; les Parthes, attaqués par Caïus, petit-fils d'Auguste, le repoussèrent, et le jeune chef périt dans la guerre.

En Occident, Drusus, fils adoptif de l'empereur, s'avança, victorieux, jusqu'aux bords de l'Elbe. D'autre part, son frère Tibère soumit les peuples celtiques qui occupaient le territoire entre les Alpes et le Danube (15).

Après la mort de Drusus, Tibère contraignit les peuplades germaniques établies entre le Rhin et le Wéser à reconnaître la loi de Rome. Mais Varus, chargé ensuite du commandement dans ce pays, s'étant rendu odieux par ses cruautés et ses vexations, ces tribus reprirent les armes et anéantirent leur tyran avec son armée, dans une terrible bataille. Pour venger cette défaite, Tibère dévasta une partie de la Germanie, mais il ne réussit pas à la reconquérir (de l'an 12 avant Jésus-Christ à l'an 12 après Jésus-Christ.)

En Espagne, tandis que les Asturiens et les Cantabriens succombaient, les Vascons maintenaient leur indépendance dans les Pyrénées où il s'étaient réfugiés.

Auguste, secondé par Mécène, son ami, protégeait les lettres et les beaux-arts. Sous son règne, la littérature latine atteignit son apogée. Horace, Virgile, Ovide illustraient la poésie et conquéraient l'immortalité. Catulle, Properce, Tibulle s'exerçaient dans des genres plus légers; Salluste, Cornélius Népos, Tite-Live se distinguaient comme historiens; Térentius Varron surpassait tous ses contemporains en connaissances profondes et variées.

L'empereur embellit Rome par de vastes constructions; il se vantait d'avoir trouvé une ville de briques et de bois, et d'en avoir fait une ville de marbre. Parmi les temples et les monuments élevés à cette époque, on remarque surtout le Panthéon, œuvre d'Agrippa.

La famille d'Auguste reproduisait en abrégé les corruptions de Rome et de l'empire. Julie, la fille unique de l'empereur, se livrait à tous les désordres. Mariée d'abord à Marcellus, que le prince destinait à l'empire et qui mourut à la fleur de l'âge, elle épousa ensuite Agrippa dont elle eut deux fils, Caïus et Lucius. Les intrigues de Livie, qu'Auguste avait épousée après avoir répudié Scribonia, causèrent la mort des enfants de Julie.

Plus tard, Livie fit adopter à Auguste Drusus et Tibère, ses deux fils du premier lit.

Auguste mourut à l'âge de soixante-seize ans, à Nole, en Campanie. Avant d'expirer, il demanda à ses amis « s'il avait bien joué son rôle? » Ce mot peint le personnage : la vie, pour cet homme, n'avait été qu'une longue comédie (14).

Heureusement pour le monde, une ère nouvelle s'ouvrait : Jésus-Christ, le Messie attendu pendant de longs siècles, était né en Judée ; les lumières de sa doctrine allaient éclairer l'humanité plongée dans les plus épaisses ténèbres.

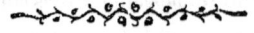

LIMOGES. — IMPRIMERIE DE BARBOU FRÈRES.

.

www.ingramcontent.com/pod-product-compliance
Lightning Source LLC
Chambersburg PA
CBHW071511160426
43196CB00010B/1488